学ぶ人は、
変えて
ゆく人だ。

目の前にある問題はもちろん、

人生の問いや、

社会の課題を自ら見つけ、

挑み続けるために、人は学ぶ。

「学び」で、

少しずつ世界は変えてゆける。

いつでも、どこでも、誰でも、

学ぶことができる世の中へ。

旺文社

最高クラス
問題集

国　語
小学3年

旺文社

目次

本書の特長と使い方 …… 4

章	単元	本冊解答解説編ページ	別冊問題編ページ
1章 言語編	1 漢字（同訓異字・同音異義語・読み・書き）	7	2
	2 漢字（画数・筆順・部首・音読み訓読み）	9	10
	3 ことわざ・慣用句・四字熟語	11	16
	復習テスト①	12	24
	4 文節と単語	13	26
	5 かなづかい・送りがな	14	32
	6 多義語・むずかしい言葉の意味	16	38
	復習テスト②	17	44
	過去問題にチャレンジ①	18	46
2章 物語の読解	7 場面	19	50
	8 場面の変化	22	58
	9 せいかく・人物像	25	66
	復習テスト③	28	74
	10 心情	29	76
	11 心情の変化	32	84
	12 主題	35	92
	復習テスト④	38	100
	過去問題にチャレンジ②	39	102

3章 説明文の読解

13 指示語 …… 40 …… 106
14 接続語・文と文の関係 …… 43 …… 114
15 段落の関係 …… 46 …… 122
復習テスト⑤ …… 49 …… 130
16 話題と要点 …… 50 …… 132
17 要旨・要約(1) …… 53 …… 140
18 要旨・要約(2) …… 56 …… 148
復習テスト⑥ …… 59 …… 156
過去問題にチャレンジ③ …… 60 …… 158

4章 韻文の読解

19 詩の読解・表現技法 …… 61 …… 162
復習テスト⑦ …… 62 …… 170
過去問題にチャレンジ④ …… 63 …… 172
総仕上げテスト① …… 64 …… 巻末
総仕上げテスト② …… 64 …… 巻末

編集協力　有限会社マイプラン
装丁・本文デザイン　内津剛（及川真咲デザイン事務所）
校正　東京出版サービスセンター、山下絹子

中学入試を視野に入れたハイレベル問題集シリーズ

●中学入試に必要な学力は早くから養成することが大切！

中学入試では小学校の教科書を超える高難度の問題が出題されますが、それらの問題を解くための「読解力」や「思考力」は短期間で身につけることは困難です。早い時期から取り組むことで本格的な受験対策を始める高学年以降も余裕をもって学習を進めることができます。

●3段階のレベルの問題で確実に学力を伸ばす！

本書では3段階のレベルの問題を収録しています。教科書レベルの問題から徐々に難度を上げていくことで、確実に学力を伸ばすことができます。

●過去問題で実際の入試をイメージ！

本書では実際の中学入試の過去問題も掲載しています。全問正解は難しいかもしれませんが、現時点の自分のレベルとの差や受験当日までに到達する学力のイメージを持つためにぜひチャレンジしてみて下さい。

本書の３段階の難易度

★	標準レベル …	当該学年の教科書と同程度のレベルの問題です。確実に基礎から固めていくことが学力を伸ばす近道です。
★★	上級レベル …	教科書よりも難度の高い問題で、応用力を養うことができます。上の学年で扱う内容も一部含まれています。
★★★	最高レベル …	上級よりもさらに難しい、中学入試に近いレベルの問題です。

別冊・問題編

問題演習

標準レベルから順に問題を解きましょう。

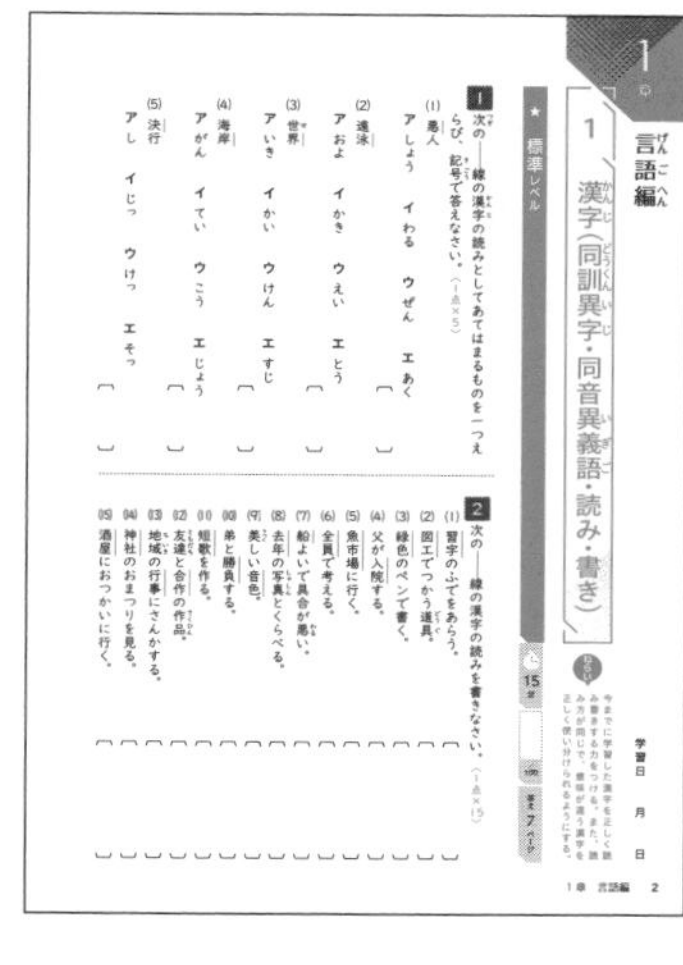

1章 言語編

1 漢字（同訓異字・同音異義語・読み・書き）

学習日 月 日

ねらい 今までに学習した漢字を正しく読み書きする力をつける。また、読み方が同じで、意味が違う漢字を正しく使い分けられるようにする。

★ 標準レベル　15分　/100　答え7ページ

1 次の――線の漢字の読みとしてあてはまるものを一つえらび、記号で答えなさい。〈1点×5〉

(1) 悪人　ア しょう　イ わる　ウ ぜん　エ あく　〔　〕
(2) 遠泳　ア およ　イ かき　ウ えい　エ とう　〔　〕
(3) 世界　ア いき　イ かい　ウ けん　エ すじ　〔　〕
(4) 海岸　ア がん　イ てい　ウ こう　エ じょう　〔　〕
(5) 決行　ア し　イ じっ　ウ けっ　エ そっ　〔　〕

2 次の――線の漢字の読みを書きなさい。〈1点×15〉

(1) 習字のふでをあらう。〔　〕
(2) 図工でつかう道具。〔　〕
(3) 緑色のペンで書く。〔　〕
(4) 父が入院する。〔　〕
(5) 魚市場に行く。〔　〕
(6) 全員で考える。〔　〕
(7) 船よいで具合が悪い。〔　〕
(8) 去年の写真とくらべる。〔　〕
(9) 美しい音色。〔　〕
(10) 弟と勝負する。〔　〕
(11) 短歌を作る。〔　〕
(12) 友達と合作の作品。〔　〕
(13) 地域の行事にさんかする。〔　〕
(14) 神社のおまつりを見る。〔　〕
(15) 酒屋におつかいに行く。〔　〕

1章 言語編 2

復習テスト

1～3単元に一度、学習内容を振り返るためのテストです。

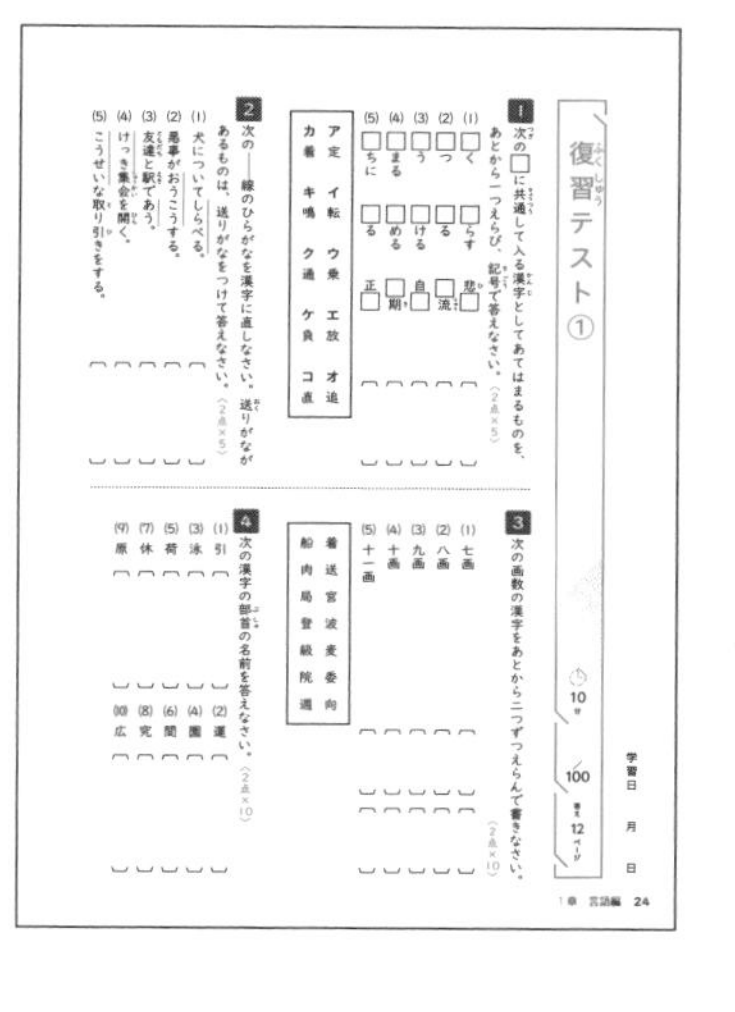

復習テスト①　10分　/100　答え12ページ

学習日 月 日

1 次の□に共通して入る漢字としてあてはまるものを、あとから一つえらび、記号で答えなさい。〈2点×5〉

(1) □く　□らす　悲□　〔　〕
(2) □つ　□る　□流　〔　〕
(3) □う　□ける　自□　〔　〕
(4) □まる　□める　□期　〔　〕
(5) □ちに　□る　正□　〔　〕

ア 定　イ 転　ウ 乗　エ 放　オ 追
カ 着　キ 鳴　ク 通　ケ 負　コ 直

2 次の――線のひらがなを漢字に直しなさい。送りがながあるものは、送りがなをつけて答えなさい。〈2点×5〉

(1) 犬についてしらべる。〔　〕
(2) 悪事がおうこうする。〔　〕
(3) 友達と駅であう。〔　〕
(4) けっき集会を開く。〔　〕
(5) こうせいな取り引きをする。〔　〕

3 次の画数の漢字をあとから二つずつえらんで書きなさい。〈2点×10〉

(1) 七画　〔　〕〔　〕
(2) 八画　〔　〕〔　〕
(3) 九画　〔　〕〔　〕
(4) 十画　〔　〕〔　〕
(5) 十一画　〔　〕〔　〕

着 送 宮 波 麦 委 向
船 肉 局 登 級 院 週

4 次の漢字の部首の名前を答えなさい。〈2点×10〉

(1) 引〔　〕　(2) 運〔　〕
(3) 泳〔　〕　(4) 園〔　〕
(5) 荷〔　〕　(6) 間〔　〕
(7) 休〔　〕　(8) 究〔　〕
(9) 原〔　〕　(10) 広〔　〕

1章 言語編 24

過去問題にチャレンジ

中学入試を意識して挑戦してみましょう。

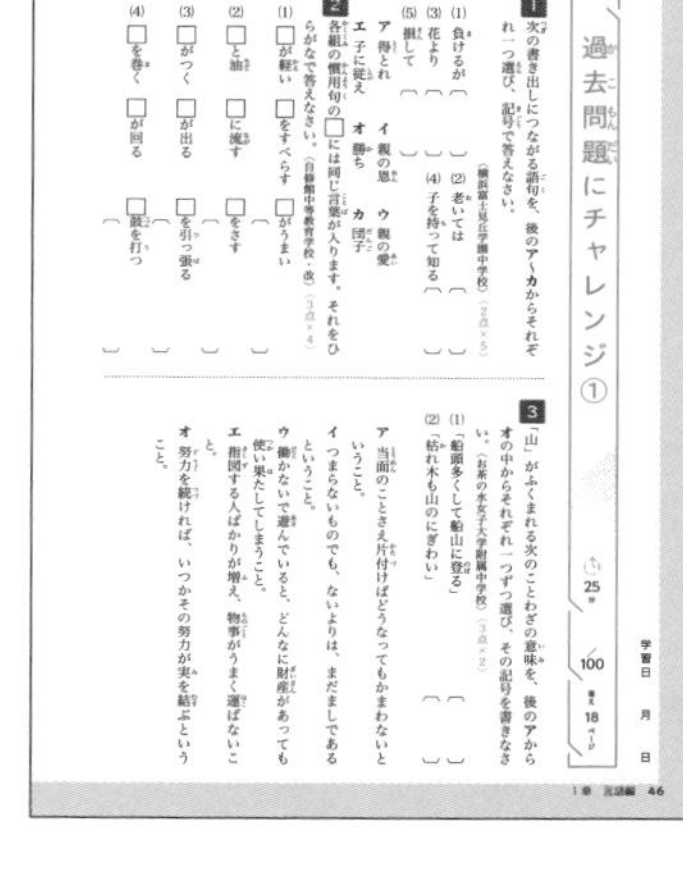

過去問題にチャレンジ①　25分　/100　答え18ページ

学習日 月 日

1 次の書き出しにつながる語句を、後のア～カからそれぞれ一つ選び、記号で答えなさい。〈横浜富士見丘学園中学校〉〈2点×5〉

(1) 負けるが〔　〕　(2) 老いては〔　〕
(3) 花より〔　〕　(4) 子を持って知る〔　〕
(5) 損して〔　〕

ア 得とれ　イ 親の恩　ウ 親の愛
エ 子に従え　オ 勝ち　カ 団子

2 各組の慣用句の□には同じ言葉が入ります。それをひらがなで答えなさい。〈自修館中等教育学校・改〉〈3点×4〉

(1) □が軽い　□をすべらす　□がうまい　〔　〕
(2) □と油　□に流す　□をさす　〔　〕
(3) □がつく　□が出る　□を引っ張る　〔　〕
(4) □を巻く　□が回る　□鼓を打つ　〔　〕

3 「山」がふくまれる次のことわざの意味を、後のア～オの中からそれぞれ一つずつ選び、その記号を書きなさい。〈お茶の水女子大学附属中学校〉〈3点×2〉

(1) 「船頭多くして船山に登る」〔　〕
(2) 「枯れ木も山のにぎわい」〔　〕

ア 当面のことさえ片付けばどうなってもかまわないということ。
イ つまらないものでも、ないよりは、まだましであるということ。
ウ 働かないで遊んでいると、どんなに財産があっても使い果たしてしまうこと。
エ 指図する人ばかりが増え、物事がうまく運ばないこと。
オ 努力を続ければ、いつかその努力が実を結ぶということ。

1章 言語編 46

総仕上げテスト

本書での学習の習熟度を確認するためのテストを2セット用意しています。

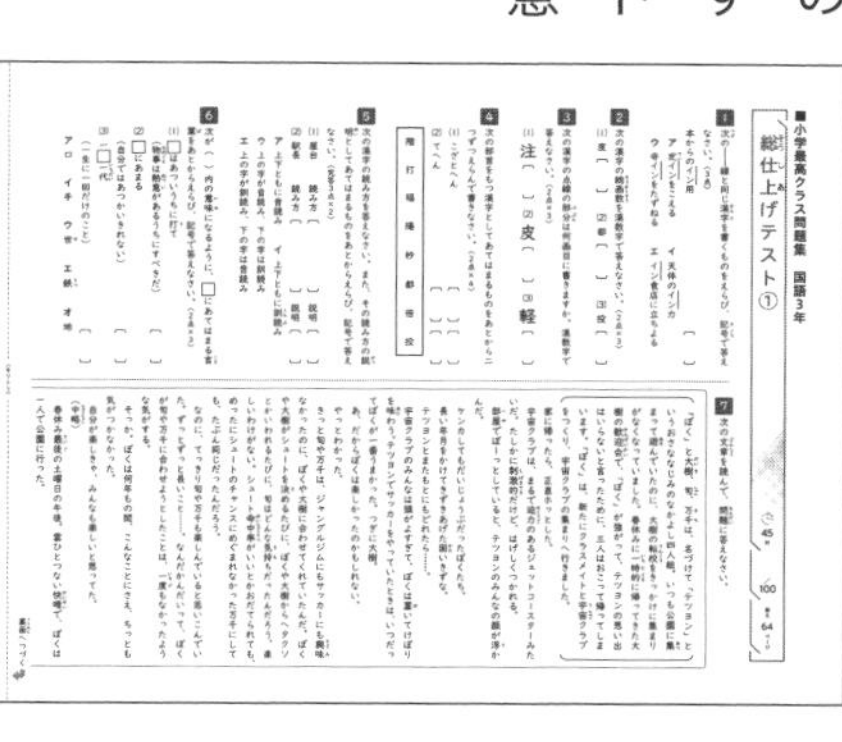

■小学最高クラス問題集 国語3年

総仕上げテスト①　45分　/100　答え64ページ

1 次の――線と同じ漢字を書くものをえらび、記号で答えなさい。〈3点〉

本からのイン用
ア ボインをこえる　イ 天体のインカ
ウ サインをたずねる　エ イン食店に立ちよる　〔　〕

2 次の漢字の総画数を漢数字で答えなさい。〈2点×3〉

(1) 皮〔　〕　(2) 都〔　〕　(3) 投〔　〕

3 次の漢字の点線の部分は何画目に書きますか。漢数字で答えなさい。〈2点×3〉

(1) 注〔　〕　(2) 皮〔　〕　(3) 軽〔　〕

4 次の部首をもつ漢字としてあてはまるものをあとから二つずつえらんで書きなさい。〈2点×4〉

(1) こざとへん〔　〕〔　〕
(2) てへん〔　〕〔　〕

階 打 場 陽 秒 都 借 投

5 次の漢字の読み方を答えなさい。また、その読み方の説明としてあてはまるものをあとからえらび、記号で答えなさい。〈完答3点×2〉

(1) 屋台　読み方〔　〕　説明〔　〕
(2) 駅長　読み方〔　〕　説明〔　〕

ア 上下ともに音読み　イ 上下ともに訓読み
ウ 上の字が音読み、下の字は訓読み
エ 上の字が訓読み、下の字は音読み

6 次が（　）内の意味になるように、□にあてはまる言葉をあとからえらび、記号で答えなさい。〈2点×3〉

(1) □はあついうちに打て（物事は熱意があるうちにすべきだ）〔　〕
(2) □にあまる（自分ではあつかいきれない）〔　〕
(3) 一□一代（一生に一回だけのこと）〔　〕

ア ロ　イ チ　ウ 世　エ 鉄　オ 手

7 次の文章を読んで、問題に答えなさい。

「ぼく」と大樹、旬、万千は、名づけて「テツヨン」というおさななじみのなかよし四人組。いつも公園に集まって遊んでいたのに、大樹の転校をきっかけに集まりがなくなっていました。春休みに一時的に帰ってきた大樹の歓迎会で、「ぼく」が強がって、テツヨンの思い出はいらないと言ったために、三人はおこって帰ってしまいます。「ぼく」は、新たにクラスメイトと宇宙クラブをつくり、宇宙クラブの集まりへ行きました。


家に帰ったら、正直ホッとした。

宇宙クラブは、まるで迫力のあるジェットコースターみたいだ。たしかに刺激的だけど、はげしくつかれる。

部屋でぼーっとしていると、テツヨンのみんなの顔が浮かんだ。

ケンカしてもだいじょうぶだったぼくたち。

長い年月をかけてきずきあげた固いきずな。

テツヨンとまたもとにもどれたら……。

宇宙クラブのみんなは頭がよすぎて、ぼくは置いてけぼりを味わう。テツヨンでサッカーをやっていたときは、いつだってぼくが一番うまかった。つぎに大樹。

あ、だからぼくは楽しかったのかもしれない。

やっとわかった。

きっと旬や万千は、ジャングルジムにもサッカーにも興味なかったのに、ぼくや大樹に合わせてくれていたんだ。ぼくや大樹がシュートを決めるたびに、旬はどんな気持ちだったんだろう。ぼくや大樹からヘタクソとかいわれるたびに、旬はどんな気持ちだったんだろう。楽しいわけがない。シュート命中率がいいとかおだてられても、めったにシュートのチャンスにめぐまれなかった万千にしても、たぶん同じだったんだろう。

なのに、てっきり旬や万千も楽しんでいると思いこんでいた。ずっとずっと長いこと……。なんだかんだいって、ぼくが旬や万千に合わせようとしたことは、一度もなかったような気がする。

そっか。ぼくは何年もの間、こんなことにさえ、ちっとも気がつかなかった。

自分が楽しきゃ、みんなも楽しいと思ってた。

（中略）

春休み最後の土曜日の午後。雲ひとつない快晴で、ぼくは一人で公園に行った。

裏面へつづく

解答解説

丁寧な解説と、解き方のコツがわかる「中学入試に役立つアドバイス」のコラムも掲載しています。

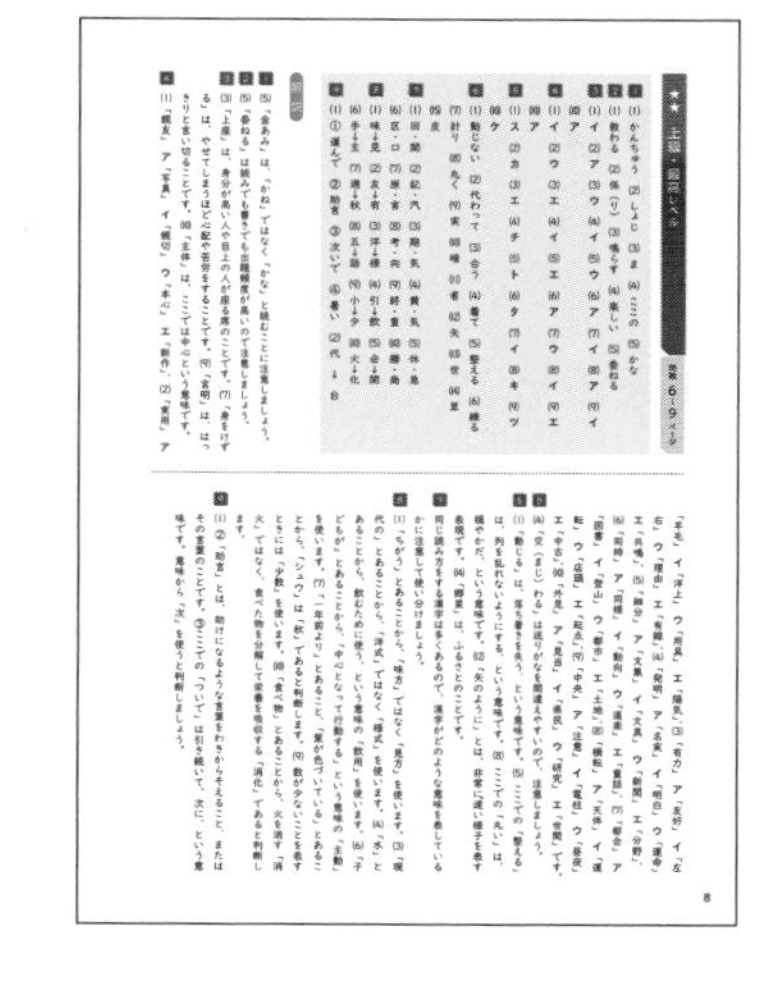

解答解説

編

これ以降のページは別冊問題編の解答解説です。問題を解いてからお読み下さい。

本書の解答解説は保護者向けとなっています。採点は保護者の方がして下さい。

満点の8割程度を習熟度の目安と考えて下さい。また、間違えた問題の解き直しをすると学力向上に効果的です。

「中学入試に役立つアドバイス」のコラムでは、類題を解く際に役立つ解き方のコツを紹介しています。お子様への指導に活用して下さい。

1 漢字(同訓異字・同音異義語・読み・書き)

★標準レベル

問題 2~5ページ

1 (1) エ (2) ウ (3) イ (4) ア (5) ウ

2 (1) しゅうじ (2) ずこう (3) みどりいろ (4) にゅういん (5) うおいちば (6) ぜんいん (7) ふな (8) きょねん (9) ねいろ (10) しょうぶ (11) たんか (12) がっさく (13) ぎょうじ (14) じんじゃ (15) さかや

3 (1) イ (2) ウ (3) エ (4) ア (5) ウ (6) エ (7) イ (8) ウ (9) エ (10) ア

4 (1) 虫歯 (2) 日記帳 (3) 休息 (4) 路上 (5) 用意 (6) 農地 (7) 荷物 (8) 整理 (9) 船旅 (10) 銀行 (11) 植物 (12) 相談 (13) 大根 (14) 野球 (15) 配 (16) 使 (17) 起 (18) 負 (19) 消 (20) 転

5 (1) イ (2) イ (3) イ (4) ア (5) ウ (6) ア (7) イ (8) イ (9) ア (10) イ

6 (1) キ (2) ウ (3) ケ (4) オ (5) カ

7 (1) 幸 (2) 代 (3) 反 (4) 立 (5) 点 (6) 曲 (7) 軽 (8) 植 (9) 拾 (10) 住

8 (1) ウ (2) ウ (3) ア (4) イ (5) ウ (6) ア (7) ウ (8) ア (9) イ (10) ア

9 (1) 一新 (2) 開花 (3) 会心 (4) 下記 (5) 外向 (6) 起工 (7) 強化 (8) 血気 (9) 後学 (10) 紙面 (11) 親交 (12) 人口 (13) 先取 (14) 想起 (15) 発光

解説

2 (9)「音」には「オン、おと、ね」の読み方があります。(15)「酒屋」は「さけや」ではなく「さかや」と読むことに注意しましょう。

3 (1)「晴天」はよく晴れた空という意味です。(6)「苦心」はいろいろなことを試して、苦労することです。

5 (1) ものなどがなくなって空間ができるときには「空く」を、閉じていたものが開くときには「開く」を、光などが差しこんで、はっきり見えるようになるというときには「明く」を使います。(2)「責任を負う」の「負う」は引き受けるという意味です。(5) ここでの「期する」は、やりとげようと心に決める、という意味です。(7) 命令に従って働くときには「仕える」を使います。

6 異なる訓読みをもつ漢字が取り上げられています。送りがなも含め、しっかり覚えましょう。(1)「育（そだ）てる」「育（はぐく）む」、(3)「苦（くる）しむ」「苦（にが）い」、(4)「細（こま）かい」「細（ほそ）い」、(5)「重（かさ）なる」「重（おも）い」と読みます。

7 (1)「幸い」はありがたいという意味です。(2) ほかのもののかわりに何かをするときは「代わり」を使います。(4) ここでの「立つ」は開かれるという意味です。(5) 火や明かりをつけるときは「点じる」を使います。

8 (3)「回収」は、もとのところに集めることです。(4)「間食」は、朝昼晩の食事と食事の間に食べることです。(8)「対向」は、お互いに向かい合うことです。

9 (1)「一新」は、すべてのことを新しくする、という意味です。(2)「さくら」なので、花が開くという意味の「開花」を使います。(3)「会心」は出来栄えがよく、満足することです。(5)「せいかく」なので行動的、社交的という意味の「外向」を使います。(6)「新校舎」なので、工事を始めることを表す「起工」を使います。(8)「血気」は、向こう見ずな心意気を表します。(9)「後学」は、後で役に立つ知識、という意味です。(10)「紙面」は、特に新聞や雑誌の記事を載せている面を表します。

★★ 上級・最高レベル

問題 6〜9ページ

1 (1) かんちゅう (2) しょじ (3) ま (4) ここの (5) かな

2 (1) 教わる (2) 係(り) (3) 鳴らす (4) 楽しい (5) 委ねる

3 (1) イ (2) ア (3) ウ (4) イ (5) ウ (6) ア (7) イ (8) ア (9) イ (10) ア

4 (1) イ (2) ウ (3) エ (4) イ (5) エ (6) ア (7) ウ (8) イ (9) エ (10) ア

5 (1) ス (2) カ (3) エ (4) チ (5) ト (6) タ (7) イ (8) キ (9) ツ (10) ケ

6 (1) 動じない (2) 代わって (3) 合う (4) 着て (5) 整える (6) 練る (7) 計り (8) 丸く (9) 実 (10) 暗 (11) 者 (12) 矢 (13) 世 (14) 里 (15) 皮

7 (1) 回・開 (2) 記・汽 (3) 期・気 (4) 黄・気 (5) 休・急 (6) 区・口 (7) 原・言 (8) 考・向 (9) 終・重 (10) 勝・商

8 (1) 味→見 (2) 友→有 (3) 洋→様 (4) 引→飲 (5) 会→開 (6) 手→主 (7) 週→秋 (8) 五→語 (9) 小→少 (10) 火→化

9 (1) ① 運んで ② 助言 ③ 次いで ④ 暑い (2) 代 → 台

解説

1 (5)「金あみ」は、「かね」ではなく「かな」と読むことに注意しましょう。

2 (5)「委ねる」は読みでも書きでも出題頻度が高いので注意しましょう。

3 (3)「上座」は、身分が高い人や目上の人が座る席のことです。(7)「身をけずる」は、やせてしまうほど心配や苦労をすることです。(9)「言明」は、はっきりと言い切ることです。(10)「主体」は、ここでは中心という意味です。

4 (1)「親友」 **ア**「写真」 **イ**「親切」 **ウ**「本心」 **エ**「新作」、(2)「実用」 **ア**「羊毛」 **イ**「洋上」 **ウ**「用具」 **エ**「陽気」、(3)「有力」 **ア**「友好」 **イ**「左右」 **ウ**「理由」 **エ**「有線」、(4)「発明」 **ア**「名実」 **イ**「明白」 **ウ**「運命」 **エ**「共鳴」、(5)「細分」 **ア**「文集」 **イ**「文具」 **ウ**「新聞」 **エ**「分野」、(6)「同時」 **ア**「同様」 **イ**「動向」 **ウ**「道楽」 **エ**「童話」、(7)「都会」 **ア**「図書」 **イ**「登山」 **ウ**「都市」 **エ**「土地」、(8)「横転」 **ア**「天体」 **イ**「運転」 **ウ**「店頭」 **エ**「起点」、(9)「中央」 **ア**「注意」 **イ**「電柱」 **ウ**「昼夜」 **エ**「中古」、(10)「外見」 **ア**「見当」 **イ**「県民」 **ウ**「研究」 **エ**「世間」です。

5 (4)「交(まじ)わる」は送りがなを間違えやすいので、注意しましょう。

6 (1)「動じる」は、落ち着きを失う、という意味です。(5) ここでの「整える」は、列を乱れないようにする、という意味です。(8) ここでの「丸い」は、穏やかだ、という意味です。(12)「矢のように」とは、非常に速い様子を表す表現です。(14)「郷里」は、ふるさとのことです。

7 同じ読み方をする漢字は多くあるので、漢字がどのような意味を表しているかに注意して使い分けましょう。

8 (1)「ちがう」とあることから、「味方」ではなく「見方」を使います。(3)「現代の」とあることから、「洋式」ではなく「様式」を使います。(4)「水」とあることから、飲むために使う、という意味の「飲用」を使います。(6)「子どもが」とあることから、「中心となって行動する」という意味の「主動」を使います。(7)「一年前より」とあること、「葉が色づいている」とあることから、「シュウ」は「秋」であると判断します。(9) 数が少ないことを表すときには「少数」を使います。(10)「食べ物」とあることから、火を消す「消火」ではなく、食べた物を分解して栄養を吸収する「消化」であると判断します。

9 (1) ②「助言」とは、助けになるような言葉をわきからそえること、またはその言葉のことです。③ここでの「ついで」は引き続いて、次に、という意味です。意味から「次」を使うと判断しましょう。

2 漢字（画数・筆順・部首・音読み訓読み）

★ 標準レベル　問題 10～11ページ

1 (1) **イ** (2) **ウ** (3) **イ** (4) **イ** (5) **ウ**

2 (1) **ア** (2) **ウ** (3) **イ** (4) **エ** (5) **イ** (6) **エ** (7) **ウ** (8) **ウ** (9) **ア** (10) **エ**

3 (1) 二 (2) 四 (3) 一 (4) 二 (5) 三 (6) 三 (7) 一 (8) 三 (9) 一 (10) 三

4 (1) **ク** (2) **キ** (3) **コ** (4) **カ** (5) **エ** (6) **イ** (7) **オ** (8) **ケ** (9) **ア** (10) **ウ**

5 (1) いとへん (2) しめすへん (3) たけかんむり (4) ごんべん (5) わかんむり (6) まだれ

6 (1) しんがお・**ウ** (2) にもつ・**エ** (3) きゃくま・**ウ** (4) あくにん・**ア** (5) あおぞら・**イ** (6) ちゃいろ・**ウ** (7) さかみち・**イ** (8) かかりいん・**エ** (9) こうえん・**ア** (10) おんがく・**ア** (11) いしばし・**イ** (12) あまぐ・**エ**

解説

1 (4)「しんにょう」は二画ではなく三画であることに注意します。

2 (1)「写」は五画、「水」「予」「反」は四画です。(2)「母」は五画、「毎」「列」「米」は六画です。(3)「何」は七画、「安」「糸」「竹」は六画です。(4)「弟」は七画、「泳」「画」「姉」は八画です。(5)「服」は八画、「返」「麦」「役」は七画です。(6)「所」は八画、「海」「界」「係」は九画です。(7)「客」は九画、「雨」「使」「波」は八画です。(8)「送」は九画、「起」「宮」「弱」は十画です。(9)「院」は十画、「教」「週」「宿」は十一画です。(10)「陽」は十二画、「船」「族」「帳」は十一画です。

3 (3)「馬」の一画目は「縦画」、二画目が「横画」です。(4)「区」の一画目は「横画」、二画目が「はらい」です。(7)「悲」の一画目は「はらい」です。(8)「世」の一画目は「横画」、二画目が真ん中の「縦画」です。(9)「皮」の一画目は「はらい」です。(10)「発」は筆順を間違えやすい漢字です。「はつがしら」の左側は「はらい」を先に、右側は「点」を先に書きます。

4 (1) 漢字の左側につく「こざとへん」と(8) 漢字の右側につく「おおざと」を混同しないように注意しましょう。

5 (2)「神」の部首は「しめすへん」です。形は似ていますが、別の部首です。形の似ている「ころもへん」と間違えないように注意しましょう。

6 (12)「雨具」は、「あめぐ」ではなく「あまぐ」と読むことに注意しましょう。

★★ 上級・最高レベル　問題 12～15ページ

1 (1) 十三 (2) 七 (3) 十三 (4) 八 (5) 十五 (6) 七 (7) 十六 (8) 三 (9) 九 (10) 五 (11) 六 (12) 十二

2 (1) 昼・研 (2) 球・進 (3) 運・絵 (4) 業・楽 (5) 談・箱

3 (1) 引・右・羽 (2) 戸・央・池 (3) 外・曲・決 (4) 気・近・苦 (5) 角・学・首 (6) 空・後・夏 (7) 荷・船・開 (8) 雲・農・駅

4 (1) **イ** (2) **エ** (3) **ウ** (4) **ア** (5) **ウ** (6) **ア** (7) **エ** (8) **ア** (9) **イ** (10) **エ**

5 (1) 一 (2) 四 (3) 三 (4) 三 (5) 四 (6) 五 (7) 一 (8) 五 (9) 一 (10) 十 (11) 一 (12) 二 (13) 一 (14) 二 (15) 一 (16) 三 (17) 一 (18) 二 (19) 四 (20) 二 (21) 八 (22) 十

6 (1) がんだれ (2) まだれ (3) ぎょうにんべん (4) くにがまえ (5) きへん (6) うかんむり (7) のぎへん (8) くちへん (9) はつがしら (10) おおがい

7 (1) 弟・弱 (2) 数・放 (3) 京・交 (4) 空・究 (5) 考・者（各順不同）

8 (1) くさかんむり (2) しんにょう（しんにゅう） (3) いとへん
(4) ごんべん (5) ひへん

9 (1) しめすへん・**オ** (2) りっとう・**ク** (3) てへん・**カ**
(4) にんべん・**エ** (5) さんずい・**キ**

10 (1) せいぶつ・**ア** なまもの・**イ** (2) ひとけ・**エ** にんき・**ア**
(3) けんぶつ・**ア** みもの・**イ** (4) かんき・**ア** さむけ・**エ**
(5) しきし・**ア** いろがみ・**イ** (6) そうげん・**ア** くさはら・**イ**

11 (1) じもと・**ウ** (2) あんしん・**ア** (3) しごと・**ウ** (4) ふなたび・**イ**
(5) よこせん・**エ** (6) ゆきみち・**イ** (7) かつどう・**ア** (8) だいどころ・**ウ**
(9) いしゃ・**ア** (10) あいず・**エ** (11) ゆうひ・**イ** (12) みほん・**エ**

解説

1 (9)「級」の総画数は九画です。右側の「及」の部分を三画で書くことに注意しましょう。

2 (2)「球」の「求」の部分は五画から十一画目に書きます。右側を「く」のように一画で書かず、二画に分けて書くことに注意しましょう。

3 (1)「羽」は六画、「右」は五画、「引」は四画です。(2)「池」は六画、「戸」は四画、「央」は五画です。(3)「曲」は六画、「決」は七画、「外」は五画です。(4)「気」は六画、「苦」は八画、「近」は七画です。(5)「首」は九画、「学」は八画、「角」は七画です。(6)「夏」は十画、「後」は九画、「空」は八画です。(7)「船」は十一画、「荷」は十画、「開」は十二画です。(8)「駅」は十四画、「農」は十三画、「雲」は十二画です。

4 (1)「血」は六画、「兄」「古」「広」は五画です。(2)「君」は七画、「回」「休」「交」は六画です。(3)「金」は八画、「花」「汽」「形」は七画です。(4)「茶」は九画、「育」「岸」「受」は八画です。(5)「紙」は十画、「科」「計」「負」は九画です。(6)「悪」は十一画、「帰」「根」「通」は十画です。(7)「階」は十二画、「魚」「商」「第」は十一画です。(8)「電」は十三画、「温」「葉」「登」は十二画です。(9)「算」は十四画、「感」「路」「話」は十三画です。(10)「線」は十五画、「歌」「緑」「聞」は十四画です。

5 (1)「入」の一画目は左の「はらい」です。(12)「有」の一画目は「はらい」、二画目が「横画」です。(14)(20)「左」「友」の一画目は「横画」、二画目が「はらい」です。(15)(19)「水」「氷」の一画目は中心の「縦画」です。(21)「起」の「そうにょう」は最初に書きます。

6 (1)(2)「まだれ」と「がんだれ」を区別しましょう。(3)「ぎょうにんべん」と「にんべん」を区別しましょう。(6)「うかんむり」「わかんむり」「あなかんむり」を区別しましょう。(10)「おおがい」はひざまずいた人の大きな頭を表す部首で、主に人の頭や顔に関わる漢字につきます。

7 (1)「ゆみ」のつく漢字は「弟」と「弱」です。「ゆみ」はあまり見慣れない部首ですが、覚えておきましょう。

8 (1)「くさかんむり」をつけると「荷」「苦」「草」になります。(2)「しんにょう」をつけると「道」「返」「週」になります。(3)「いとへん」をつけると「絵」「細」「線」になります。(4)「ごんべん」をつけると「調」「詩」「計」になります。(5)「ひへん」をつけると「晴」「暗」「時」になります。

9 (1)「示」がつく漢字は、神様や祭礼に関するものです。「社」も「やしろ」という神社を意味する読み方があります。

10 (2)「人気（ひとけ）」は人がいる気配のことを、「人気（にんき）」は人々から好かれていることを表します。(3)「見物（けんぶつ）」はものごとや場所などを見ることを、「見物（みもの）」は見る価値のあるものであることを表します。(4)「寒気（かんき）」は寒いことを、「寒気（さむけ）」は病気や恐怖などのためにいやな寒さを感じることを表します。

11 (4)「船旅」は、「ふねたび」ではなく「ふなたび」と読むことに気をつけましょう。(6)「雪道」は、「せつどう」と音読みするのではなく、「ゆきみち」と訓読みすることに気をつけましょう。

3 ことわざ・慣用句・四字熟語

★ 標準レベル

問題16～19ページ

1 (1) ク (2) エ (3) カ (4) ア (5) コ (6) イ (7) ケ (8) ウ (9) オ

2 (1) ウ (2) ア (3) イ

3 (1) オ (2) ア (3) エ (4) イ (5) キ (6) ケ (7) カ (8) ウ

4 (1) ウ (2) キ (3) オ (4) ア (5) ケ (6) エ (7) ク (8) カ

5 (1) オ (2) ウ (3) カ (4) キ (5) イ (6) コ (7) ア (8) ク (9) ケ (10) エ

6 (1) カ (2) イ (3) エ (4) オ (5) ア (6) ク (7) コ (8) ウ (9) ケ (10) キ

7 (1) 一 (2) 千 (3) 一 (4) 三 (5) 八 (6) 三 (7) 六 (8) 九 (9) 三 (10) 一 (11) 八 (12) 千 (13) 七 (14) 百 (15) 四

8 (1) キ (2) ス (3) エ (4) タ (5) ソ (6) ウ (7) テ (8) ク (9) チ (10) ア

解説

1 (3)「年の功」とは、年長者の豊かな経験にもとづいた深い知恵のことです。(6)「月とすっぽん」は、丸いという点で似ていても、まったく別のものだということからできたことわざです。

3 (3)「うそから出たまこと」と「ひょうたんからこまが出る」は、冗談やうそが偶然に本当になってしまう、という意味です。(5)「かわいい子には旅をさせよ」と「獅子の子落とし」は、子どもを甘やかさずに苦労させたほうがよい、という意味です。(8)「雉も鳴かずば撃たれまい」と「口はわざわいの元」は、余計なことを言って災難を招いてしまう、という意味です。

4 (1)「あばたもえくぼ」は好きな人であれば欠点も好ましく見える、「坊主憎けりゃ袈裟まで憎い」は嫌いな人に関係するものはすべてが憎く思える、という意味です。(3)「木から落ちた猿」は頼るところがなくなってどうしたらよいかわからない状態、「水を得た魚のよう」は自分に合う環境で生き生きと活躍する様子、という意味です。(4)「たなからぼたもち」は何もしなくても幸運がおとずれる、「虎穴に入らずんば虎子を得ず」は危険をおかさなければ求めるものは手に入らない、という意味です。

8 (3)「独立独歩」は、自分の信じる方向に、ほかの人の力を借りずに自分の力で進む、という意味です。(4)「適材適所」は、その人の力に合った仕事などをさせる、という意味です。(5)「以心伝心」は、言葉にしなくても気持ちが通じる、という意味です。(9)「不平不満」は、満足できず気持ちが穏やかでない、という意味です。(10)「相思相愛」は、お互いにいとしく思っている、という意味です。

★★ 上級・最高レベル

問題20～23ページ

1 (1) 川 (2) 夏 (3) 目 (4) 石

2 **ウ→ア→エ→オ→イ**

3
(1) ぬき出し 牛　正しい言葉 馬　意味 **オ**
(2) ぬき出し 鳥　正しい言葉 さる　意味 **エ**
(3) ぬき出し キツネ　正しい言葉 たぬき　意味 **ア**
(4) ぬき出し ハチ　正しい言葉 虫　意味 **カ**

4 (1) みずにながす (2) あぶらをうる (3) うまがあう (4) はなであしらう

5 (1) 頭 (2) 鼻 (3) 顔

6 (1) 鳥 (2) 色 (3) 魚

7 (1) エ (2) オ (3) イ (4) ウ (5) ア

8 (1) 道 (2) 転 (3) 正 (4) 投
9 十
10 (1) サ (2) ス (3) キ (4) ト
11 ア
12 イ
13 右（往）左（往）

解説

1 (2)「飛んで火に入る夏の虫」は、自分から災難に飛び込んでいくことを表すことわざです。(3)「二階から目薬」は、遠まわしで効果がないこと、もどかしいことを表すことわざです。

2 **6** ア「百」、イ「三」、ウ「千」、エ「七十五」、オ「八」が入ります。
(1) アは「鶴」、イは「鴨」、ウは「雀」、エは「鵜」が入ります。(2) アは「赤」、イは「青」、ウは「白」、エは「黒」が入ります。(3) アは「鯖」、イは「鰻」、ウは「鰯」、エは「鯛」が入ります。

7 (1) 腕前が優れているという意味の「腕が立つ」と間違えないようにしましょう。(4)「二の足」を使った慣用句に、しり込みするという意味の、「二の足を踏む」があります。「二の句」を使った慣用句に、おどろいたり、あきれたりするあまり次の言葉が出てこないという意味の「二の句が継げない」があります。「二の次」は後回しという意味です。

8 できる四字熟語は次のとおりです。(1)「油断大敵」「大同小異」「言語**道**断」。(2)「一挙両得」「利害得失」「心機一**転**」。(3)「我田引水」「公明**正**大」「山紫水明」。(4)「無味乾燥」「意味深長」「意気**投**合」。

9「十人十色」は、感じ方や考え方は人それぞれみんな違うという意味の四字熟語です。

13「右往左往」は、どうしたらよいかわからずに、混乱している様子を表す四字熟語です。

復習テスト①

問題 24〜25ページ

1 (1) キ (2) エ (3) ケ (4) ア (5) コ
2 (1) 調べる (2) 横行 (3) 会う (4) 決起 (5) 公正
3 (1) 麦・局 (2) 波・委 (3) 送・級 (4) 宮・院 (5) 船・週（各順不同）
4 (1) ゆみへん (2) しんにょう（しんにゅう） (3) さんずい (4) くにがまえ (5) くさかんむり (6) もんがまえ (7) にんべん (8) あなかんむり (9) がんだれ (10) まだれ
5 (1) にだい・エ (2) かんどう・ア (3) えきまえ・ウ (4) まるた・エ (5) くちかず・イ (6) きんこ・ア (7) そうば・ウ
6 (1) 花 (2) 王 (3) 都 (4) 時 (5) 魚
7 (1) 頭 (2) 顔 (3) 首
8 (1) ウ (2) キ (3) オ (4) カ (5) ク

解説

1 (3)「自負」は自分の才能などに自信をもつことです。

2 (3) 人と「あう」（顔と顔をあわせる）ときは、「合」ではなく「会」を使います。

5 (1)「荷（に）」は訓読みです。音読みと間違えやすいので、しっかり覚えておきましょう。中学校で習う「荷（カ）」は音読みです。(7)「相場」は、市場で取り引きされる株式などの値段のことをいいます。

6 (1)「言わぬが花」とは、何でも口に出して言うよりも、言わない方が差し障りもなく、味わいがあってよいという意味です。「言わぬが仏」と間違えやすいですが、正しくは「知らぬが仏」です。

7 (2)「顔をしかめる」は「眉をしかめる」と間違えやすいですが、正しくは「眉をひそめる」です。

4 文節と単語

★ 標準レベル
問題26～27ページ

1 (1)ア (2)ウ (3)オ (4)ア (5)イ

2 (1)イ (2)ウ (3)ア (4)ウ (5)ア

3 (1)ア (2)ウ (3)ウ (4)ウ (5)ア

4 (1)エ (2)ア (3)イ (4)オ (5)ウ

5 (1)エ (2)イ (3)ア (4)カ (5)ウ

6 (1)読むことです (2)ねむかった (3)行った (4)かざられている（かざってある） (5)ふったら (6)しかられる (7)聞かない (8)ふるだろう

解説

1 (3)「夏も」が主語を表しています。(4) 述語が「きせつです」であることから、「七月こそ」が主語です。「は」や「が」だけでなく、「こそ」や「も」も主語を構成する要素になることに注意しましょう。

5 (1)「ふったら」という仮定の形に合うものを選びます。(2)「だろう」という推量の形に合うものを選びます。(3)「出たい」という希望の形に合うものを選びます。(4)「こわくない」という否定の形に合うものを選びます。(5)「休んだの」という疑問の形に合うものを選びます。

6 (1) 主語が「すきなことは」なので、この主語に合う述語に直します。(2)「ので」の前にある「夜ふかしをした」が原因で起きた結果になるように直します。(3)「きのう」の出来事なので、過去形に直します。(4) 主語が「絵」なので、受け身の形に直します。(5)「もしも」に合うように、仮定の形に直します。(6)「……あそんでいると」「父に」とあるので、父という対象から何かをされるという、受け身の形に直します。(7)「ちっとも」に合うように、否定形に直します。(8)「たぶん」に合うように、推量の形に直します。

★★ 上級・最高レベル
問題28～31ページ

1 (1)エ (2)オ (3)ア

2 (1)ウ (2)ア (3)オ

3 (1)ウ (2)ウ (3)オ

4 エ

5 (1)ア (2)オ (3)イ

6 イ

7 ①上手に ②慣れるよ

8 (1)まさか (2)もし (3)とても

9 (1)−1 イ 2 エ 3 ウ (2)−1 エ 2 ア 3 イ

10 (1)イ (2)ア (3)エ (4)ウ

11 (1)オ (2)エ (3)ア

12 ウ

解説

1 (1)「ふさわしい」という述語から、主語を考えます。(2)「(高く) なった」という述語から、主語を考えます。(3)「解けるでしょう」という述語から、主語を考えます。「なら」も主語を構成する要素になることに注意しましょう。

2 (1) 述語は「旅行だ」であることから、「何が」旅行なのかを考えます。(3)「思う」という述語に対応する主語は省略されています。

4 「ふわりと」「やわらかに」「温かく」はすべて「うけとった」という述語にかかっています。

8

(1)「思わなかった」という否定の形と一緒に用いられ、予期しない仮定を表す三字の言葉を考えます。(2)「としても」という仮定の形と一緒に用いられる二字の言葉を考えます。(3)「食べきれそうもない」という否定の推量の形と一緒に用いられ、否定の意味を強める三字の言葉を考えます。

9

(1) **イ**「かいもく」**ウ**「べつだん」**エ**「あながち」の三つの言葉はすべて否定の形と一緒に用いられます。「かいもく」は「全く」、「べつだん」は「特別」、「あながち」は「必ずしも」という意味を表す言葉です。「やおら」は「ゆっくり動作を始める」という意味を表し、否定の形と一緒に用いる言葉ではありません。(2)1「ような」と一緒に用いる言葉が入ります。2 ここでの**ア**「おおむね」は、全体的に見てという意味です。3 **イ**「いたずらに」は無駄にという意味です。

10

(2)「客間のほうに向かった」とは歩いていったということなので、歩く動作を説明する言葉を選びます。

11

(1)「布団から」「身を起こす」動作を表す言葉を選びます。

5 かなづかい・送りがな

★ 標準レベル　問題 32〜33ページ

1

(1) **イ** (2) **ア** (3) **ア** (4) **イ** (5) **ア** (6) **ア** (7) **イ** (8) **ア** (9) **ア** (10) **イ**

2

(1) おうさま (2) ちず (3) こおりみず (4) じめん (5) おうごん（こがね） (6) ぜんいん (7) たいいく (8) てづく（り）

3

(1) **ア** (2) **イ** (3) **イ** (4) **イ** (5) **ア** (6) **ア** (7) **ア** (8) **イ**

4

(1) 生きる (2) 交わる (3) 細い (4) 行う (5) 用いる (6) 短い (7) 終わる (8) 投げる (9) 表す (10) 落ちる (11) 曲がる (12) 当たる (13) 交じる (14) 上がる (15) 下がる (16) 暗い (17) 温かい (18) 下る (19) 化かす (20) 教える

5

(1) かたずけて → かたづけて (2) おりずる → おりづる (3) 負て → 負けて (4) 分よう → 分けよう (5) 売る → 売れる (6) のおぎょう → のうぎょう (7) 聞える → 聞こえる (8) ぢまん → じまん (9) 悲い → 悲しい

解説

1

(1)「お」の長音は間違えやすいです。「こおり」「おおかみ」など、「う」ではなく「お」を表記する言葉は限られるので、その都度覚えるようにしましょう。(9)「地道（じみち）」のように、「地」を濁って「じ」と読む言葉には、「地面（じめん）」「地震（じしん）」「生地（きじ）」などがあります。

2

(6)「ぜいいん」としないように注意しましょう。(7)「たいく」ではありません。(8)「手作り」の「作」は「づく」と濁ります。

3

(8)「平」の訓読みには、「平（たい）ら」のほかに「平（ひら）」があります。

4

(2)「交（まじ）わる」と(13)「交（ま）じる」では、送りがなが変わるので注意しましょう。(3)「細」には「細（ほそ）い」のほかに、「細（ほそ）る」、「細（こま）か」、「細（こま）かい」という訓読みがあります。(4)「行（おこな）う」は、送りがなを間違えやすい読み方です。「なう」と送らないように注意が必要です。(15)「下（さ）がる」と(18)「下（くだ）る」では、送りがなが変わります。

5

(1)「かたづける」と **1** (10)の「あずける」は似ていますが、前者は「つ」の濁音、後者は「す」の濁音です。(5)文の内容から、ここでは「うる」ではなく「うれる」という読み方が適していることがわかります。

★★ 上級・最高レベル

問題 34～37 ページ

1 (1) 〇 (2) おねえさん (3) しずかに (4) ゆうれい (5) 〇
(6) こおろぎ (7) ほのお (8) 〇

2 (1) はなぢ (2) とうじ (3) とおで (4) ずこう (5) みかづき
(6) とけい (7) おうぞく (8) とうきゅう

3 (1) かんずめ → かんづめ (2) くぢら → くじら
(3) ええがかん → えいがかん (4) こんばんわ → こんばんは

4 (1) てる・む (2) かい・まる (3) げる・ろす (4) く・ける
(5) む・める (6) える・わる (7) わる・じる (8) い・なる

5 (1) 〇 (2) 落とした (3) 味わう (4) 歩く (5) 〇 (6) 〇 (7) 入る
(8) 〇

6 (1) 等しく (2) 答える (3) 登る (4) 定まる (5) 通う (6) 直す
(7) 着ける (8) 大いに (9) 太い (10) 足りる

7 (1) ① 住まう ② 生きて (2) ちずじょう (3) きづつけ → きずつけ

8 わたしのおじいさんはしりょくが弱くなって、本が読めないことをなげいているので、代わりにわたしが本を読んで聞かせてあげようと思う。

9 **ウ・カ**（順不同）

10 (1) **ア** (2) **イ** (3) **イ**

解説

1 (1)・(5)・(6)・(7) は、いずれもオ列の長音を扱った問題です。「こおり」「ほおずき」など、「う」ではなく「お」を表記する言葉は限られるので、その都度覚えるようにしましょう。

2 漢字の読み方を手がかりに答えられるものがあります。(1)「鼻血」の「血」は「ち」と読むので「はなぢ」、(3)「遠出」の「遠」は「とお（い）」と読むので「とおで」、(5)「三日月」の「月」は「つき」と読むので「みかづき」となります。

3 (1)「缶詰（かんづめ）」は、「缶に詰めたもの」と考えると、「つ」の濁音だとわかります。(4)「こんばんは」と同様に、「こんにちは」も「わ」ではなく「は」と表記します。

4 (7)「交」の訓読みは、「交（まじ）わる」「交（ま）じる」のほかに、「交（まじ）える」「交（ま）ざる」「交（ま）ぜる」、さらに中学校で習う読み方に「交（か）う」「交（か）わす」があります。それぞれ送りがなが異なるので注意が必要です。

5 (6)「半ば」は「なかば」と読み、半分ほど、という意味を表します。

6 (1)「等しい」は同じ、という意味を表す言葉です。(3) 階段を「のぼる」のときには、「上る」と書きます。(4)「定まる」は決まるという意味です。(5)「通」の字には、「通（かよ）う」のほかに「通（とお）る」「通（とお）す」という訓読みがあります。(6)「直」の字には、「直（なお）す」のほかに「直（ただ）ちに」「直（なお）る」という訓読みがあります。(7) ネックレスなどを「身につける」場合は「着ける」を使います。(8)「多いに」としないように注意が必要です。

7 (1)「住」という漢字の訓読みには、「住む」と「住まう」があります。

9 **カ**「よみづらい」は読むのが「つらい」という意味です。それぞれ正しくは、**ア**「ちぢんだ」、**イ**「じめん」、**エ**「こおりみず」、**オ**「つづけなければ」、**キ**「てづくり」、**ク**「あいず」です。

10 (1) **オ**「間近（まぢか）」は、距離や時間などがすぐ近くであることを表す言葉です。「学校に間近な家」、「試合が間近に迫る」などと使います。(2) **エ**「文月（ふみづき）」は、七月の異名で、旧暦でのよび方です。(3) **エ**「遠浅（とおあさ）」とは、遠く沖のほうまで水が浅いことを表す言葉で、「遠浅の海」などと使います。**オ**「都大路（みやこおおじ）」の「大路」とは、広い主要な通りという意味です。

6 多義語・むずかしい言葉の意味

★ 標準レベル

問題 38～39ページ

1 (1) **ウ** (2) **イ** (3) **エ** (4) **ア**

2 (1) はずむ (2) かける (3) あまい (4) もつ

3 (1) **エ** (2) **ア** (3) **キ** (4) **サ** (5) **カ** (6) **ケ** (7) **タ** (8) **ウ**

4 (1) **オ** (2) **エ** (3) **ク** (4) **セ** (5) **ケ** (6) **ア** (7) **シ** (8) **タ**

解説

1 (1)「こしが重い」、(2)「気が重い」は、どちらもよく使われる慣用句です。

2 (1)「はずむ」は「ボールがはずむ」のように、物に当たってはね返る様子や、「気持ちがはずむ」のように、心がうきうきした状態、「おこづかいをはずむ」のように気前よく余分に金額を出すことなどを表します。(2)「かける」は意味が多岐にわたる言葉です。「かぎをかける」「電話をかける」「めがねをかける」などの動作のほかにも、「鼻にかける」や「会議にかける」「橋をかける」「気にかける」など、さまざまな使い方があります。(3)「あまい」は「あまいケーキ」のような味に関する表現のほかに、「あまいかおり」のようににおいでも使われます。また、「父は妹にはあまい」のように、厳しさが足りないことを表したり、「あまい言葉」のように心を引きつけることを表したりもします。(4)「かたをもつ」は味方をする、という意味の慣用句です。

4 (1) **オ**「なごやか」は、おだやかで落ち着いている様子を表す言葉です。(2) **エ**「あどけない」は、無邪気でかわいらしい様子を表す言葉です。(3) **ク**「ねぎらう」は、相手の苦労に感謝の気持ちを表現するという意味の言葉です。(4) **セ**「かろうじて」は、ようやく、やっとのことで、という意味を表す言葉です。(5) **ケ**「おのずから」は、自然に、ひとりでに、という意味を表す言葉です。(6) **ア**「きざし」は、何かが起こりそうなしるし、前触れを表す言葉です。(7) **シ**「しのぐ」は、つらいことをがまんして乗り切ることを意味する言葉です。(8) **タ**「おもむろに」は、動きが静かでゆっくりしていることを表す言葉です。

★★ 上級・最高レベル

問題 40～43ページ

1 (1) **オ** (2) **エ** (3) **ア** (4) **カ**

2 (1) たてる (2) つめる (3) ひく

3 (1) みる（はかる） (2) たつ (3) うつ

4 (1) **ウ** (2) **エ**

5 (1) **ア** (2) **ウ**

6 (1) **オ** (2) **ウ** (3) **エ** (4) **ア** (5) **イ**

7 (1) **エ** (2) **イ** (3) **ア**

8 (1) **エ** (2) **コ** (3) **オ** (4) **カ** (5) **ク** (6) **ア** (7) **キ** (8) **シ** (9) **ケ** (10) **イ**

9 (1) おしい (2) だかい (3) ゆかしい (4) がゆい (5) がらい

10 **イ**

11 **エ**

解説

2 (1)「志をたてる」は、高い望みをもつ、という意味です。(2)「丈をつめる」は、ズボンなどの長さを短くする、という意味です。また、「話をつめる」は話し合って結論を出す、という意味です。

3 (1) 鑑定するという意味で「刀をみる」、世話をするという意味で「子どもの面倒をみる」、ためすという意味で「味をみる」などのように使います。

6 (1)「いざとなったら」という言葉に着目します。**オ**「いとわない」はいやがらない、という意味です。(2)「はずかしくて」という言葉に着目します。**ウ**「いたたまれない」はその場にいられないような気持ちを表します。(3) **エ**「まかりとおる」は通用する、という意味です。

7 (2)「あうんの呼吸」と似た意味の慣用句に「息が合う」、ことわざに「以心伝心」があります。

8 それぞれの意味に合う「日」の前にくる漢字を覚えるだけでなく、読み方も確認しましょう。読み方は、(1)「終日(しゅうじつ)」、(2)「過日(かじつ)」、(3)「期日(きじつ)」、(4)「吉日(きちじつ)」、(5)「近日(きんじつ)」、(6)「縁日(えんにち)」、(7)「永日(えいじつ)」、(8)「即日(そくじつ)」、(9)「連日(れんじつ)」、(10)「命日(めいにち)」です。

10 「途方に暮れる」とは、どうしたらよいかわからずに困り果てることを表す言葉です。

11 「心安い」とは、どんなことでも言い合える親しい関係を表す言葉です。似た意味の慣用句に「気が置けない」があります。

復習テスト②

問題 44～45ページ

1 (1) **カ** (2) **イ** (3) **ア**
2 (1) **ウ** (2) **カ** (3) **エ**
3 **イ・カ**(順不同)
4 (1) **ウ** (2) **オ** (3) **イ** (4) **ア** (5) **エ**
5 (1) どうか (2) いったい (3) まるで
6 (1) **イ** (2) **エ**

解説

1 (1)「いる」という述語から、主語を考えます。(2)「てらす」という述語から、主語を考えます。(3)「ふさわしい」という述語から、主語を考えます。「こそ」も主語を構成する要素になることに気をつけましょう。

2 (1)「たくさん」どうなのかを考えます。(2)「公園で」どうするのかを考えます。(3)「赤い」ものは何かを考えます。

4 (1) **ウ**「いちずに」は、一つのことをひたむきに行う様子を表す言葉です。(2)「ほんの小さな変化まで」という表現に着目しましょう。**オ**「つぶさに」は、細かい部分の一つひとつまで、という意味を表す言葉です。(3)「テストに出そうな所を」「くわしく説明」という表現に着目しましょう。**イ**「ことさらに」は、あえてするという意味を表す言葉です。(4)「さわいだり取りみだしたり」という表現に着目しましょう。**ア**「いたずらに」は無駄にという意味を表す言葉です。(5)「きのうまであたたかかった」「今朝から」という表現に着目しましょう。**エ**「にわかに」は、状態が急に変わる、という意味を表す言葉です。

5 (1)「くれませんか」という希望を表す形に着目し、一緒に用いられる三文字の言葉を考えます。(2)「どこで」「何を」という疑問を表す形に着目し、一緒に用いられる四文字の言葉を考えます。(3)「みたいだ」というたとえを表す形に着目し、一緒に用いられる三文字の言葉を考えます。「まるで……ようだ」という表現もあります。

6 (1)「しらじらしい」は、本心でないことが見え透いているさまを表す言葉です。「あの人の言葉はしらじらしく聞こえる」のように使います。(2)「おびただしい」は、数や量が非常に多いことを表す言葉です。また、程度がひどい、という意味も表します。「おびただしい数のハトが群がっていた」、「だらしないこと、おびただしい」のように使います。

過去問題にチャレンジ①

問題 46～49ページ

1 (1) **オ** (2) **エ** (3) **カ** (4) **イ** (5) **ア**

2 (1) くち (2) みず (3) あし (4) した

3 (1) **エ** (2) **イ**

4 (1) **ウ** (2) **エ** (3) **ケ** (4) **ク**

5 (1) **イ** (2) **ア** (3) **オ** (4) **ウ**

6 (1) **イ** (2) **イ** (3) **ウ**

7 **ア**

8 魚を食べた頭が赤い猫

9 **オ**

10 (1) **ウ** (2) **ア** (3) **カ**

11 (1) うつ (2) かかる (3) つる (4) とおる

12 (1) **ウ** (2) **ウ**

13 **エ**

14 (1) (例) 必ずしも人間が地球上で一番かしこいとは限らない。

(2) (例) 人にたよられることは、私にとってはめいわくではなく、むしろうれしいことである。

解説

2 文章を正しく理解するために、たくさんの慣用句の意味を覚えるようにしましょう。特に、体の一部を含む慣用句は出題頻度が高いです。(2)「水と油」は、互いの性質が合わないことを表します。似た意味のことわざに「犬猿の仲」があります。(3)「足がつく」は、隠されたことなどが明らかになることを、「足が出る」は、予算を超えた支出になることを表します。

4 (2)「空前絶後」は、今までに一度もなく、これからも起こらないと思われる、きわめてまれなことを表す四字熟語です。

6 (1) 述語が「あれてしまいました」であることから、主語を考えます。(2) 述語が「(散歩を) します」であることから、主語を考えます。(3) 述語が「がんばります」であることから、主語を考えます。

7 **ア**の文は、主語は「夢は」、述語が「思っています」となっていて、主語と述語の対応がおかしい (ねじれている) 文になっています。自分で文を書くときにも、主語と述語が対応しているかどうかを確認しましょう。

8 どの言葉を修飾しているかはっきり伝わるようにするためには、修飾する言葉を、修飾される言葉のすぐ前に置くようにします。ここでは修飾する言葉が「頭が赤い」、修飾される言葉が「猫」なので、「頭が赤い猫」というかたまりを作り、残りの言葉の配置を考えましょう。

9 「たとえ」という言葉は常に「～ても」という仮定を表す部分にかかります。

10 **11** それぞれ、どのような動作を説明する言葉があてはまるのかを考えます。

(1) **ア**ほこりが舞い上がらないようにしたり、温度を下げたりするために水をまくことを「打ち水」と言います。**ウ**もともと、芝居小屋を作るために杭を打ったことから、芝居などの興行にも「うつ」を使います。(2) **イ**映画の上映だけでなく、舞台の公演などにも「かかる」を使います。**エ**必要なお金のことを、「かかる費用」などと表現します。(3) **ア**歩き疲れたときなどに「足がつる」などと使います。**イ**「エサでつる」などという使い方をします。(4) **ア**理屈が合っていることを「筋がとおる」などと表現します。**イ**「予算案がとおる」などと表現します。**ウ**食物に火が行きわたっていることを「火がとおる」と言います。

14 (1)「必ずしも」は下に否定の形が必要です。(2)「むしろ」は何かと比べて、という意味を表す言葉なので、文の中で二つの事柄を比べて、前者よりも後者を選ぶという文を作りましょう。

2章　物語の読解

7　場面

★ 標準レベル　問題 50～51ページ

1
(1) a土曜日　b犬　cえらぶ
(2) 1 下むき　2 **イ**
(3) 鼻をよせる
(4) 1 先だけ絵～に茶色い　2 **ウ**

解説

1
(1) 空欄aは「いつ」、空欄bとcは「何を」「どうする」にあたります。問いに、a・cは三字と指定されていることに注意します。aには本文冒頭の「土曜日」が入ります。bには本文に「保護された犬やネコたち」とありますが、後半の文章から、「みほ」たちの家族は「犬」を見にきたということが読み取れるので「犬」が入るとわかります。cは「どうやって、『この子』って一匹だけえらぶ?」とあるので、「えらぶ」が入るとわかります。なお、今回の問いでは、この場面が「どこ」なのかは「動物保護センター」とすでに書かれていますが、「どこ」についても、自分で読み取れるようにしておきましょう。

(2) 1 空欄の前に「気分が」とあることに注目します。「気分が」をヒントに本文を探すと、「(中略)」の前に「ますますみほは気分が下むきになった」とあります。「ゆううつ」は、「気分が落ちこんで晴れないこと・心配事があって気持ちがふさぐこと」という意味です。新たに家に迎える犬を選びに(見に)行くという状況であるのに、みほが「ゆううつ」だったのは、みほに心配事があって気持ちがふさいでいたからです。

2 傍線部①の直後の「だって」に注目します。「だって」のあとに、みほが「ゆううつ」になっている理由が説明されています。「どうやって、『この子』って一匹だけえらぶ?」「みんなもらわれたがってる」「えらばれなかった子たちのことを考えると」が理由にあてはまります。問いに「あてはまらないものを一つえらび」とあることに注意しましょう。**イ**は、もともとのゆううつさがさらに増して、「気分が下むきになった」きっかけの言葉です。「ゆううつ」よりもあとのことなので、あてはまりません。

(3) 「文」とは句点(。)で区切られた言葉の単位のことです。問いに「ひとつづきの二文」とあることに注意しましょう。傍線部②のあとに書かれている「小梅」とのなつかしい記憶から、「鼻をよせると小梅は、ほこりっぽいような甘ずっぱいようなにおいがした。」と「それはいつもみほを、『ああ、家に帰ったんだ』って、安心させてくれた。」の二文が該当するとわかります。問いの指定通り、一つ目の文の最初の五字をぬき出して「鼻をよせる」が正解となります。

(4) 1 犬の耳については、「柴犬の雑種なのか、…」から始まる文にその特徴が書かれています。その耳は、「ピンと立った耳の先だけ絵具をちょんとのっけたみたいに茶色い」とありますが、「ピンと立った」を含めると問いの指定字数二十一字を超えてしまうので注意が必要です。さらに、「耳」という言葉につながるようにぬき出すので、正解は「先だけ絵具をちょんとのっけたみたいに茶色い」の部分となります。「何がどうする(どんなだ)」の文を「どうする(どんな)何」という、名詞で終わる形に書きかえる練習をしておくとよいでしょう。

2 傍線部③の「気がつくと」という言葉によって、時間が経つのも忘れて、夢中になって犬に対面していたみほが、はっと我に返った様子が読み取れます。また、傍線部③の前に「あとは夢中だった」「小梅にわるいっていう気持ちもわすれていた」とあることを押さえましょう。

★★ 上級レベル

問題 52～53ページ

I

(1) a お金　b 先生　c サーカス団長

(2) がいした

(3) **ア**

(4) ・顔を、くもらせました
・まゆの根に、しわをよせて（順不同）

(5)（例）ひっくり返るかどうかためすため。

解説

I

(1)『ぼく、お金を返しにきたのです。うちの先生が、こんな大金をもらういわれがないと、いっていらっしゃるんです。』とあることから、「返すように」の前の空欄aには「お金」が入り、「お金を返すように」言ったのは「先生」であることがわかります。『もしもしお客さん、ちょっと待ってください。』三五郎が呼びとめると、やにわにサーカス団長は、森の中にかけこみました」とあるので、「三五郎」が追いかけているのは「サーカス団長」とわかります。「やにわに」は「すぐに、たちどころに」という意味です。

(2) 傍線部①の前に「三五郎が呼びとめると、やにわにサーカス団長は、森の中にかけこみました」とあります。その理由は、「三五郎が剥製をとりかえしにきたと、かんちがいしたものと思われます」と書かれています。三五郎は、実際にはお金を返すためにサーカス団長を追いかけたのですが、サーカス団長はそれを、剥製をとりかえすために追いかけてきたものとかんちがいをして逃げたのだということがわかります。終わりの四字をぬき出すことに注意しましょう。

(3)「いわれ」とは「理由・事情」という意味です。「こんな大金をもらう」ったことについては、傍線部②より前の部分と、「サーカス団長」の一つ目の発言から、「サーカス団長」が「三五郎」の「先生」から「剥製のカモ」をもらう代わりにお金を渡したのだとわかります。さらに、その「剥製のカモ」は「一ばんへたくそな出来」であることが、後の「三五郎」の発言で明かされ、ここから、「こんな大金をもらういわれがない」つまり、もらった金額に見合わない、へたな出来であったことがわかります。

(4) 傍線部③「ぼく、そうだろうと思います」の指示語「そう」は、直前の「（剥製は）水に浮かべると、ひっくり返るかもしれ」ないことを指しています。これを聞いたサーカス団長は、「ちょっと顔を、くもらせ」、「『この剥製のカモを、水に浮かべて、これがひっくり返ったら、おれの商売にならないのだ。』と「まゆの根に、しわをよせて」言っています。「顔をくもらせる（顔がくもる）」、「まゆの根にしわをよせる」という表情に、サーカス団長の不安な気持ちや、不快感が表れています。

(5) 傍線部④の前の会話に注目します。自分が買った剥製が「一ばんへたくそな出来」だと聞いた「サーカス団長」は、その剥製が「水に浮かべて」「ひっくり返ったら」困るという内容の発言をし、さらに、「ひっくり返るか、返らないか、ためしに、あの池にこれを浮かべてみよう」と提案をしています。剥製のカモがひっくり返っては自分の商売にならないので、まずは水に浮かべ、ひっくり返るか返らないかを確かめてみようというのです。

★★★ 最高レベル

問題 54～57ページ

I

(1) **エ**

(2) **ウ**

(3) **オ**

(4) **ア**

解説

1

(1)「耳の奥で、ぼくの心臓が、ドキンと音をたてた」とは、「ぼく」が何かに動揺し、一時的に胸の鼓動が速まった様子を表していると考えられます。あかりさんの病気のことが十分わかっていないタケシは、「ぼくだって、いわれたこと、すぐ忘れる」と、気楽に自分の経験を話します。ところが、その会話の中の「ボケてる」という言葉に母さんが強く反応します。「わたしのお母さんが、バカにされているみたい」「悲しくなっちゃう」と声をつまらせ、目をふせています。母親の言葉と急な表情の変化に、タケシは、自分の言葉が母をひどく傷つけたことを悟り、「どうしよう」と焦ったのだということを読み取ります。この状況にあてはまるのは、**エ**です。

(2) **ア**「母さんが断りそうなので不安を感じている」、**エ**「ケンタも知らないメイとの仲の良さに優越感を感じ」、**オ**「ケンタとも一緒に遊べるのでうれしく思っている」は、それぞれ本文にない内容のため不適。**イ**は本文の「ふたりは、あかりさんの病気について知っている」に合わないため不適。**ウ**はBの場面の最終段落の内容と合うので正解です。

(3) 傍線部②の直前の「友達が家に来たのは久しぶりだから、母さんもうれしそうだ。」に注目します。ここから、母さんも、カリンもうれしいのだと読み取れます。また、「カリンは…興味しんしん」「なんども部屋をのぞきに来る」「メイに声をかけられると、ちゃっかりすわりこんだ。」というカリンの行動に合っているのも、**オ**です。**イ**は「本当はメイに甘えたいということを口に出せず」「メイに対して違う話題を振る」の部分が本文にはない内容です。**イ**のように、本文に書かれていることの一部を使っている選択肢には、特に注意しましょう。

(4) メイはケンタが何か言うたび、「『しっ』とにらみつけ」たり、「ひじ鉄をくらわし」たりして、軽く制止しています。そして、自分自身は「落ち着かないぼくたちには関係なく、メイは、なんでもないように話を続けた」とあるように、自然体であかりさんに接しているのがわかります。この本文の内容に合っているのが**ア**です。**イ**「メイはタケシを傷つけないように」、**ウ**「タケシに対して同情している」、**エ**「感心し、メイを見直している」の部分が本文からは読み取れないため不適。**オ**は本文からはまったく読み取れない内容のため不適です。

中学入試に役立つアドバイス

出来事・場面を捉えるには

○出来事を捉える

物語などの文学的文章の中で出来事を捉えるために、次の六つの要素を押さえましょう。

①**だれが**（Who）
②**いつ**（When）
③**どこで**（Where）
④**なぜ**（Why）
⑤**何を**（What）
⑥**どのように**（How）**したのか**

これらは英単語の頭文字から「5W1H」と呼ばれます。

○場面を捉える

場面とは、一連の出来事が描かれているひとまとまりの部分です。場所（空間）や時間、登場人物に注目することで、場面のまとまりがわかりやすくなります。

8 場面の変化

★標準レベル

問題 58〜59ページ

1
(1) a家　b光ちゃん　cかおりちゃん　dアパート
(2) ウ
(3) エ
(4) ぼくは家〜おした。
(5) あやまら〜なかった

解説

1
(1)「ぼくは家を飛び出すと、アパートまで走って行き」とあることから、それぞれa「家」、d「アパート」と場所を表す言葉が入るとわかります。bは、ぼくとかおりちゃんの会話の中で、かおりちゃんがぼくを「光ちゃん」と呼んでいることからわかります。cは、ぼくがアパートのブザーを押したときに「ぱっと出てきたのは、かおりちゃんだ」とあることから、「ぼく」が走って行ったのが「かおりちゃん」のアパートだとわかります。「ぼく」が「家」で考えごとをしている場面から、「ぼく」が「かおりちゃん」の「アパート」に行って「かおりちゃん」と話をしている場面に変化していることを押さえましょう。

(2)「ぼく」は、「そのとき」、頭の中の「もうひとりのぼく」にある言葉（空欄）をかけられたことによって決意し、行動に移しています。アは「わけを話せば」の部分が、本文の「言いわけなんかしないで、あやまろう」に合わないため不適。イは「何もしなくていい」が、その後すぐに家を飛び出した「ぼく」の行動に合わないため不適。エ「かおりちゃんも悪い」は、本文からは「ぼく」が「かおりちゃんも悪い」と思っている様子が読み取れないため不適。ウは、「行け。行かないと後悔するぞ」という強い口調が、その後の「ぼく」のとった行動に合致します。したがって、正解はウです。

(3) 会話文の中で、ほかの人の発言や自分が過去に言ったことなどを引用するときには『　』（「にじゅうかぎかっこ」「ふたえかぎ」）で表すこともありますが、『　』が使われないこともしばしばあります。その場合、引用を表す言葉を見つけられるかがカギとなります。傍線部③の直前の「かおりちゃん」の発言の中に、「なんて、光ちゃんの大切な親友にいじわるを言ったから」とあり、この直前の「純くんなんか、来ても来なくっても」が、「かおりちゃん」自身の過去の発言を引用したものであることがわかります。「なんて」はおどろきや感動を表す「なんて」ではなく、「などということを言って」といった意味合いの言葉であることを読み取りましょう。

(4) 問いの「ぼくの行動」という言葉に注目しましょう。傍線部①の前に、「ぼくは家を飛び出すと、アパートまで走って行き、はあはあしながらブザーをおした」とあります。「ぼく」は一刻も早くかおりちゃんに謝りたくて、「家を飛び出」したり、「はあはあ」するほど急いで走ったりしています。また、問いに、「一文を」ぬき出すとあることに注意します。「文」は「句点（。）」までのひとつのまとまった言葉の単位のことで、句点も一字と数えるので、答えは、「ぼくは家」〜「おした。」と「。」まで含める必要があるので注意しましょう。

(5)「えっ？」「……。」は、「ぼく」がとまどっている様子であることを読み取りましょう。かおりちゃんの言葉が、「ぼく」の予想とは違っていたために、言葉につまってしまったのです。傍線部②③のあとで「ぼく」の心情が述べられている部分は、「あやまられるなんて思わなかった」と「気持ちが通じたなんて言われて、ぼくの胸はいっぺんに軽くなった」の二箇所です。「えっ？」「……。」と言葉につまって、とまどっている理由を説明した問いの文に当てはまるのは、「あやまられるなんて思わなかった（十五字）」であるとわかります。

★★ 上級レベル

問題 60～61ページ

1

(1) **イ**

(2) **ア**

(3) (例) 洋食器を作っているちいさな町工場で、一階が工場、二階が住宅になっている家。

(4) a **ウ**　b (例) つめたくあつかわれて、こわくなった

(5) **イ・ウ** (順不同)

解説

1 (1) **【ア】**の場面では「ぼく」が「うじうじまよ」いながら、夕飯を食べたり、テレビを見たりして時間が過ぎていく様子が描かれています。**【イ】**では秀治の家の様子が、**【ウ】**では「ぼく」が秀治の父と話している場面が、**【エ】**では「ぼく」と秀治の父がいる場所に、秀治の母が加わって話をしている場面が描かれています。したがって、前半は**【ア】**(「ぼく」の家での出来事)、後半は**【イ～エ】**(秀治の家での出来事)に分けられます。

(2) 傍線部①の「えい、くそっ」という表現から、自分の気持ちを奮い立たせて、思い切って行動しようとしている様子が読み取れます。また、冒頭に「あたってくだけろだ」とあるので、「ぼく」は秀治が野球チームに入ってくれるかどうかはわからないと考えていることがわかります。「ぼく」は、秀治に断られるかもしれないと思ってはいるものの、「ガンちゃん」の反応が頭をよぎり、思い切ってさそおうと決心したのです。これらの内容に合うのは**ア**です。**イ**「入ってくれるまで、何度も秀治をさそおう」といった内容は本文からは読み取れないので不適。**ウ**本文に「そわそわしてた」とありますが、この「そわそわ」の原因は、「ハーコにも、ゴロさんにもいわれたことを思い」出していたためで、選択肢の「入ってくれるかわからないので、不安で落ちつかない」ためではないため不適。**エ**「早くさそいたくてそわそわする」は、本文の「決心しても、ほんとにでかけるまでには、時間がかかった」に合わないため不適。

(3) 傍線部②「秀治の家」がどんな家かについては、**【イ】**の段落で説明されています。「土手のすぐ近くにある」「従業員三、四人ほどのちいさな」「洋食器を作っている」町工場で、「一階が工場で、二階が住宅」、これらの内容をまとめましょう。

(4) 傍線部③「にげ帰っちまいたくなった」の直接のきっかけは、その前の「秀治のお父さん」の言動であることを読み取ります。意を決して声をかけた「ぼく」に、「いねえよ。なんの用だ」というぶっきらぼうなものの言い方をし、「うさんくさそうに、ぼくをにらんだ」とあります。「うさんくさい」とは、「どことなく怪しい、油断ならない」という意味です。そのような冷たい態度を取られたために、「にげ帰っちまいたくなった」のです。bは、「こわくなった」と同意の内容であれば正解です。

(5) 問いの文に「二つえらんで」とあることに注意しましょう。秀治のお母さんの会話に「しばらくぶり」とあるので、秀治のお母さんが「ぼく」と会うのが久しぶりだったことがわかります。また、「見ちがえちゃったよう。大きくなったねえ」とあるので、前に会ったときよりも、ぼくの体が成長したのだということがわかります。したがって、この内容に合う**イ・ウ**が正解です。**ア**は、「野球チームの選手らしい、りっぱな体つき」という内容が本文にはないので不適。**エ**は「秀治のお父さんにはたまに会っていた」という内容が本文から読み取れないので不適です。選択肢から答えを選ぶ問題では、この問いのように「二つ選びなさい」や「内容の合わないものを選びなさい」、「間違っているものを選びなさい」という問い方がされる場合があります。慌てずに、問題文を最後までしっかり読んで、何を求められているのかを必ず確認する習慣をつけることが大切です。

★★★ 最高レベル

問題 62〜65ページ

1

(1) 涙を必死に〜にしていた

(2) **ウ**

(3) (例) 二ケはどこにでもいる子猫ではなくて、うちの猫の二ケであり、いまではもう立派な家族の一員だということを雅さんにわかってほしかったから。

(4) **ア**

解説

1

(1) 傍線部①の「あの日」は次の段落以降の「ぼく」と仁菜が「まだ低学年のころ」の場面であることを押さえます。「ママは猫が嫌いなんだ」から始まる段落に描かれているので、この部分から「五十字以内」という条件をヒントにぬき出します。「あのときも、いまと同じように涙を必死にこらえるかのように目のふちをじんわりと赤く染め、ぐっと口を閉じ、ほっぺを真っ赤にしていた。」から指定字数以内で答えるためには、始まりか終わりのどちらかの部分を削る必要が出てきます。この場合は終わりの部分は削れないので、始まりの「あのときも、いまと同じように」が不要と判断します。設問文にある「具体的」とは、「はっきりとした形や内容を備えている様子」という意味の言葉です。頻出単語なのでよく理解しておきましょう。

(2) 「口を横一文字に引き結ぶ」とはその形状からわかるように、口を開かず、黙りこくっている様子です。傍線部②のあとの雅さんの発言のあとに、「仁菜はなにも言い返せなかった」とあります。雅さんの言葉が、仁菜には確かにその通りだと思えることばかりで、反論することもできず、くやしくて黙っているのです。**ア**「受け入れようとしている」、**イ**「反省し、これからはきちんとしようと決意している」、**エ**「自分のだめなところを次々と指摘する」、**オ**「予想もしなかったことで叱られる」がそれぞれ本文からは読み取れない内容のため不適です。

(3) 雅さんの「この前はごめんね」「ちゃんと話しておくね」という言葉には応じず、「二ケ」のことを持ち出した理由は、「返事をする代わりに、言った」のあとに書かれているのでその部分をまとめます。「なぜですか」と問われているので、文末には理由を表す「〜から。〜ので。〜ため。」をつけ忘れないようにしましょう。

(4) 文章の終わりに、「仁菜はこの道を何往復もして二ケに会いに来ていたのだと思うと、よけいに苦しくなる」とあり、仁菜の二ケに対する思いの深さを「ぼく」が理解していることがわかります。また、「二ケが大人になっても、ずっと二ケの面倒を見続ける」ことを「責任」と感じるようになっています。もともと、「二ケにはできる限りのことをしてあげよう、と思っていた」とはありますが、雅さんの話を聞いたことで、動物を飼う責任の重さについて実感したのだと考えられます。

中学入試に役立つアドバイス

場面・気持ちの変化を捉えるには

①**場面をつかむ**
- 「時」(時代、季節、時刻)をつかむ
- 「所」をつかむ
- 登場人物を整理する
　だれが中心的人物か、人物同士の関係はどうか

②**場面の変化をつかむ**
　①が、何がきっかけで、どう変化したかを読み取る。

③**人物の気持ちの変化を読み取る**
　②の場面の変化が、人物の気持ちにどのように影響したかを捉える。

9 せいかく・人物像

★ 標準レベル 問題 66～67ページ

1
(1) **エ** (2) **イ**
(3) チョウ・すごいいきおい
(4) **ウ** (5) **イ・ウ**（順不同）

解説

1
(1) 登場人物の様子を捉える問題です。直前で、「ぼく」は博に対して鳥のヒナのいる箱のふたをあけてみせています。これを見て、博は図鑑を広げて何の鳥なのかたしかめ、大きくうなずいて、「やっぱりツバメだ」と言っています。つまり、博は鳥のヒナを見たときにツバメのヒナだと考えていて、図鑑を見て自分のその予想が当たっていたので、「大きくうなずいた」のだとわかります。「うなずく」は、同意したことや納得したことを表すために首を縦にふることです。したがって、**エ**が正解です。

(2) 「ぼく」の博に対する評価を捉える問題です。博がチョウと青虫をとってきた理由について「ぼく」が疑問に思っていると、博が「ツバメは、虫を食べるんだよ」と説明します。そのあと図鑑を見ると、博の言うとおり「ツバメは、飛びながら、昆虫類を、食べます」とあったため、「ぼく」は感心しています。ツバメのえさを知っている博の知識の豊富さに感心したので、正解は**イ**です。

(3) 「さっき畑で□を見つけたこと」は、博が話した内容について説明しています。二つ目の空欄には話しているときの博の様子を表す言葉が入ります。博の話した内容は、傍線部③の直前の会話文に着目しましょう。博は、雨が上がって晴れてきたので畑に行くと、もうモンシロチョウ（チョウ）が飛び始めていたことを話しています。話し始めたときの様子は、会話文の前に「すごいいきおいで」と書かれています。したがって、「チョウ」と「すごいいきおい」をぬき出します。

(4) 選択肢はどれも「ぼく」が博に対してどのような気持ちや態度でいるかを述べたものなので、その内容が読み取れる部分に注目しましょう。「ぼく」は、博からプラケースをつきつけられて「なにこれ」と不思議に思っています。また、博が「すごいいきおいで」話したことに対して、「わけがわからなく」なっています。したがって、正解は**ウ**です。

(5) 博がどのような人物なのかを捉える問題です。**ア**は、「細やかに気を使う」という様子は読み取れないので合っていません。**イ**は、「ぼく」が感心すると、博が「うれしそうな顔」で「すごいいきおいで」話し始めたという部分に合っています。**ウ**は、博が、ツバメのしっぽが短いことからひなだと推測したり、ツバメが飛びながら虫を食べることを知っていたりすることから考えましょう。博が生き物に強い関心を向けていることや、生き物についてくわしく知っていることが読み取れます。**エ**は、「得意気にしている」様子は読み取れないので、合っていません。したがって、**イ・ウ**が正解です。

★★ 上級レベル 問題 68～69ページ

1
(1) **ウ**
(2) （例）節足動物の姿に似ていたり、空を飛ぶ生き物を連想させたりする字（30字）
(3) （例）人の名前から節足動物などの姿を連想して、すごくいい名前だと考える人。
(4) **ウ**
(5) あまりつ～きる相手

解説

1

(1)「ぼく」の心情を読み取る問題です。滝田がプレゼントにくれたカブトムシの幼虫について、「ぼく」は「気持ち悪い」、「好きじゃない」と感じています。しかし、滝田がプレゼントしてくれたこと、わざわざ自転車で運んでくれたこともあって、「ぼく」はうれしそうな顔をしなければいけないと考えています。この展開から考えると、「ぼく」は滝田が自分のためにしてくれたのに、「好きじゃない」などと口に出して、滝田の気持ちを台なしにしたくないと思っていることがわかります。したがって、**ウ**が正解です。**ア**は、「ぼく」が滝田と「気が合わない」とは文章中に書かれていないので合っていません。**イ**は、カブトムシの幼虫を気に入ったという内容が合っていません。**エ**は、カブトムシの幼虫を「こわくてたまらない」、また、「落ち着きたいという気持ち」が文章からは読み取れないので合っていません。

(2)問われているのは「韮崎翔太」という名前が「すごくいい名前」である理由です。傍線部②が滝田の発言であることから、なぜ滝田が「ぼく」の名前を「すごくいい名前」だと思ったのかを考えます。また、空欄の前後が「名前には……が使われているから」となっていることから、「ぼく」の名前に何が使われているから、滝田はそう思ったのかを探したらよいことがわかります。傍線部②のあとで、「ぼく」は自分の名前について、「どこがいい名前なものか」と考えていることが書かれていますが、さらにあとの「滝田によると」から始まる二文に、「韮崎翔太」が「すごくいい名前」である理由が具体的に書いてあります。

(3)「こういう人」は直前の「そんなことを考えるやつ」のことです。傍線部③の前で、滝田は「ぼく」の「韮崎翔太」という名前について、「韮」が「節足動物の姿によく似ている」、「翔」は「さっそうと空を飛ぶ生き物を連想させる」ので、「すごくいい名前」だと言っています。このように、人の名前からムカデやゲジゲジのような節足動物を思いうかべて、いい名前だと感じる人のことをいっています。この内容をまとめましょう。

(4)**ア**は、滝田は昆虫が大好きで、それ以上に「オタクっぽい」と書かれており、「ぼく」の名前の漢字も昆虫と結びつけて考えているので、合っています。**イ**は、「ちょっと弱く、人から乱暴な言い方をされると、すぐに目がうるんでしまう」という部分に合っています。**ウ**は、滝田が女子から人気があるのは、「頼まれるとていねいに〈実技指導〉してあげる」ようなやさしさがあるからで、得意なことがたくさんあるためではないので合っていません。また、先生からも尊敬されているかどうかは、文章中からは読み取れません。**エ**は、「ぼく」が滝田のことを「人のことを思いやれる人」の「代表選手」だと思っているという内容に合っています。

(5)滝田について説明されている部分から探すと、「あまりつっかえずに話ができる相手は、ぼくとインチョウを入れて五、六人くらいだ」とあります。つっかえずに話ができるということは、つまり「ぼく」は滝田にとって、気を許している存在なのです。「あまりつっかえずに話ができる相手」の始めと終わりの四字をぬき出しましょう。

★★★ 最高レベル

問題70~73ページ

1

(1) **オ**

(2) **エ**

(3) (例)魚の左目がすきだと答えたことが、自分のことをやさしい妖精のキジムナーみたいだと言ったようではずかしかったから。

2

(1) (例)控え選手のことを馬鹿にしていること。(18字)

(2) **イ**

解説

1

(1)「私は、小さいころからルリバーに……いわれていて、髪を一度も切ったことがない」「その髪を毎日、三つ編みにするのがめんどいと思った」という記述から正解は**オ**です。**ア**、**イ**、**ウ**の内容は、本文には書かれていません。**エ**は、自分の意志で髪を切らないというより、ルリバーに言われて切らないことなので、本文に合いません。

(2) 空欄に入る言葉を問われたときは、前後の内容をしっかりと捉えるようにしましょう。「大きなガジュマルの木」「横にひろがって壁のように」という表現から「高くそびえ立つ」という意味である**エ**「そそり(立っている)」を選びます。

(3)「舌を出す」は、①陰でばかにするさまを表す動作 ②自分の失敗を恥じたり、照れたりする気持ちを表す動作という二つの意味がありますが、ここでは②の意味です。くるみが何か失敗をしたわけではないので、「照れる気持ち」を表した動作だとわかります。先に「キジムナーっているのかな」と私(サン)に聞かれたくるみは「いい妖精だと思ってる」と答えています。また、キジムナーは魚の左目がすきという伝説があるということも書かれています。くるみは、「魚の目玉、どっちがすき?」という質問に「左目」と答えたことで、自分をやさしい妖精のキジムナーのように言ったことに照れているのです。そして、その照れや恥ずかしさをごまかすために「私のかたをたたいた」という動作をします。動作は心情の表れであることを押さえましょう。

2

(1) まず、傍線部の前後を含めて読むと、「光貴や歩が自分(周斗)のことを、あんな風に思っている」という内容なので、「あんな風」は、光貴や歩が周斗に対して思っていることを指しています。ですから、光貴や歩の周斗への態度や発言に注目しましょう。本文の前半は、克彦にサッカーをやめろと言った周斗に対して、光貴と歩が怒っている様子が描かれています。二人が周斗のことをどう思って怒っているのかは、歩の「周斗ってさ、かっちゃんとか俺とか控え選手のこと、正直馬鹿にしてね?」という発言から読み取れます。

(2) 本文で、大地の行動や発言が書かれているところに注目しましょう。大地は、みんなが克彦を追いかけようとするときに手で制し、みんなはそれに従っています。また、周斗に追い打ちをかけようとする光貴の発言を制し、みんなが静かになっています。また、公園の場面では、克彦を励まそうとしていることがわかります。これらのことから、**イ**が適切であると考えられます。**ア**は、「自分の価値観ですべてを判断」するような性格とは対照的に描かれているので合っていません。**ウ**の「調子がいい」という様子は読み取れません。**エ**の「絶対的な権威」や「みんなを圧倒している」という表現は、細かく心配りをしている大地の様子には合っていません。

中学入試に役立つアドバイス

登場人物の性格や人物像

①**性格を表す直接的な表現を探す。**

例 おっとりした、積極的な、無口な、内気な　など

②**登場人物の言動に着目する。**

例・さなちゃんは、素直に謝ることができなかった。→意地っ張り

・かずやは、「あきらめずに、もう一度やってみよう。」と、あつしをはげました。→友達思い・前向き

③**表情や態度に着目する。**

例 人前に出るといつもうつむいている。→はずかしがり屋

復習テスト③

問題74～75ページ

1
(1) (例)旅立ちのために、服を着がえてじゅんびをしている
(2) **イ**
(3) (例)ほんとうにまっくらな夜とまったく音のないしずけさがなくなった
(4) **イ**
(5) **ア・ウ**(順不同)

解説

1
(1) 【　】の部分の時間、登場人物、出来事などを読み取り、場面を押さえましょう。まず、時間は「もうきょうは満月の日」、「お日さまがすこし西へかたむきかけたころから」と書かれているので、満月の日の夕方だとわかります。中心となっている登場人物は、キキです。空欄には、この場面で、キキが何をしているかがあてはまります。満月の日は、「キキが旅立とうと決めた日」とあります。これは、(中略)のあとにもあるように、「ひとり立ちする日のことです。「キキは、コキリさんのつくってくれた新しい黒い服を着て……うしろをむいたり、大さわぎです」とあるように、キキは着がえをしています。これらから、キキが旅立ちの準備をする場面であることがわかります。これらをまとめた内容が正解です。
(2) 「そんな」など指示語の指し示す内容は、ほとんどの場合、指示語よりも前に書かれています。ここでも、オキノさんが、傍線部①の直前のコキリさんの話した内容を指して「そんなこと」と言っています。オキノさんは「そんなこと」について「かんたんに伝えられそう」なのに、「どうして消えちまうんだろう。やっぱりそこが魔法なんだろうなあ」という疑問を話しています。これをふまえると、「そんなこと」は伝えることができていないことだとわかります。コキリさんは、「あたしのおばあちゃんのおばあちゃん」が「ひとり立ちの日のおべんとうをつくる」ときに「パンに入れる薬草になにやら魔法をかけることを知って」いましたが、「もうわたしたちにはできない」と言っています。このことから、「そんなこと」はひとり立ちの日のおべんとうをうまく作るためにどのように魔法をかけるのかということを指しています。
(3) コキリさんとオキノさんが、魔法が消えてしまった理由について話している部分であることを押さえましょう。問いの文の空欄には、どのように世の中が変わったのかという内容があてはまります。傍線部②の前で、コキリさんは魔法が消えた理由について「ほんとうにまっくらな夜と、まったく音のないしずけさがなくなったせいだっていう人がいる」と言っています。
(4) 空欄の前後の内容に注目しましょう。コキリさんとオキノさんが、世の中が変わったせいで魔法が消えたと話していることに対して、キキは「あら、そうかしら」と疑問を投げかけ、「世の中のせいじゃない」「魔女がね、えんりょしすぎたせい」と反論しています。このことから、コキリさんとオキノさんの考えに不満そうな顔をしたと考えられます。したがって、**イ**が正解です。
(5) **ア**は、キキは魔法が消えた原因を世の中のせいではなく魔女が「えんりょしすぎたせい」と考えていることや、「えんりょしすぎた」と表現していることから、魔女がひかえめにしていることに反発しているとわかるので合っています。**イ**は、キキはオキノさんやコキリさんの考えに反対しているので、合っていません。**ウ**は、オキノさんやコキリさんの考えに反対して、「魔女がね、えんりょしすぎたせい」という意見をはっきり伝えているので合っています。**エ**は、自慢に思ったりほこらしげにふるまったりしている様子はないので、合っていません。

10 心情

★ 標準レベル

問題76〜77ページ

1 (1) ちんたら・ノロノロ（順不同）
(2) トーフみたいな白い顔
(3) イ　(4) a 最初　b 時間かせぎ
(5) やった！

解説

1 (1) 傍線部①のあとに「時間かせぎ」の様子が具体的に説明されています。「ゆっくりと腰を上げ」「教科書をわざとゆかに落として、ちんたら拾う」「スローモーションみたいにノロノロと立ち上がる」の部分から、問いの指定字数四字にあてはまる言葉を探しましょう。問いに「『ゆっくり』以外」とあるので、「ゆっくり」を答えないように注意しましょう。正解は「ちんたら」と「ノロノロ」です。ぬき出しなので「ノロノロ」を「のろのろ」と答えた場合は不正解です。「ちんたら」は、「のろのろと行動するさま、物事に対して積極的でなく、だらだら行うさま」を表す言葉です。たとえば、〝車がちんたら走る〟のように、人以外に使うこともあります。

(2) まず傍線部②のようになった理由を押さえましょう。傍線部②の前で、音読が嫌でわざと時間かせぎをしている「ぼく」を、「先生がきびしい目つきで」見ていたとあります。時間かせぎがバレていたことと、音読に対する緊張から、「ぼくの顔はどんどんほてってい」ったのです。問いでは「これとは反対の『ぼく』の顔の様子」が聞かれていますので、音読の緊張から解放されたあとの部分から「ぼく」の顔を表現している部分を探しましょう。チャイムが鳴り、国語の授業が終わったあとの様子に、「ふう。顔は熱いまだけど、少しすれば、またいつものトーフみたいな白い顔にもどれるさ」とあります。この部分から指定字数の十字「トーフみたいな白い顔」をぬき出しましょう。「ほてって」「火をふきそう」な色は「赤」と考えられるので、「赤」に対する色として「白」が考えられることからも、白い豆腐にたとえた「トーフみたいな白い顔」があてはまるとわかります。

(3) 傍線部③「ああ、いいかげん口を開かなきゃ……」の「いいかげん（いい加減）」には、「投げやりなさま、ほどよい様子」などの意味がありますが、ここでは「ほどほどにして」の意味で使われていることを押さえましょう。傍線部③の前で「時間かせぎ」をしている「ぼく」を、「先生がきびしい目つきで」見ていたとあることから、**イ**の「先生におこられちゃう」があてはまると判断できます。**ア**「チャイムがなっちゃう」と**エ**「次の人にかわっちゃう」は、音読をしたくない「ぼく」が、むしろ望んでいる状況と読み取れるので不適です。**ウ**「みんなにわらわれちゃう」は本文からは読み取れないので不適です。

(4) 傍線部④「ぼくはため息をついた」の直前に「と、いいのこして先生が出ていく」とあることから、先生の発言がため息をついた原因だと読み取ります。先生が「つぎは木下さん、あなたからね」と言い、それを受けてぼくは「そうだよ。つぎは、ぼくが最初じゃん」と思っていることから、空欄aには指定字数二字の「最初」があてはまるとわかります。空欄bのあとに「しなければよかった」とあるので、ぼくが次の授業で最初に音読をすることになった原因がbに入ります。指定字数は五字なので「時間かせぎ」があてはまります。

(5) 音読が苦手なのに当てられ、時間かせぎを先生に見破られ、「ぼくの顔はどんどんほてっていく」とあることから、最初のぼくの気持ちは「暗い」ものです。その後、チャイムが鳴ったことで、音読せずにすみ、「やった！」「ホッとしてすわった」とあります。問われているのは、『ぼく』が明るい気持ちになったことがわかる」一文なので、「やった！」をぬき出します。

★★ 上級レベル

問題 78～79ページ

1
(1) a強さ　b正反対
(2) **ウ**
(3) **イ**
(4)（例）クラブが急につまらなくなった気がしたこと。
（例）シューズの先がすりきれて、底に穴があいていたこと。（順不同）

1
(1) 傍線部①の「立ちつくす」のここでの意味は、「呆然としてその場にじっと立っている」です。「大地は立ちつくしてしまった」の理由が傍線部①のあとに書かれています。空欄補充問題では、空欄の前後の言葉をヒントにしましょう。空欄aは「ふたりで組むことで」aが「ましている」とあります。これにあてはまる内容の本文は、「ふたりで組むと、『1＋1＝2』どころか、3にも4にもなっているようだ」です。ここから、aには「力」や「強さ」といった語が入ると推測できます。しばらくあとに、「大地は強さの秘密を探ろうと」とあります。この部分から「強さ」をぬき出します。空欄bは、「自分と純のダブルスとは正反対だ」とあるので、この部分から「正反対」をぬき出します。

(2) 傍線部②の「目をそらす」とは「別の方向に視線を向ける」という意味で、何か気まずいことがあり、そこから逃げたいという気持ちを表します。誠が気まずくて、大地を見られない理由は、傍線部②のあとの「そうだよ、誠。こないだまでは『大地と組みたかった』といってくれていたのに……」に書かれています。**ア**は「もしかしてすげー強いかも」とあるので、「うまくいくとわかっていた」が不適です。また、「うそをついた」とも本文からは読み取れません。**イ**の「先生に言いつけられると思った」、**エ**の「はらが立った」は、どちらも本文からは読み取れないので不適です。

(3) 傍線部③に含まれる指示語「こんなこと」の指す内容は、傍線部③の前で説明されています。「仲間から強いダブルスが生まれた瞬間を、見た」ことを、自分は「男子部のキャプテン」だから「本当は喜ぶべき」なのに、「むしろ逆」、つまり、喜べないのです。喜べない理由は、「誠もハセッチも、自分とは全然関係ないところで楽しそうで、さびしいよ」つまり、「自分とは全然関係ないところ」のことだから、喜べないし寂しいのです。したがって、**イ**が正解です。**ア**は、「強さの秘密を知らされた」ことで気持ちが変わったのではないため不適、**ウ**は、「自分の実力においついてきた」とは本文からは読み取れないため不適、**エ**は、「ほんろうされる」のは「相手チーム」であって「誠とハセッチ」ではないため不適です。

(4) 「ふんだりけったり」とは「重ね重ねひどい目にあう」という意味です。傍線部④の前の段落に、大地にとっての「ふんだりけったり」（よくないこと）が説明されています。一つは「クラブが急につまらなくなった気がした」こと、もう一つは「シューズの先がすりきれて」底に「ぽこっと小さな穴があいている」のに気づいたことです。「クラブが急につまらなくなった気がした」は、「自分たちのペアはうまくいかないのに、誠たちのペアは強いダブルスになっていること」など、大地にとってよくないことが書けていれば正解です。

★★★ 最高レベル

問題 80～83ページ

1
(1) 1 **オ・カ**（順不同）　2 **イ**
(2) **エ**
(3) **ア**

2
(1) **イ**　(2) **イ**　(3) **ア**

解説

1

(1) 1 傍線部①の前に注目しましょう。「これまで書けなかった字が書けていた」「なにかを超えた」とあります。さらに傍線部①で「心臓は跳ねまわっている」「妙に気持ちよかった」「どこかに浮いているみたいだ」とあることから、**オ**「達成感」と**カ**「興奮」があてはまると判断できます。

2 **ア**は「反対の意味の言葉を交互に並べて」いないので不適、**イ**は「短い文を」「連続させている」のであてはまります。「たたみかける」は「次々におこなう」という意味です。**ウ**は「頭の芯はぼんやりとしている」などと主語を省略していないので不適、**エ**は「どこかに浮いているみたいだ」が比喩表現を用いているので不適です。

(2) **ア**、**イ**、**ウ**はいずれも本文からは読み取れないため不適です。「最初はさわいでいた」生徒が「課題に取りかかったのか、静かになった」という周囲の情景描写からも時間が経過したことがわかるため、**エ**が正解です。

(3) 傍線部③の前の「わたし」の様子、「先生はなにを言っているんだろう」「ぼんやり見つめている」に注目しましょう。先生が「いきなり伸びる」「絶対に摑めないと思っていたところに届く」と「わたし」の書いた字を評価しているのに、「わたし」の反応は薄く、ぼんやりしているのです。したがって正解は**ア**です。**イ**は「いつもと違って」「優しい言葉をかけた」が、**ウ**は「素直に聞き入れなかった」が、**エ**は「全く理解していないことにあきれた」が、それぞれ本文からは読み取れない内容のため不適です。

2

(1) 傍線部①の前に注目しましょう。ヤンチャがいるはずのベッドが整頓され、だれも寝ていない状況に、「ものすごくいやな感じが僕を襲った。首筋の毛が、ぜんぶ逆立つ」とあることから、「僕」が一瞬でヤンチャの死を感じ取ったのだと読み取れます。そして、「……ヤンチャは?」と尋ねた「自分の声が、どこか遠くから聞こえるような気がした」と、正気を失っている様子が描かれています。よって、**イ**が正解です。「ぼうぜん」は「思いがけないことがあって言葉が出ないさま」を表します。**ア**、**ウ**は本文から読み取れないので不適。**エ**「落ち着いて」、**オ**「客観的に事実を受け止め」は、自分の発した声さえも聞き取りにくくなっている状態にあてはまらないため不適です。

(2) ハム太の問いに対して「おっちゃん」が、「黙って僕らを見」て「ゆっくりと首を横に振った」という表現から、ヤンチャが死んだことを三人に、すぐにはっきりとは言いにくいと感じていることが読み取れます。したがって、**イ**が正解です。「忍びない」は「耐えられない」という意味です。**ア**「許せない」、**ウ**「残念に思う」は、本文からは読み取れないので不適、**エ**は傍線部②のあとで「だめだった」とヤンチャの死を説明しているため不適。**オ**は、「おっちゃん」がヤンチャの死を「黙って」いたという状況に合わないため不適です。

(3) 傍線部③のあとに「ベッドに……何もかもが本当のことになってしまう気がした」とあることから、「僕」がヤンチャの死を現実として受け入れたくないのだとわかります。また、傍線部④のノリオの「ウッと変な声をもらし」はノリオが泣くのをこらえている状態と読み取れます。したがって、**ア**が正解です。**イ**「死を受け入れている」、**ウ**「納得しようと努めている」「怒りからその場を立ち去った」、**エ**「生き返らせようと前向きな気持ち」、**オ**「思い込みだと見抜いている」が、それぞれ本文の内容と合わないため不適です。

中学入試に役立つアドバイス

心情の読み取り　心情を読み取る手がかりを見つけよう。

①登場人物の行動に着目する。
例・下を向いて歩く……落ちこんでいる・自信がない　など

②登場人物の表情に着目する。
例・涙を流す……悲しい・つらい・感動している　など

③登場人物の発言から、プラスの心情かマイナスの心情かを判断する。
例・「ありがとう」……よろこんでいる・感謝している
・「どうしよう」……困っている・迷っている

11 心情の変化

問題 84～85ページ

★ 標準レベル

I

(1) ぼくがチョロになる
(2) 光平はじい・光平は声が（順不同）
(3) セイセキバツグン
(4) **ウ**
(5) a はずかしい　b 元気な

解説

I

(1) 傍線部①のあとに「おもしろいこと」の具体的な内容が書かれています。光平が店についてこないのは、恥ずかしいからだと思ったじいちゃんは、「じいちゃんのそばにいて……腹話術でしゃべってやる」と提案します。この提案を光平は心の中で「ぼくがチョロになるって？」と言いかえています。問いの指定字数が九字なので「ぼくがチョロになる」をぬき出しましょう。

(2) 問いに「動作のみで表している」とあるので、発言や心の中で思ったことはあてはまらないことに注意しましょう。傍線部②のあとの光平の動作は四箇所ありますが、恥ずかしさを表現しているのは「光平はじいちゃんの上着のすそをにぎって、おそるおそる店の中に入っていった。」と「光平は声が出ないまま、じいちゃんをちらりと見た。」の二文です。「小さく口を動かすと……」の一文は光平の行動のみを表した文ではないため、「光平は、めんくらってさけんだ。」は恥ずかしさを表した文ではないため不適です。「めんくらって」は「驚いて」という意味です。

(3) 空欄Aの前に「光平は、めんくらってさけんだ」とあることに注目しましょう。じいちゃんが「ボクハ、四年。セイセキバツグン、イツデモ百点。ナンデモ聞イテ」と言ったことに対して驚いているのです。問いの指定字数が八字なので、「セイセキバツグン」をぬき出しましょう。

(4) 空欄Bのあとに、「とか、大きな声でじょうだんをとばし」とあるので、空欄Bには「みんなを笑わせる」ような言葉が入るとわかります。**ア**「やせっぽちでも力持ち」、**イ**「出かけないかい？」、**エ**「豆腐、買っておくれよ」はどれも「みんなを笑わせる」ような言葉とは言えないため不適です。したがって、正解は**ウ**です。

(5) 傍線部③の「うらやまし」いは、「自分もそうならよいのにと思う気持ち」を、「ほこらし」いは、「人に誇りたい、自慢したい気持ち」を表します。問いの傍線部③の気持ちを説明した文の空欄前後を確認すると、aのあとに「ばかりの自分」とあるので、光平の様子を表す言葉が入るとわかります。本文の冒頭に「光平のようすを見て」じいちゃんが「ははーん、さては、はずかしいんだな」とあるので、aには五字で「はずかしい」が入るとわかります。bのあとに「じいちゃんが」とあるので、じいちゃんの様子を探すと、（中略）の前に「大きくて元気なじいちゃんの声」とあるので、bには三字の「元気な」が入るとわかります。

★★ 上級レベル

問題 86〜87ページ

1

(1) にくたらしい

(2) ママだけ〜がする。

(3) 1 (例) 細かくふるえている真由梨の指先。(16字)

2 思わず目〜わせた。

3 ふーっと

(4) (例) 見守っていたことが、パパに知られてきまりが悪かったから。

解説

1 (1) 詩絵里がふだん妹の真由梨についてどう思っているかが書かれた部分を、ひらがな六字という字数指定をヒントにして本文中から探します。詩絵里が真由梨にふだん抱いている気持ちとして、「いつも強気」なども見つかりますが、条件に合うのは、本文の終わりの、「ふだんはにくたらしい妹だけど」です。問いの文にも「ふだん」という言葉が使われていて、文章中からぬき出しの言葉を探すヒントになっています。

(2)「ひいき」とは、「自分の気に入った人を特に引き立てること」という意味です。そのため、真由梨のほうがいい目にあっていたり、大切にされていたりするという内容を本文から探します。すると、傍線部①の少しあとに「ママだけじゃなくて、パパもやっぱり、あたしよりも、真由梨のことをかわいがっているみたいな気がする。」と書かれています。一文の始めと終わりをぬき出すので、終わりの「。」も一字と数えることに注意しましょう。

(3) 1 まず、傍線部②以降の本文を読み、どこで詩絵里の心情が変化し、「しゃくにさわる」という怒りから、緊張へ変わったのかを探します。すると、「あれっ? どうしたんだろ」と疑問を覚えている表現が見つかります。さらにそのあとで、「そのとたん、なんだかあたしまで胸がどきどきしてきた」とあるので、ここで緊張したことがわかります。「そのとたん」とあるので、「その」の指す内容を確かめると、真由梨の「指先が細かくふるえている」になります。妹の緊張している姿を見たとたん、詩絵里も緊張したと考えられます。

2 詩絵里の動作、つまり体の動きに注目して、「演奏がうまくいってほしいという気持ち」が表れているのはどこかを探します。真由梨が緊張しているのを察した詩絵里の、「思わず目を閉じて、手をにぎり合わせた」という動作に妹の成功を願う気持ちが表れています。

3「そのとたん、なんだかあたしまで胸がどきどきしてきた」から詩絵里の緊張は始まっており、それがとけたところを本文中から探します。演奏が始まってからは、「どうしたんだよ、おちつけ」と心配しているため、緊張が続いていますが、真由梨が舞台の袖に消えて、出番が終わったところで、詩絵里は「ふーっと肩で息をは」いています。緊張していた気持ちがとけたことで、息をはきだしたのだと考えましょう。

(4)「ほっぺたをふくらませる」とは、「ほおをふくらます」「ふくれっ面をする」と同様の表現で、「不平や不満の感情を顔に表す」ことを表します。演奏前にはパパの言葉に対して「べつに」と突っぱね、「冷たいなあ」と言われた詩絵里は、「ふーっと肩で息をはく」ほど、妹のことを心配し、緊張して演奏をきいていました。また、傍線部③のあとの「演奏がはじまってからは、どうか無事に弾きおわりますように、って祈ってた」という記述からも、詩絵里が祈るような思いで真由梨の演奏を見守っていたことがわかります。それを、「なんだ、やっぱり、詩絵里も緊張してたんだな」と父親に知られてしまったことから考えましょう。理由を聞かれているので、解答の文末は「〜から。〜ので。〜ため。」とする必要があることに注意しましょう。解答例と同意の内容であれば正解です。

★★★ 最高レベル

問題88～91ページ

1
(1) (例) そんなに汚れていないし、拭き掃除をしなくても先生にはわからないから、やるのはやめようと権太にていあんしたこと。
(2) (例) 自分は、いつも人からよりほめられたい、叱られたくないと思って行動してきたが、その考えはまちがいであるということ。

2
(1) **ウ**
(2) (例) 実行
(3) **イ**

解説

1
(1) 耕作は「わかってもわからんくても、することだけはするべ」という権太の言葉とは正反対のことを言ってしまったことに気づき、恥ずかしく思ったのです。つまり、「わからないことは、しなくていい」という考えです。具体的な行為に置きかえると、「先生にはわからないから、拭き掃除はしないでおこう」ということになります。
(2) 傍線部②の前に耕作が気づいたことが書かれています。権太の言葉が「胸にすぽっとはまりこんだ」つまり、腑に落ちた耕作は、「先生に叱られても、自分で正しいと思ったことは、したほうがいい」のだということに気づいたのです。これまで自分は「正しいと思ったこと」をしていたのではなく、「人によりほめられること」、「叱られないこと」をしていたのだと気づいたのです。解答例と同意の内容であれば正解です。

2
(1) 「一緒に乗ろうと促し」ても動かない朱里。「この電車を逃せば、遅刻するかもしれない」という状況を考えましょう。**ア**と**イ**はその心情の根拠が本文中にありません。希代子は、朱里と一緒に電車に乗ろうとして「彼女の手をぐいと引っ張」っており、**エ**の「どうすればよいかわからず迷っている」という部分も本文に合っていません。**ウ**の「気をもんでいる」とは、「心配してやきもきする」ことで、希代子はこの電車に乗らないことで遅刻することや、学校をさぼることになってしまうことを心配しています。したがって**ウ**が正解です。
(2) 「あこがれる」は頭の中で思っているだけのこと。その反対の言葉は「実際に動くこと」です。漢字二字という条件を落とさずに答えましょう。実行のほか、実践、行動、遂行、実施、達成、履行なども考えられます。
(3) **ア**は「自分だけ学校に行くのはうらぎりになってしまう」、**ウ**は「自分の心の底にもさぼりたいという欲求があることを発見し」、**エ**は「朱里の笑い顔の中に自分に対するすがるような思い」という部分は、そこまで言い切るだけの根拠が本文中にはありません。このように、それらしく書いてあるが、言い過ぎの部分がある選択肢には特に注意が必要です。

中学入試に役立つアドバイス

心情の変化

心情が変化するときには、何かきっかけとなる「出来事」があるので、その出来事を正しくつかみましょう。

例 今日はテストが返ってくるので、結果を楽しみにしていた。(心情・前)
返ってきたテストは、なんと百点だった。(きっかけとなる出来事)
ぼくは、うれしい気持ちで一日を過ごした。(心情・後)

☆「心情の変化」について問われた場合は、「変化前の心情」「きっかけとなる出来事」「変化後の心情」の三点をセットで考えるようにしましょう！

12 主題

★ 標準レベル　問題 92~93ページ

I (1) すらっと~松井くん　(2) ア
(3) 体じゅう~しぼって
(4) 堂どうと~を終えた
(5) イ

解説

I (1)「対になる」とは「二つで一つの組み合わせになる」ことです。そのため、「目立って背の低い小野くん」と対応する内容を本文から探します。ここでは、「目立って背の低い」に対して「すらっと背の高い」が、「小野くん」に対して「松井くん」が、それぞれ対の組み合わせになっています。

(2)「もし小野くんがあのとき手を上げなかったら、修があそこに立っているはずだった」とは、「もし」が使ってあることから仮定です。現実は「小野くんが手を上げたので、修はあそこに立っていない(=リレーの選手でない)」ということになります。また、本文の最後に、小野くんは「足がおそいのに代わりを申しでて、修を助けてくれた」とあることから、修は小野くんが手を上げてくれて、助かったと思っていることがわかります。そのため、**イ**の「修がリレーの選手になれたはずだったのに」や**ウ**の「修は手を上げたかったのに」はあやまりです。

(3)「肩で息をする」という慣用句は、全力疾走をするなど、激しく体を動かしたあとの、肩を上げ下げして苦しそうに呼吸する様子を表しています。「ひざに両手をついて」いるので、ひどくつかれている様子です。空欄の前後には、「次の走者にバトンをわたした小野くんがこれほどつかれているのは」「走ったから」とあるため、空欄には、小野くんがどのように走ったのかを表す言葉が入ります。「赤組に十メートルも差をつけて、小野くんはバトンを受けた」のあとから、小野くんの走っている様子が描写されており、「口をぎゅっと結んで、体じゅうの力をふりしぼって走って」いく様子を修は目にしています。つかれている理由には、「体じゅうの力をふりしぼって」走ったことがふさわしいので、ここからぬき出します。「口をぎゅっと結んで」はつかれる様子が読み取れる描写ではなく、十三字という指定にも合わなくなるので、その部分は省いてぬき出すことに注意しましょう。

(4)傍線部④の直前に、「夕日が小野くんの顔をてらしていた」とあり、修はそれを見て、小野くんが「満足そう」な様子だと感じています。なぜ「満足そう」だと思ったかを問われているので、修が小野くんのどのような顔を見て、「満足そう」だと感じたのかが書かれているところを本文から探します。すると、傍線部④のあとに、「堂どうとぬかれて、役目を終えた顔だった」とあります。

(5)本文の最後に「小野くんはすごいと修は思った」とあり、「足がおそいのに代わりを申しでて、修を助けてくれた」小野くんに、修が感心していることがわかります。**ア**は、「ふだんの自分以上の実力を出せ」たかは本文から読み取れないため、あやまりです。**ウ**は、「落ちこむ小野くんのすがた」があやまりです。**エ**は、小野くんが「自分の実力のなさを反省しない」ことを修は悪いことだと捉えていないため、あやまりです。

★★ 上級レベル　問題 94~95ページ

I (1) 選挙のた~るため。
(2) (例) あいさつに反応がなく、関心をむけられることもなかったから。(29字)

(3) （例）下

(4) ウ

(5) （例）顔を上げて相手を見て、あいさつされた人が気持ちよくなるあいさつ

解説

1

(1) 前書きに「児童会長に立候補……あいさつ活動を始めた」とあるため、児童会長に立候補することにあいさつ活動が関係しているのがわかります。そのため、児童会長への立候補と、あいさつ活動との関係について連続した二文で説明しているところを本文から探します。すると、本文の後半に、「なんのためにあいさつ活動をしているんだ?」とあり、「選挙のため、名前を知ってもらうため。知名度を高めるため。」と書かれています。

(2) 傍線部①を含む一文に「やりとげたという達成感や満足感はみじんもない」とあることや、本文の最初に「結局、オレたちのあいさつに反応したのは、おなじクラスの数人だけだった」とあることから、あいさつ活動をしたにもかかわらず、「達成感や満足感」がまったくない状態であることがわかります。問われているのはその理由についてですが、解答欄の前に「ほとんどの生徒からは」とあるので、「ほとんどの生徒から」どのような反応をされたため、そのような状態になっているかを答えればよいことがわかります。本文から、「ほとんどの生徒」からの反応を探すと、「反応もなく、関心をむけられることもない」とあります。「なぜですか」と問われているので、「〜から。」の形でまとめましょう。

(3) 犬山センセーは雷太に「顔をあげろ。相手を見ろ。堂々と……」とアドバイスしています。つまり、雷太は「顔をあげ」て、「相手を見」て、「堂々と」あいさつをすることができていなかったということです。また、「雷太がどこを見てあいさつしていたからなのか」という問いの言葉に注目して、本文からそれに関係のある部分を探します。すると、傍線部②のあとに、「あ、オレ、あいさつしながらどこを見てた?」とあり、続く文に、「頭にうかんだのはくつばっかりだ」とあります。つまり、雷太が下ばかりを見てあいさつしていたため、あいさつをした相手の顔を思い出せず、くつばかりを思い出してしまったということです。「下」を「くつ」「地面」などと答えてもよいでしょう。

(4) 傍線部③を含む一文を見ると、「仁田はけんとうちがいなことをいったけど……良介がいわんとすることはちゃんとわかった」とあります。「けんとうちがいなこと」とは、良介の言葉の意味をくみ取らずに、ラーメンが「おいしい」から、良介の家の店に足がむくのだと、仁田が言ったことです。「良介がいわんとすること」は、良介のお父さんのあいさつが「好きで、つい足がむく」お客さんがいることから読み取ります。その良介の言葉から、「あいさつってのは、人を気持ちよくするものなんだ」と雷太は考えています。つまり、「良介がいわんとすること」は、よいあいさつは人を気持ちよくすることができ、結果としてあいさつをした人を気にかけてもらえるということだと考えられます。アは「味がふつう」かどうかは本文から読み取れないのであやまりです。イは仁田が言った「けんとうちがいなこと」です。エは、それまでの雷太のあいさつが『おはよう、おはよう』ってがなりたててた」とあることからも、「大きな声」のあいさつが「よいあいさつ」の条件ではないので、あやまりです。

(5) この文章は、あいさつについての雷太の気づきが書かれており、どんなあいさつがよいあいさつなのかということが、主題になっています。雷太が犬山センセーのアドバイスから学んだのは、顔を上げること、相手を見ること、堂々といつもの自分らしくすることの大切さです。そして、良介の家の店のお客さんから言われた話からわかったことは、本文の最後にある「あいさつってのは、人を気持ちよくするもの」だということです。これらの内容を入れて、明日からの雷太はどんなあいさつを目指すのかをまとめましょう。

★★★ 最高レベル

問題 96〜99ページ

1 (1)（例）自分を説得するために、不自由な身体で一生けんめい歩いてくれた源ジイに感謝し、申し訳ないと思う気持ち。

(2) **ア**

2 (1)（例）祖父が、忠市さんたちに行き先を告げず、消えたこと。（25字）

(2) **ア**

解説

1 (1) 傍線部①の前に、「男子便所の青い扉に指先がふれると」とあるため、前書きで示されている賭けに源ジイは成功していることがわかります。まず、源ジイがどうしてその賭けをしようとしたのかを考えます。「病室を出て便所までの二十メートルを自分の足で歩」くことは、「車椅子から立ちあがることもむずかし」い源ジイには、自分の体力の限界をこえる挑戦です。そして、なぜそのような挑戦をするのか説明されている部分を探します。すると、一つ目と二つ目の源ジイの発言に、「どんなにバカらしくても、やらなきゃならねえ」「雄吾、約束覚えてるな」とあり、源ジイは使命感をもって、雄吾に約束を守らせるために賭けをしていることがわかります。そして、三つ目の源ジイの発言に「そろそろ中学校にもどってくれ」とあり、それが約束の内容だと読み取れます。つまり、源ジイは雄吾のことを思って、自分の体力的な限界をこえた挑戦をしていることがわかります。

そして、源ジイが賭けをやりとげたことによって、雄吾はどのような気持ちになったのかを考えます。本文の最後に「全身にあたる夕日は穏やかなあたたかさを残してくれた」とあり、「穏やか」「あたたかさ」が残るという部分から、プラスの情景描写が読み取れることから、雄吾は「中学校にもどるなどの提案を前向きに受け入れようとしていることがわかります。そのため、自分のために挑戦をしてくれた源ジイに〝感謝する気持ち〟などが考えられます。

また、傍線部①に「泣きながら」とあるので、泣いている理由を推察します。「源ジイは……最後の一歩を足をひきずりながらすすんだ……その場にへたりこんでしまう」とあることから自分のために無理をさせている〝申し訳なさ〟などが考えられます。以上のことをふまえて、雄吾のそのときの気持ちをまとめましょう。

(2) 雄吾は直前の源ジイの発言をうけて、傍線部②のように感じています。前書きに、雄吾は「学校にバカらしさを感じた」とありますが、それに対して源ジイは「みんな、どこかで無理して、まわりに調子をあわせてる」「ちょっとは大人のふりをしてみな」と発言しています。傍線部②では、「窓の外に広がるひとつひとつの建物に、それぞれの暮らしがある」ことに雄吾は思いをはせており、「みんな、どこかで無理して」それぞれの暮らしを営んでいることを想像していると考えられます。その内容に合うのは**ア**です。傍線部②の前に「全身にあたる夕日は穏やかなあたたかさを残してくれた」とあり、(1)で確認したようにプラスの情景描写がされていることから、マイナスイメージの**イ**、**ウ**、**オ**はあやまりです。**エ**は、源ジイの発言を雄吾が好意的に受け止めていることが情景描写からわかるものの、「大人としての振る舞いを身につけた」ことまでは本文から読み取れないので、あやまりです。

2 (1)「不義理」という言葉に注目すると、傍線部①からしばらく会話が続いたあとで、「不義理ってのはそのことなのかな」という忠市さんの発言が見つかります。「そのこと」の内容は、「コーチは我々には行き先を告げずに、消えてしまった」ことです。その内容をまとめましょう。

(2)「後になってみて、わかったこと」とは、その前の「本気で取り組んで……どうしたら立ち直ることができるんだろう」という問いに対する答えにあたる部分です。傍線部②のあとの忠市さんの発言に、「どんな過去だって、新しい物語の始まりになる」ため、「新しい物語や、新しい約束をもてたとき」

に「人間は立ち直る」とあります。その内容をまとめたのが**ア**です。「新しい物語の始まり」が「再出発」という言葉に置きかえられています。**イ**～**エ**は全体をとおして、本文の内容と合っていません。

中学入試に役立つアドバイス

主題の捉え方

○主題とは、物語文を通して作者が伝えようとしている中心的なこと。

○主題の探し方

①登場人物（特に主人公）の心情や考え方の変化に注目する。

　入試で使われる物語では、主人公の心情や考えが大きく変化している部分や、主人公が成長している様子を取り上げていることが多いです。

　つまり、主人公の大きな変化に注目することで、作者が伝えたいことを読み取ることができます。

②山場（クライマックス）に注目する。

　主題は、物語のしめくくりとなる、山場の部分における登場人物（特に主人公）の姿を通して描かれていることが多いです。

　山場において、主人公がどのような心情や考えをもっているのか、どんなことに気づいたのかなどに注目しましょう。

復習テスト④

問題100～101ページ

1
(1) **ア**
(2) a （例）お返し（3字）
b （例）意見をきいたのは初めて（11字）
c （例）照れくさい（5字）
(3) （例）ジャンケンを使わずに、どちらの希望を通すか決めること。
(4) **エ**

解説

1
(1) 傍線部①の前に「意見がぶつからないって楽ちんだな、と思った」とあり、これが、「のり子の言いなりでもいいや」と思った理由です。聡子は「いちいち意見がぶつかることに疲れて」いたため、「のり子の行きたいところでいいよ」と言ったことからも、**ア**があてはまります。

(2) 傍線部②の直後に、「のり子は、ちょっと照れてるみたいだった」とあるため、空欄cにあてはまるのり子の気持ちがわかります。また、どうしてのり子が照れているのか考えると、傍線部②の前に「のり子が、こんなふうに聡子の意見をきいてくれたのは、初めて」とあり、普段しないことをのり子はしているので、照れくさいのだと考えられます。空欄bの前に「のり子が聡子に」とあるので、「きいてくれた」を「きいた」や「きく」に直しましょう。

　また、空欄aではどんなつもりで、聡子の意見をきいてくれたのかを考えます。自分がしてもらったことを相手にもしてあげたいと考えたことによる行動であるため、空欄aには「お返し」「お礼」などがあてはまります。

(3) ビート板とは泳ぐときの助けになってくれる物ですが、それに頼っていてはいつになっても泳げるようにはなりません。二人の関係において「ビート板」と「泳ぐ」が何にあたるのかを考えます。「どっちの希望を通すかは、やっぱりジャンケンで決めた」に「やっぱり」とあるように、ジャンケンは、二人が困ったときの頼りになっています。しかし、今、聡子はビート板なしの道を行こうとしています。つまり、傍線部③は、ジャンケンを使わないで、どちらの希望を通すかを決めることをたとえています。

(4) 本文の後半に、「でも、ときどき意見をゆずると、逆にゆずってもらえたりする」とあります。聡子とのり子は初めは、「口を開けば、意見は違うし、お互いにむっとすることばかりで……」という状態でしたが、意見をゆずりあいお互いに歩み寄ることをそれぞれが理解することで、二人の仲が良好になっていきます。このことから、ゆずりあうことが大切であるという**エ**が正解です。**ア**〜**ウ**は、いずれも本文に書かれていない内容です。自分なりの解釈によって物語を理解するのではなく、「表情」「動作」「セリフ」「風景」などの本文の記述を客観的な根拠として、正しい選択肢を選ぶことが大切です。本文のここにこう書いてあるからこれが正しいと説明できるように、論理的に考えるようにしましょう。

過去問題にチャレンジ②

問題 102〜105ページ

Ⅰ
(1) **エ**
(2) **ウ**
(3) ぼくが言う〜りあげた。
(4) **オ**

解説

Ⅰ
(1) 傍線部①のあとの「実力に感心」という表現に注目しましょう。「詰み筋を懸命に探し続け」ていたぼくに対して、山沢君は「馬引きからの7手詰めだよ」と言い、ぼくを驚かせています。そして、山沢君は「ほら、これで詰みだよ」と手順を示し、ぼくは「なるほど、そのとおりだ」と思い、自分を上回る山沢君の実力に感心しています。そのように実力を示してくれたのが、5年生のぼくより年下の少年であることから、傍線部①のように、山沢君の学年を強調した表現をしているのだと考えられます。この内容に合うのは**エ**です。**ア**は、その天才ぶりに『ぼく』がたじろいでいる」、**イ**は、『ぼく』の悔しさを効果的に示す」、**ウ**は、『ぼく』が劣等感にかられている」という部分が本文の内容と合っていません。

(2) 傍線部②のあとに、ぼくの心が「はずんでいた」理由がくわしく説明されています。「将棋にチームメイトはいないが……一緒に強くなっていけばいい」とあり、ぼくが将棋のライバルに対して肯定的な考え方をできるようになったことから、心がはずんだことがわかります。傍線部②の前には、『自分以外はみんな敵だ』と、ぼくだって思っていた」とあり、自分以外の人にマイナスの考えをもっていたことがわかりますが、山沢君との対局によって、その考えがプラスへと転じています。この内容に合うのは**ウ**です。**ア**は「そんなに深刻に考え込まずに、将棋を心から楽しめばいいのだと自分に言い聞かせている」の部分、**イ**は「これからはお互いに対等につきあっていけるだろうと、気持ちの余裕が生まれている」の部分、**エ**は「怖いのは自分だけじゃないんだと気づき、ともに将棋の怖さを克服して」の部分がそれぞれ本文の内容と合っていません。

(3) 「表情がほんの少しやわらかくなった」に対応する山沢君の態度の記述を探します。山沢君の顔の様子に着目し、反対の態度が表れている記述を探します。「三十字以内の一文」という条件もふまえて探すと、中略のあとに、「山沢君がメガネの奥の目をつりあげた」とあります。一文の最初と最後の五字をぬき出すことを求められているので、その前の「ぼくが言う」からぬき出すことに注意します。

(4) 勝負が終わった直後の場面です。中略のあとの、「負けん気の強そうな顔でこっちを見ている」という山沢君の表情や、「つぎの対局は負けないよ。絶対に勝ってやる」という山沢君の発言から、勝負が終わったあとの山沢君の気持ちを考えましょう。これらに合う山沢君の気持ちは**オ**「悔しそう」です。**ク**の「誇らしそう」は、自分がどのように負けるかを説明するときの心情として不自然です。

13 指示語

★ 標準レベル

問題 106〜107ページ

I

(1) **ウ**
(2) 海面から水深200メートルくらいまで（16字）
(3) 植物プランクトンの死がい　(4) **ウ**
(5) 世界の海をめぐるゆったりとした　(6) **ウ**

解説

I

(1) 傍線部①を含む文を確認しましょう。「その深さはへいきん……ある。」とあるので、この文は何かの深さを述べたものだとわかります。指示語の指す言葉は、それより前にあることが多いので、直前から順にさかのぼって探します。直前の一文に「海にはたくさんの生き物がくらしている。」とあることから、「その深さ」とは「海の深さ」であることがわかります。よって正解は**ウ**です。指示語の代わりに選んだ言葉を入れてみて、文の意味が通じるかどうかを確かめると、間違いに気づきやすくなります。

(2) どこに「太陽の光を利用して育つ植物プランクトンがたくさんくらしている」のかがわかるところを見つけだします。ここでは、指示語のすぐ前の「海面から水深200メートルくらいまで太陽の光がとどいて」を指しています。設問文に『「〜のところ。」につづくように』・「二十字以内で」という指示があるので、それにしたがって指示語の指す部分をぬき出しましょう。

(3) 傍線部③を含む文を確認しましょう。「そのほとんどは、微生物によって食べられてしまう。」とあるので、何のほとんどが微生物に食べられてしまうのかを考えて前の部分から探していくと、「植物プランクトンの死がい」があてはまることがわかります。傍線部③に「植物プランクトンの死がい（の）」を入れてみると文の意味が通ることからも、これが正解だとわかります。

(4) 植物プランクトンの死がいが海底までとどかない理由を読み取るには、「そのため」が指す内容を明らかにします。傍線部④の直前からさかのぼって読んでいくと、直前の二文に「植物プランクトンの死がいは、……食べられてしまう。」「植物プランクトンは、微生物にとって……おいしいえさなのだ。」とあります。ここから、「植物プランクトンはおいしいから微生物に食べられてしまう」ことが傍線部④「そのため」の内容だとわかります。よって正解は**ウ**です。**ア**「海底には太陽の光がとどかない」ことと傍線部の関係は文章中に述べられていないため不適、**イ**は、植物プランクトンは、「太陽エネルギーを体の中にたくさんためこんでいる」とはありますが、傍線部の理由とはならないので不適、**エ**は、第二段落に、植物プランクトンは「小さな生き物」とはありますが、そのために、「ほとんど海底にはとどかない」とは書かれていないので不適です。

(5) 傍線部⑤を含む文を確認すると、「……変わってしまったことで、その流れが弱まり……酸素がなくなってしまった」とあります。ここから、「何の流れが弱まったのか」を読み取ればよいことがわかります。さかのぼって前を読んでいくと、一文前に「海の深いところには、世界の海をめぐるゆったりとした流れがあり、……運びつづけている。」とあります。「流れ」という言葉があることからも、「その」が「世界の海をめぐるゆったりとした」を指していることがわかります。

(6) 傍線部⑥を含む文を確かめると、どのような結果から、「微生物が呼吸できなくなり、ほとんどいなくなってしま」ったのかがわかるものを選べばよいことがわかります。ここでは、直前の、「海の中にとけている酸素がなくなってしまった」を指しています。よって正解は**ウ**です。**ア**、**イ**は、地球の気候が変わる前の海の中の様子なので不適、**エ**は「微生物がすべていなくなった」とは文章中に書かれていないので不適です。

★★ 上級レベル

問題 108～109ページ

1
(1) **ウ**
(2) a肉や野菜　b自分がとってきた魚
(3) 市場
(4) (例) 自分が持っていったものを、「みんなが欲しがるもの」と
(5) **ア**
(6) お米・布

解説

1

(1) 傍線部①を含む文を確かめると、どういうときに「昔の漁師さんは、肉や野菜を持っている人のところにいき、自分がとってきた魚と交換してもら」ったのかがわかる部分を探せばよいことがわかります。指示語の指す言葉は、それより前にあることが多いので、直前から順にさかのぼって探します。一文前も二文前も、「そういうとき」とつながりのある内容ではありません。さらにさかのぼると、三文前に、「そういうとき」という言葉があります。この「そう」は一つ前の、「漁師さんも、たまにはお肉や野菜が食べたくなりますよね」を指しています。したがって、傍線部①の「そう」も、これと同じ「お肉や野菜が食べたくなるとき」を指していることがわかります。よって正解は**ウ**です。**ア**「毎日山に出かけて狩りをするのがイヤ」は漁師のことではないので不適、**イ**は、第二段落の内容にあてはまらないので不適、**エ**「魚と肉を交換してほしい人をさがしている」は第三段落以降の内容なので不適です。

(2) 傍線部②を含む文を確かめると、「こんなふうに、モノとモノを交換することを……」とあるので、何と何を交換するのかを読み取ればよいことがわかります。直前の一文を読むと、「昔の漁師さんは、肉や野菜を持っている人のところにいき、自分がとってきた魚と交換してもらいました」とありま す。これが「こんなふうに」の指している内容です。ここから、「何」と「何」にあたる言葉を指定字数を確かめてぬき出します。

(3) 傍線部③『みんなが一か所に集まる』というアイデア」がどういうものなのか、続きを読んでいきます。直後の文にみんなが同じところに集まれば、自分の欲しいものと交換できる機会が増えると述べられています。さらにその次の文に「市場のはじまりです。」とあります。設問文にある「漢字二字」をヒントに見つけましょう。

(4) 傍線部④を含む文を確かめると、「こうしておけば、……『みんなが欲しがるもの』とお肉を交換できるかもしれません。」とあります。これをふまえて、「こうして」の指す内容を探してさかのぼって読むと、二文前から物々交換する相手が見つからなかったときの、「すばらしい方法」について、「お魚を『みんなが欲しがるもの』と交換しておく」と述べられていて、これが「こうして」の内容だと読み取れます。この文章ではずっと漁師さんを例に考えてきているので、「自分が持っていった魚」や「自分が持っていったもの」としましょう。

(5) 「稲は刈りとってから」の直前に「魚や肉とちがい」とあるので、「稲」と「魚や肉」を対比して、違うところを考えます。米は肉や魚とちがって腐りにくく、保存がききます。だから、「稲と交換しておいてから、自分が欲しいものを探すことができる」のです。よって**ア**が正解です。**イ**は、稲は刈りとってすぐには食べられない、**ウ**は、魚や肉でもできる、**エ**は、米も魚や肉も量や運び方によって便利とも不便ともいえるので、いずれもあてはまりません。

(6) 設問文の「お金の代わりとして使われた」の「使われた」という言葉に着目すると、最後の段落に、「着るものがつくれる『布』も、稲と同じように、……使われました」とあります。ここから、「布」と「稲」が使われたことがわかります。「稲」の説明を探して前の段落を読むと、「何といっても『お米』です。……稲は刈りとってから」とあり、「お米」が「稲」と言いかえられています。設問文に「二しゅるいのもの」とあり、二字と一字でぬき出すので、「お米」と「布」が正解です。

★★★ 最高レベル

問題 110〜113ページ

1
(1) (例) 人間は匂いをかいで感知するが、昆虫は触角や前肢で触れて科学的性質を感知すること。(40字)
(2) A**ウ**　B**カ**　(3) **エ**

2
(1) 一緒に喜び合える力　(2) **イ・エ** (順不同)

解説

1
(1) 傍線部中の「それ」は、直前の一文を指しています。つまり、昆虫の不思議な感覚は、接触化学感覚であることがわかります。接触化学感覚とは、触角で「触った場所の匂いというか味というか、その場所の科学的な性質を感知する」ことで、「前肢の先にもそのような」感覚があると第二段落にあります。また、この昆虫の持つ感覚を不思議だと述べているのは、人間にはない感覚であるからです。人間は匂いを嗅覚で感知します。昆虫のようにものに触っただけでは感知できません。その点もあわせて、「どのようなことが『不思議』なのか」を示した答えにしましょう。

(2) 文と文のつながりから適切な接続語を選びます。Aは、前段落にある昆虫の「触角以外に、たとえば、前肢の先にもそのような接触化学感覚がある」の具体例として「ハエ」が示されているので、例示の接続語「たとえば」が入ります。また、Bの前には、人間は、コウモリの発射する超音波の存在を知っているが、それをじかに耳で感じることはできないという内容があり、あとには、暗闇の中で構築されているコウモリの世界は人間にはまったく実感できないという内容がきていることから、前の事がらを受けて、その結果を述べるときに使う順接の接続語「だから」が入ります。

(3) 指示語の指す内容はそれより前にあることが多いので、直前からさかのぼって探します。**ア**は、人間の耳がキャッチできないものは何か、**イ**は、コウモリがちゃんとキャッチできるものは何か、**ウ**は、何が周りのものに反射するのか、**エ**は、人間の体ではできないものは何か、**オ**は、人間が耳でじかに感じることができないのは何か、それぞれ指している言葉を探すと、**アイウオ**は、「超音波」、**エ**は、「エコー・ロケーション(反響定位)」であることがわかります。

2
(1) 傍線部①を含む段落には、人間が絶滅せずに危機を切りぬけることができたのは、「共同・協力する力」・「一緒に困難を乗り切る力」があったからであるとあり、「別の見方をすると」それは、「一緒に喜び合える力」だと述べられています。傍線部①の前の文の、「この力」は、「一緒に喜び合える力」を指し、また、傍線部①の「これ」も同じところを指しています。

(2) 「一緒にするからこそ楽しい」「みんなで知恵を出し合って、新しい自分たちのルールを考えた」「小さな子たちも一緒に遊べるように工夫した」遊び方のものを選びます。**イ**「二回当たるまで外野に出なくてよい」、**エ**「かくれる範囲をせまくする」と小さい子に対して特別ルールを設けて、「小さな子たちも一緒に遊べるように工夫」しているので、この二つが正解です。**ア**「年齢別に鬼ごっこをする」、**ウ**「必ず全員が同じ量を分担して持っていく」、**オ**「ルールが難しすぎてわからないだろうとあきらめて、野球はしない」、**カ**「リーダーが一人で計画を立てる」は筆者の述べる遊び方にあてはまりません。

中学入試に役立つアドバイス

指示語 指示語の指す内容を正確に捉える。

指示語の指す内容を見つけるには……

①それより前にあることが多いので、直前からさかのぼって探す。
②指示語の代わりに言葉を入れてみて、文の意味が通じるかを見極める。
③指示語よりもあとのことを指している場合もあるので注意する。

14 接続語・文と文の関係

★ 標準レベル
問題 114～115ページ

1
(1) **ア・イ・エ・オ・カ**（順不同）
(2) A**エ**　B**ウ**　(3) **エ**
(4) クモの糸から洋服やくつ下をつくった人（18字）
(5) 思いつく～のです。

解説

1 (1) 第二段落に「木綿や木のせんいでつくった布とちがって、絹の織物はすばらしいものでした。」とあることに注目し、絹織物のすばらしいところが挙げられている部分を見つけます。文章中に、「色つやがすばらしく」「肌ざわりもすてき」「汗をよく吸いとり」「保温性もすぐれています」「いろいろな色に染めやすい」と、五つのすばらしいところが挙げられています。**ウ**と**キ**はどちらも文章中に述べられていません。
(2) 文と文とのつながりを捉えて接続語を正しく選択する問題です。空欄Aは、日本の人たちが「一生けんめいに研究を続け」た結果、「世界一の生糸と絹織物の生産国、輸出国とな」ったとあるので、順接の接続語、**エ**「そして」が入ります。また、空欄Bの前の段落では、日本の絹織物の生産の今と昔について書かれていますが、あとの段落では、これまでの内容とは違った観点からカイコのまゆについて触れています。このように、前段落とは別の話題へと話を変えるときには、「さて」「ところで」などの転換の接続語を用います。よって**ウ**「さて」が正解です。**ア**「つまり」は、それまでの内容を要約したことをあとに述べる、**イ**「なぜなら」は前に挙げた疑問や問題点について、あとで理由を述べる、**オ**「あるいは」は、前の事がらか、あとの事がらかどれか一つを選択するときに使う接続語です。接続語のそれぞれの意味やはたらきを理解し、正しく使い分けができるようにしましょう。
(3) 「しかし」は、前の事がらを受けて、それとは反対のことを述べるときに用いる逆接の接続語です。文章中では、日本が世界一の生糸と絹織物の生産国、輸出国となったという内容と、今は、ナイロンなどの化学せんいにおされて生産量が半分ほどに落ちてきているという内容を、「しかし」がつなげています。前の事がらとは反対の内容を述べるはたらきをしていることから、正解は**エ**になります。**ア**は、「なので」「だから」などの順接の意味の言葉、**イ**は、「また」「次に」など並列・並立の意味の言葉、**ウ**は、「さて」「ところで」など話題を転換させる言葉があてはまります。
(4) 傍線部②は直前の「一〇〇年ほど前、フランスでクモの糸から洋服やくつ下をつくった人がいます。」の一文を指しています。設問文の「二十字以内」という字数制限に注意して、「～の話。」に続く部分をぬき出しましょう。指示語が指しているところはその直前の内容であることが多いのですが、それよりもっと前の場合もあります。指示語の代わりに言葉をあてはめてみて意味が通じるかどうかを確認して、正解を導き出すことが大切です。
(5) 事実を述べたところと意見を述べたところを見極めることが大切です。筆者の意見は、事実や事例などについて説明したあとに述べられている場合があります。また、「つまり」「だから」などのあとに述べている場合も多くあるので、そのような接続語から始まっている段落には注意するとよいでしょう。筆者の最も述べたい考えや主張は、最後の段落に書かれていることが多いことも覚えておきましょう。ここでも、最後の段落に、「大昔、カイコのまゆを見て糸や織物にできないかと考えた人がいなかったとしたら、うまれなかったかもしれません」、そして最後に「思いつく、考える、やってみるということは、たいせつなことなのです。」と筆者の最も言いたかった考えが述べられています。設問文の、「一文を文章中からさがし」「始めと終わりの四字をぬき出しなさい」という条件に注意して答えましょう。

★★ 上級レベル

問題 116〜117ページ

1

(1) **イ**

(2) A**ア**　C**エ**

(3) 一度　(4) **イ**

(5) (例) 毎年流行することがむずかしくなること。(19字)

(6) 前でのべたないように対するけっかを

(7) 毎年、前の

解説

1

(1) 「これを、『免疫記憶』といいます」とあることから、傍線部①「これ」が指すのは、「免疫記憶」について書かれた部分であることがわかります。指示語の指す内容はその文より前にあることがほとんどなので、さかのぼって読んでいきましょう。ここでは、傍線部①の前の一文、「免疫は、一度感染した病原体（ウイルスや細菌など）をしっかりおぼえます。」を指しているため、**イ**が正解です。

(2) 第三段落は、第二段落で述べた、「免疫記憶」についての例として麻疹ウイルスの感染を挙げて、説明している段落です。よって、空欄Aには、例示の意味を持つ**ア**「たとえば」が入ります。また、空欄Cは、第三段落の麻疹ウイルスの例を受けて、今度はインフルエンザウイルスはどうかと別の話題を取り上げているので、**エ**「では」が入ります。段落同士がどのようにつながっているか前後の内容から考えて選びましょう。

(3) 空欄Bの直前の一文に「一度感染すると二度とかかることはありません」とあるので、「一生に B しかかからない」は同じ意味のことを別の表現で述べていると考えられます。よって、空欄Bには、「一度」が入り、「一生に一度しかかからない感染症です」となります。設問に「文章中から漢字二字でぬき出し」とあるので、条件に合わせて答えましょう。

(4) 「ですから」は前の内容を受けて、その当然の結果として起こる事がらを述べるときに用いる順接の接続語です。「ですから」の代わりに入れてみて意味が通るものは**イ**「だから」になります。**ア**「さて」、**ウ**「ところで」はどちらも前の内容を受けて、別の話題へと導くはたらきのある接続語です。接続語の意味やはたらきを理解し、接続語が使われている前後の文と文のつながりを捉えて、正しく選択しましょう。

(5) 傍線部③を含む一文を読むと、「インフルエンザは毎年流行することがむずかしくなるはずなのですが、」と逆接を表す「が」があります。このことから、「むずかしくなるはず」だけれども「そう」はならないというつながりであることがわかります。つまり、「そう」は「インフルエンザは毎年流行することがむずかしくなるはず」という内容を指しているのです。

(6) 傍線部④「すると」より前では、インフルエンザウイルスは毎年、前の年とは微妙にちがったかたちに変身することが、「すると」のあとでは、その微妙な変身のせいで、人の免疫がこのウイルスに攻撃を始めるまでに時間がかかってしまうことが述べられています。このように、「すると」は、前で述べた内容を受けて、その結果をあとの文で述べるときに使われる言葉です。

(7) 傍線部⑤より前の三段落に着目して読み取っていきます。人のからだには、一度感染したウイルスには二度とかからない「免疫記憶」がそなわっているはずなのに、インフルエンザウイルスは毎年流行する。それは、「インフルエンザウイルスは、毎年、前の年とは微妙にちがったすがたであらわれ」るからだと書かれています。つまり、微妙にちがったかたちに変身する能力によって、前年に「免疫記憶」したかたちとは異なるウイルスであるため、毎年流行が起こるということです。指定字数をヒントに探しだし、始めの五字を読点も忘れずにぬき出しましょう。

★★★ 最高レベル

問題 118~121ページ

1 (1) A**ア**　B**イ**　C**ウ**
(2) (例) 惑星か小惑星かという問題。(13字)
(3) 冥王星に近いような大きさのもの

2 (1) A**オ**　B**イ**　(2) 3→2→1→4　(3) 疑わない。

解説

1 (1) 空欄Aは、直後に「これに反論を唱える人々は」とあり、前と反対の事がらが続くと判断できるので、**ア**「しかし」が入ります。空欄Bは、「冥王星に近いような大きさのもの」の例として「クアオアーとかセドナ」が挙げられているので、**イ**「たとえば」が入ります。空欄Cは、直前に「海王星の外には」「小惑星帯が広がっているのではないか」という内容があり、直後に「……もその小惑星帯のひとつにすぎない」と前の事がらから考えられる順当な結果が続いているので、**ウ**「だから」が入ります。

(2) 文と文、段落同士の関係を読み取り、そのときの話題が何かを捉えることが大切です。ここでは、傍線部①の前の段落の内容に注目します。「惑星か小惑星かの境目」・「突出していれば惑星、何個も同じようなものがあれば小惑星」ということについて述べています。しかし、すごく小さい天体であれば、その定義には関係ありません(問題にされない)。

(3) 傍線部②の前の一文を読むと、「冥王星に近いような大きさのものはけっこう発見されているんです」とあります。(1)で考えたように、傍線部②は例示、つまり「冥王星に近いような大きさのもの」の例です。

2 (1) 空欄Aは、バレンタインデーに贈るチョコレートは「経済」であるかという話題から、ホワイトデーのお返しはどうかと、別の事例に話題が移っています。よって、**オ**「では」が入ります。空欄Bは、前で「商品／経済」と「贈り物／非経済」の区別が世界のリアリティを形成していることが述べられ、空欄Bのあとで「購入することと」「贈ること」は「外的な表示」「でしか区別できない」ことが述べられています。同じ話題が続いていてもう一つ事がらが述べられているので、**イ**「そして」が入ります。

(2) 1~3の初めにある接続語や指示語に着目し、初めにくる文を判断します。1~4の前の段落を読むと、1~4は「商品交換と贈与を区別しているものは『時間』である」ことの例だとわかるので、3「たとえば」が最初にくるのが自然だと判断できます。各文を読むと、2の「その」は3のもらったチョコレートを指し、1の「このとき」は2の内容を指していることがわかります。4は1の「『交換』らしさが消え」、「返礼という『贈与』の一部とみなされる」と続きます。よって、3→2→1→4が正解です。

(3) 脱落文の「その『商品らしさ』をきれいにそぎ落として、『贈り物』に仕立てあげなければならない」に注目します。これと似た内容が、……線で囲まれた部分の直後の段落で述べられていることを押さえましょう。脱落文の「でもだからこそ、その商品」の「その」が指す部分を探すと、次の段落の終わりに「購入すべき『商品』だと、誰も疑わない」とあることから、脱落文はこのあとに入ることがわかります。

中学入試に役立つアドバイス

接続語

接続語は、文と文をつなぐはたらきをする言葉です。

接続語に注目し、そのはたらきを押さえながら文章を読み、文と文の関係を捉えましょう。

★ 標準レベル　問題122～123ページ

I
(1) 多くの生きものの食べものになっているから　(2) **ア**
(3) A **オ**　B **ア**
(4) ・ヒナがひ～ても早い（こと。）
・おなじ巣～返し使う（こと。）（順不同）
(5) **ウ**　(6) 水浴びと砂浴び

解説

I
(1) ①段落の疑問に対する答えは②段落にあります。②段落の「それ」は、傍線部①の内容を指しています。また、文末に「からです」とある場合は、理由を述べた文であることにも注目しましょう。

(2) ③段落は、②段落のスズメが何度も子育てをする理由を受けて、スズメは肉食の生きものたちの食べ物になっていることをあらためて示しています。また、④段落は、「天敵から身を守るために、群れていないと生きていけ」ないから、なかまの数をふやすために、たくさんの子どもを育てているとあり、②・③段落の理由についてさらに説明を加えています。よって、正解は**ア**です。

(3) 空欄Aの前には、スズメは「群れていないと生きていけ」ないことが、あとには「子育ての回数を多くして」「なかまの数をふやしている」ことが書かれています。よって、前の事がらが理由になって起きる事がらを述べるときに用いる順接の接続語、**オ**「そこで」が入ります。空欄Bの前には、鳥の巣は、「フンなどでよごれ」、「虫も発生」するとあり、あとに、ダニは「恐ろしい虫です」とあります。また、次の段落でもダニについてのくわしい説明が続いていて、「特に」ダニが恐ろしいとわかります。前で述べた内容について、特にその傾向が強いことを表す、**ア**「なかでも」が入ります。

(4) 傍線部②「秘密」という言葉が、⑥段落にもあることを押さえましょう。そして、それぞれの「それは、～ことです」の一文に注目します。「それ」は、「スズメが年に何度も子育てをできる秘密」のことを指しています。⑤段落では、「ヒナがひとり立ちするのがとても早いということ」が、⑥段落では、「おなじ巣をくり返し使うこと」を述べています。「秘密」という言葉を手がかりに文章中から探し、問題の指定通りにぬき出しましょう。

(5) 傍線部③を含む文を読むと「スズメはダニの発生をできるだけおさえる工夫をしています」とあります。ここから、「そのため」が指す内容は、ダニの発生をおさえる工夫をする理由であることがわかります。傍線部③の前の段落を読むと、ダニは「ときにはヒナや親鳥の命さえもうばう」恐ろしい虫であり、「ダニまみれの巣は、二度と使うことはでき」ないと書かれています。よって**ウ**が正解です。**ア**・**イ**は、「ダニの発生をできるだけおさえる」理由になっていないため、**エ**は、文章中の内容と一致していないため不適です。

(6) スズメが体や巣を清潔にしていることについて述べられている段落を探すと、⑩段落に「そのため……工夫をしています。それは砂浴びです……」とあります。「砂浴びです」以下を読んでいくと、スズメが水浴びと砂浴びをして体や巣を清潔に保っていることがわかります。

★★ 上級レベル　問題124～125ページ

I
(1)（例）画面を見ながら確認できて便利（14字）
(2) **ウ**　(3) **ウ**　(4) 本は情報～いるから
(5)（例）動画には、正しい情報と正しくない情報がまざり合っていること。
(6) **ウ**

解説

1

(1) 設問文の「何かを調べるとき」・「動画がよく使われる」について述べているのは、[1]段落であることがわかります。動画がよく使われる理由は、二文目に「画面を見ながら確認できるので、便利に使う人が多い」とあります。この部分を解答欄の「〜だから。」に合うようにまとめましょう。

(2) [1]段落の何かを調べるときに動画を使う人が多いという内容に対して、[2]段落では、「ただし、動画の中にはあまり信頼できないもの、まちがったものもあります。」と述べています。「ただし」は、前に述べた事がらに対して、例外や条件を示して、そのことに念を押す意味をもつ言葉です。動画には、正しい情報も間違った情報もあることを読者に伝えようとしていることがわかります。よって、**ウ**が正解です。[2]段落では、**エ**のように「注意すべきである」と明確に示してはいないので、気をつけましょう。

(3) [3]段落の「では」は話題を別のものに変えたり、次の話題へと導いたりするはたらきのある接続語です。ここでは[2]段落の「動画の中にはあまり信頼できないもの、まちがったものもあります。情報がたしかだとはかぎらない」を受けて、確かな情報はどこにあるのかという次の話題へと導いています。そして、本になっている情報は確かで、信用できることが多いと話が展開されています。よって、正解は**ウ**です。接続語に注目して、段落同士のつながりを正確に読み取りましょう。

(4) 動画は、「だれでもインターネットにアップでき」・「まちがったことでも発信できてしまう」ものであると[2]段落で述べています。それに対して本は「『これは世の中に出してもいい、正しい情報だな』ということを出版社が調べて作られます」・「情報の中身がいろいろな段階でチェックされているから、信頼できる」と[3]段落で述べています。文末の表現に注意し、傍線部の理由として示されているところ、筆者の考えが明確に表れているところを読み取りましょう。また、設問文に「二十七字でぬき出し」とあるので、そのことも手がかりにして見つけましょう。

(5) [だから]が受けている内容を捉えるために、前の[4]段落を読み取ります。[4]段落には、動画は信用できないものもあるがぜんぜん信用できないわけではないこと、動画は玉石混交で、正しい情報と正しくない情報がまざり合っていることが述べられています。この内容を受けて、筆者は[5]段落で、「いろいろな人が発信しているものを見くらべるようにしよう」・「かならず、べつの動画を見てみる。いくつかの動画を見くらべることが大切」だと述べています。動画には正しい情報のものもあれば正しくない情報のものもあるという[4]段落の内容をまとめましょう。

(6) [6]段落の「そして」は添加の接続語で、前の内容に続けて、付け加えるときに使われます。よって、**ウ**が正解です。[5]段落で、動画で何かを調べるときには、「いくつかの動画を見くらべることが大切」だと筆者の考えを述べ、さらに[6]段落でも「動画ではないインターネットのニュースや新聞、そのことについての本をチェックしてみよう」・「文字で確認する習慣をつけるといいと思います」と筆者の考えを付け加えて述べています。接続語に注目し、段落同士の関係を押さえましょう。

★★★ 最高レベル

問題 126〜129ページ

1

(1) A**ウ** B**ア**

(2) (例) 赤ちゃんの興味の対象が、目から離れていく（20字）

(3) C

2

(1) [3]→[2]→[5]→[1]→[4]

(2) でも不

解説

1

(1) 空欄Aの前には、「赤ちゃんとのやり取りの中で、親も成長する」と書かれていて、あとには、「親の成長は赤ちゃん時代に限られるものではありません」「今でもみなさんと一緒に、成長を続けていることでしょう」とあります。この流れから、空欄Aには、「当たり前のことですが」のように、言う必要がないくらいにわかりきっていることが続く場合に使う言葉が入ると考えられます。**ウ**「もちろん」が正解です。空欄Bの前には、お母さんが微笑んでいると赤ちゃんはそのままガラス板の上を進んでいくことが、あとには、お母さんが怖い顔をしていると赤ちゃんは進まずにいることが述べられています。前の事がらとは反対の事がらがきているので、逆接の接続語**ア**「ところが」が入ります。

(2) 指示語の指す部分はそれより前にあることがほとんどです。傍線部①「それ」の直前の文に、「赤ちゃんの興味の対象は、鳥のように目そのものではなくて、目から離れていく」とあり、このことが「それ」の指すものだと読み取れます。設問文に、「『こと。』に続く形」で「二十字以内」とあるので、その条件に合う形にまとめましょう。

(3) 「では」は、前の事がらを受けて、それをふまえて次の事がらへと導くときに使う接続語です。「赤ちゃんの注意」が「お母さん」の目（視線）に向けられていることを述べた部分と、「お母さんの目から離れて外界へと移る」ことを述べた部分の境目はどこかを探します。Aの前後はどちらも視線の読み取りについて、Bの前では、赤ちゃんが視線から「相手の意図」を読み取ること、あとでは、赤ちゃんがお母さんの「顔色をうかがって」「自分の行動を決める」こととその具体例、Dの前後は、「視線の先」から「指の先」へと「認識世界」が移行していくことが述べられています。Cの前は、赤ちゃんが表情から相手の意図を読み取ることの具体例が、あとには、赤ちゃんの「注意は視線の先へと進む」・「相手が見ている対象を気にしだす」と「興味の対象」が「目から離れていく」ことを述べています。よって、正解はCであるとわかります。

2

(1) 1～5は、第一段落の「カメラをどこに置くかで見えるものはまったく違う」・「世界は無限に多面体」について、具体的な例を挙げて説明している部分です。まず、今から例を挙げようとしていることがわかる、3が初めにきます。次に、3の内容を受けて母ライオンと三匹の子ライオンのことを述べた2、トムソンガゼルを発見した母ライオンが狙いを定めている様子の5と続きます。そして、1「ここで場面は変わる」で視点が母ライオンからトムソンガゼルの親子へと変わり、最後が4の順番になります。段落の初めにある接続語や指示語に注意して、段落同士の関係を正確に読み取りましょう。

(2) まず、設問文にある「『そうじゃない』態度」とはどのような態度なのかを捉えるために、傍線部①「でも現実はそうじゃない」の「そう」の指す内容を探します。さかのぼって読んでいくと同じ段落の最初の文に、「自分が現場で感じた視点に対して、記者やディレクターは、絶対に誠実であるべきだ」とあり、ここから、「『そうじゃない』態度」とは「現場で感じた視点に誠実ではない」態度であることがわかります。次に、このような態度を取った結果メディアがどうなったのか、メディアの現状について述べられている段落を探します。すると、二つ前の段落に「でも不思議なことに、ある事件や現象に対して、メディアの論調は横並びにとても似てしまう。」とあります。

中学入試に役立つアドバイス

段落同士の関係

①キーワード（くり返し出てくる言葉）を見つける
②キーワードについてどのような話題を取り上げているかを読み取る
③段落の初めの接続語
④段落の初めの指示語

の四つに注意して、段落同士の関係を正確に捉えましょう。

復習テスト⑤

問題130~131ページ

1

(1) ウ
(2) A ウ　B イ
(3) 6
(4) (例) 開花後三五日ごろの種子が熟してくる時期。(20字)
(5) 動物に熟~うのです (のです。)
(6) (例) 種子が真っ赤になること。
(7) 7

解説

1

(1) 1段落はグリーンカーテンの話題から、「やはり、ゴーヤーが一番あつかいやすくかんたんです」とゴーヤーの話へと展開しています。この段落は、キーワード (ここでは、ゴーヤー) を取り上げる導入部分です。そして2段落ではゴーヤーはなぜ「苦い」のかという疑問が挙げられています。2段落のあとを読むと、その疑問の答えにつながる説明、疑問の答えと文章が進んでいます。つまり、2段落が、本題へ入る役割の段落になっていることがわかります。

(2) 空欄Aを含む一文は疑問文になっていることから、「なぜ~でしょうか?」の形になることがわかります。空欄Bは前の内容を受けて、別の疑問を問いかけた文へつなげています。それまでの話題から、別の話題へ変えるときには、「では」などの転換の意味をもつ接続語が入ります。

(3) 4段落で挙げている疑問について5段落は「それは」と受けて、「果実がわかいうちは種子が熟していないということです」と答えています。また、6段落で、「種子が熟せないと」「子孫を残すことができずに絶滅してしま」う。だから、「わかいうちに食べられないように、果実を苦くしておく」と理由を述べています。「くわしく書かれている段落」はどこかが問われているので、果実がわかいときだけ苦い理由が具体的に述べられている段落を選びましょう。

(4) 7段落は、「ところが」から始まり、それまでのゴーヤーが「わかいときだけ苦い」理由の内容とは反対に、「果実が熟してくるとあまくな」る理由を述べようとしています。果実が熟してあまくなる時期については、9段落に述べられています。ゴーヤーは、「三五日ごろの種子が熟してくる時期」に果実が黄色くなり、種子が真っ赤に着色し、「苦みのことなどわすれてしまったかのように、あまくなる」とあることに注目してまとめましょう。

(5) 指示語の指す内容はその文より前にあることが多く、ここでも、前の文の「動物に熟した種子ごと食べてもらって、ふんにまざって、できるだけ遠くに種子を運んでもらう」を指しています。指示語の代わりにこの内容を入れてみて、文の意味が通じるかを確かめましょう。また、設問文の、「一文を文章中からさがし」「始めと終わりの四字」の条件に合うように答えましょう。

(6) 指示語の指す内容を読み取る問題です。ここでは、「種子が熟してくる時期になると、果実は黄色くなってきます。黄色くなった果実の中の種子を見てみると、真っ赤に着色しています」の部分を指しています。種子がどのようになるとあまくなるのかを簡潔にまとめましょう。

(7) 段落同士の関係から文章全体の構成を読み取る問題です。2段落で「(なぜ、)苦いのでしょうか?」と疑問を挙げ、3・4・5・6段落で「ゴーヤー」が「苦い」わけを述べています。また、7段落では、「反対に、あまくなるのにはどんな意味があるのでしょうか?」と新しく別の疑問を挙げています。そして、8・9段落でその理由を述べています。このように2~6段落では、「ゴーヤー」が「苦い」わけについて、7~9段落が「ゴーヤー」が「あまくなる」わけについて述べています。また、7段落は「ところが」と、前の事がらに対して意外な事がらへと話が展開していることにも注目しましょう。

16 話題と要点

★ 標準レベル

問題 132〜133ページ

1

(1) コンクリート
(2) a骨材　bのり
(3) 1 **イ**　2 どんな形のものでもつくれること
(4) **ウ**

解説

1

(1) 文章の話題は最初の段落で示されていることが多いです。この文章では、最初の段落で「コンクリートは人工の石」であることや「コンクリートの長所」を取り上げているので、「コンクリート」が話題であると考えられます。また、最初の段落だけではなく、結論の部分や文章全体を通して読んで、コンクリートについて述べられた文であるのかを確かめておきましょう。コンクリートの材料や作り方、弱点、使われ方などが説明されているので、「コンクリート」について説明している文章であるとわかります。

(2) ★の段落は、最初の一文に「コンクリートの中を見てみましょう」とあります。ですから、要点を説明した文は「コンクリートの中」がどうなっているかについてまとめています。まず、空欄aには「コンクリートを中から支えるもの」が入ります。★の段落に「(コンクリートの中の)石の粒は、骨材といって、コンクリートを内側で支えています」と書かれているので、「骨材」をぬき出します。空欄bには、「セメントペースト」の役割を表す言葉が入ります。★の段落の最後の一文に「骨材をくっつける『のり』の働きをしています」という説明があるので、「のり」が入ります。

(3) 1 傍線部の次の文に、「引っ張られる力には弱くて」とあります。したがって、正解は**イ**です。
2「コンクリートのよいところ」については、傍線部の直後の文に「押される力にはとても強い」とありますが、問いには「ここより前の文章中から」とあるので、ほかのよいところを探しましょう。すると、文章の初めの一文に「コンクリートの長所」という「弱点」の反対を示す表現があります。この一文の「どんな形のものでもつくれること」が十五字で指定字数に合っているので、この部分をぬき出します。

(4)「あてはまらないもの」を答えることに注意しましょう。**ア**は、「骨材を」で始まる段落に、「最も多いものが水」で、その次に多いとあるので、「二番目に」多いとわかります。したがって、正しいです。**イ**は、「さらに」で始まる段落とその次の段落の内容から、引っ張られても大丈夫な強いコンクリートによって、つくられるものの形は「さらに自由に」なったことがわかります。したがって、正しいです。**ウ**は、「コンクリートには弱点」で始まる段落に、鉄筋は引っ張られる力に強いとあります。「押される力に強い」のはコンクリートのことなので、間違いです。**エ**は、「コンクリートは、現場の」で始まる段落とその次の段落の内容から、正しいといえます。

★★ 上級レベル

問題 134〜135ページ

1

(1) aコケ　b体のつくり　c生命のサイクル
(2) a体　b**ウ**
(3) ほかの植〜いすきま
(4) **ア**
(5) (例) いつも変わらないように見えるコケも、数年おき

解説

1

(1) この文章は「コケ」について説明しており、（中略）の前までが前半です。話題は最初の段落や結論の部分に書いてあることが多いです。前半の最初の段落で、「体のつくりに秘密があります」とあります。続く三つの段落では、コケが体の表面全体から水分や養分を取り込んでいることや、乾燥に耐えていることなどを取り上げて「体のつくり」を説明しています。したがって、空欄bは「体のつくり」をあてはめます。（中略）のあとの後半では、「いつも変わらないように見える」コケも「数年おきに生えかわっている」ことを説明しています。後半の最後にある「生命のサイクル」が同じ内容を表しているので、空欄cにはこれをあてはめましょう。

(2) どのような「体のつくり」によって、「コケがほかの植物の生えにくいすきまで生きていくことができる」のかを捉える問題です。傍線部①のすぐあとに、「何より体が小さいこと」とあります。したがって、空欄aは、「体」をぬき出します。また、コケは「あっという間に乾いてしまいます」が、それくらいで枯れてしまうことはないため生きていくことができることも書かれています。言いかえると、第三段落の最後の一文にあるように、「コケは乾燥に強い種類も多い」ということです。したがって、空欄bは**ウ**があてはまります。

(3) 傍線部②は、コケは生きることができるが、ほかの大きな植物が生活できない狭い場所を示す表現です。この部分以外で、コケが生活している狭い場所を示す表現を探しましょう。すると、本文の最初に「ほかの植物の生えにくいすきま」とあります。

(4) 接続語をあてはめる問題は前後の文（文章）のつながりを確認して考えましょう。空欄の前では、エゾスナゴケが「カラカラの状態」であることが書かれています。また、空欄のあとで「水をかけてしばらく待っていると、ほぼ元通りの姿になります」と書かれています。前後でエゾスナゴケの状態が対照的になっているので、**ア**「でも」があてはまります。

(5) 形式段落の要点を考えるには、段落の最初と最後に注目しましょう。★の段落では、「ヒジキゴケとミヤマハイゴケ」を取り上げ、これらのコケを例にして、「いろんな『年齢』のコケが生えていた」ということを説明しています。では、これらのコケはどのようなコケの代表として取り上げられたのかというと、この段落の三つ目の文に「いつも変わらないように見える」「コケ」とあります。要点をまとめるので具体例は省き、この部分から書き始めるとよいでしょう。さらに、「に生えかわり」という言葉がすでに示されているので、それに続くように「数年おき」を補います。

★★★ 最高レベル

問題 136〜139ページ

1
(1) **エ**
(2) 耕地で栽培する
(3) 世界のいくつかの食文化
(4) 移動者
(5) （例）ヨーロッパに伝わって、日常の食用とされたこと。（23字）

2
(1) **エ**
(2) **ウ**
(3) （例）人間関係が上手くいかないことを悩むこと。（20字）

解説

1

(1) 空欄に続く「いま世界中で食べられているさまざまな野菜は……を、もとの植物の原産地としているケースが大半を占めています」は、空欄の前の「ある地域の食文化は……ほかの地域に伝わります」の例となっています。したがって、例を示す**エ**「たとえば」が適当です。

(2) 「継続的に調達する」とは、「ずっと続けて手に入れる」ということです。ここでは、食料について説明されていますので、具体的な工夫とは、田や畑でつくることが考えられます。「もちろん」で始まる段落に、「耕地で栽培することに適応でき」とあることに注目しましょう。

(3) 指示語の指している内容は、多くの場合それより前にあります。まず、傍線部を含む文の前半に注目し、「たがいに孤立していたわけでは」ない、「それら」をぬき出します。指し示している内容が見つかったら、指示語にあてはめてみて、意味が通じるかどうかを確かめましょう。

(4) 「何によって他の地域に伝えられた」のかを問われているので、ここでは、種や実を情報とともに「伝えたもの」を表す言葉が答えです。「伝えたもの」について述べられた部分を探すと、「人間は」で始まる段落とその次の段落にあります。あとの段落に「ある地域の食文化は……移動者の存在を介して……伝わります」とあります。「移動者の存在を介して」とは、「移動者がいたことによって」ということです。指定字数でぬき出しましょう。

(5) 「ジャガイモ」が「ヨーロッパを『征服』した」とは、ジャガイモが広くヨーロッパ中に伝わり、食べられるようになったということです。この文の前半に「日常の食用として利用されている」という言葉があるので、これを使って答えましょう。

2

(1) ここでの「悩み」は、「友達ができない」ということです。その原因が、傍線部①の直前の「自分の思い込み」であるということに気づいていない状態ですから、「自分の思い込み」とはどのようなものかを確かめましょう。同じ段落の前半に「彼らは、『寂しいことは悪い状態だ』と考えていて、『友達がいれば寂しくない』と勝手に信じている。なんの根拠もなく、そう思い込んでいる」とあります。ここから、**エ**が適切であるとわかります。

(2) 筆者が考える「友達」については、「とにかく」で始まる段落から読み取りましょう。「そんな言葉（友達）で関係を確認し合うなんてもの凄く不自然だ。意識さえしない」、『友達であればこうするものだ』という具体的な規定がある方が、明らかにおかしいと感じる」とあります。これらに合うのは、**ウ**です。**ア**は、最初の段落にある、「友達ができない」と悩んでいる人が考える「友達」です。**イ**と**エ**は、「とにかく」で始まる段落の内容と合いません。この問いは、文中にしばしば出てくるキーワードである「友達」をあつかっていますが、この文章の話題は、「友達」ではなく、「それは違う」で始まる段落にあるように、「悩むのが良い」ということです。文章の最後の段落にも「思う存分、悩めば良い」とあることに注目しましょう。

(3) 指示語の指している内容は、多くの場合その言葉よりも前に書かれています。ここでも直前の『人間関係が上手くいかない』と悩んでいる」ことを指していると考えられます。この部分を「それ」にあてはめると、人間関係に悩んでいるだけで、人間関係というものを見つめられる能力がある証拠になるという内容になります。この内容は、あとの部分の、悩まない人は鈍感だが、悩む人は優しいという内容につながるので、『人間関係が上手くいかない』と悩んでいる」は指している内容として適切です。この部分をまとめましょう。

中学入試に役立つアドバイス

話題と要点

①話題をつかむ

・話題は文章の最初の方で提示されることが多い。最初の形式段落、意味段落（まとまり）に注目して、話題の見当をつける。

・文章全体、特に結論まで読み、見当をつけた話題が中心に書かれているかを確かめる。

②要点の変化をつかむ

・文章全体…最初に話題をつかみ、結論で話題に対する意見、主張、まとめを捉える。

・段落の要点…基本は最初と最後の一文に注目して考える。

17 要旨・要約(1)

★標準レベル

問題 140～141ページ

I
(1) 1 a**ウ**　b高すぎる
2 D→B→C→E→A
(2) a**ア**　b**イ**
(3) **イ**

解説

I
(1) 本文の内容を分けると、次のようになります。①～⑧は段落番号です。

一つめ　①　サンゴ礁はたくさんの生き物が集まる、美しい場所だ。
二つめ　②　日本のまわりの海にもサンゴがいる。
三つめ　③・④　サンゴは水温が高すぎると死んでしまう。
四つめ　⑤・⑥　サンゴは、海が酸性化すると生きていけない。
五つめ　⑦・⑧　地球温暖化が進むと、水温の変化と、酸性化によって、日本のまわりの海がかつてのサンゴ礁ではなくなる。

1 a　Aでは、空欄aが原因で「日本のまわりの海にかつてのサンゴ礁はなくなってしまう」ということが書かれ、Eでは、空欄aが原因でサンゴが「生きていけない」ということが書かれています。水温の変化のほかに、サンゴが生きていけない原因について説明されている段落を探すと、⑤段落に、日本の海ではサンゴがすめなくなる理由として「海の酸性化が進むから」とあります。また、⑦段落にも、「北の海では酸性化のために（日本のサンゴは）すめなくなる」とあります。このことから、**ウ**「酸性化」があてはまります。
b「サンゴ」が「死んでしまう」ことについて、「水温」との関わりに触れているのは、③・④段落です。そのうち、③段落に「（サンゴは）水温が高すぎると死んでしまいます」という説明があります。したがって、「高すぎる」をぬき出します。
2 (1)の解説で最初に示している五つのまとまりの順になるように、A～Eをならべかえます。①段落の内容はD、②段落の内容はB、③・④段落は水温とサンゴ礁の関係について述べているのでC、⑤・⑥段落は空欄bをあてはめて考えるとE、⑦・⑧段落はAです。
この文章は①・②段落で、日本のまわりの海のサンゴ礁という話題を提示しています。そのあと、③～⑥段落の本論の部分で、サンゴ礁が地球温暖化によって生きていけなくなる可能性があることを具体的に説明しています。⑦・⑧段落では本論を受けて、日本のサンゴが危機にさらされているという問題を示しています。このように文章の構成を考えていく習慣をつけておきましょう。
(2) 二酸化炭素とサンゴの関係について書かれているのは、⑥段落です。「サンゴがつくる石のようなかたい土台は、炭酸カルシウムでできて」おり、この炭酸カルシウムは「二酸化炭素がたくさん海にとけると」できにくくなるとあります。サンゴに必要な炭酸カルシウムが、二酸化炭素が原因でできにくくなってしまうというのが、二酸化炭素とサンゴの関係です。
(3) 筆者が述べたいことは、文章の結論を述べている部分にまとめられていることが多いです。最後の一文では、サンゴが死んでサンゴ礁がなくなってしまうおそれがあることを述べています。この原因について、本文全体から、筆者の主張を捉えましょう。筆者は、サンゴ礁が、たくさんの生き物が集まる豊かな自然であることを述べたうえで、地球温暖化によってサンゴが日本のまわりの海で生きていけなくなる（サンゴ礁がなくなる）かもしれないということを文章の中心として取り上げているのです。このようにサンゴ礁が危機にさらされていることを取り上げるのは、地球温暖化がサンゴにおよぼす影響について理解してほしいという思いがあるからだと考えられます。したがって、**イ**が最も適当だといえます。

★★ 上級レベル

問題 142〜143ページ

1

(1) a**エ**　b**ア**　c**イ**　d**ウ**

(2) (例) 子どもがお母さんにかまってもらえずに強い不満を示すとき。

(3) a**ア**　b**ウ**

(4) (例) ゴリラの目の動きがわかりにくいことや、鼻や口などの部分も使う

解説

1

(1) 直後の段落に「例えば」とあります。ここから三つの段落に、ゴリラの発する音声とその意味について具体的に説明されています。まず、喉をふるわせて低くうなる「グッグウウム」という音声は「あいさつ」で、「平静な状態でいること」を表します。したがって、空欄aは**エ**があてはまります。「コホッ、コホッ」は「相手の行動を非難」するとき、「相手の動きを止めよう」とするときの音声なので、空欄bは**ア**があてはまります。「しゃっくりのような音声」は「軽い威嚇を含んで」「問いかける音声」なので、空欄cは**イ**があてはまります。空欄dは、「軽い威嚇」を含んでいる「しゃっくりのような音声」に対して、ほかのゴリラが発する「グッグウウム」の意味があてはまります。このときの「グッグウウム」は、**ウ**の「自分が危険な存在ではないこと」を示す意味があります。

(2) 傍線部②の直前の二文に注目しましょう。「口を三角形にして尖らせる」表情は、「お母さんにかまってもらえない子ども」が示すものです。傍線部②では、このとき、「口を三角形にして尖らせる」表情に「コッコッコッ」という音声が伴うこともあると説明しています。したがって、子どもがお母さんにかまってもらえないときに発する音声であるといえます。

(3) この文章は、一つ目の（中略）までの前半と、そのあとの後半に分けられます。筆者の述べたいことは文章の最初の部分や、最後の結論で示されていることが多いです。この文章は、前半も後半も最初に説明したいことを述べてから、具体例を取り上げて説明していく構成となっています。ですから、前半、後半それぞれの最初の段落に注目しましょう。

前半の最初の段落ではゴリラの発する「20種類ほどの音声」は「個体の気分や感情」を表していると説明されています。そのあとの段落では、音声とそれが示す気分や感情の具体例を取り上げているので、それが筆者が最も述べたいことです。後半の最初の段落では、「ゴリラは身振りやしぐさ、顔の表情を用いて会話をします」と説明されています。そのあとの段落で、身振りやしぐさ、顔の表情について具体的に説明しているので、これが筆者の最も述べたいことです。

(4) 傍線部③のあとに、顔をのぞきこむ原因が推測されています。まず、「ゴリラの目には人間のような白目がないので、目の動きがわかりにくいのがその原因かもしれません」が該当します。次に「鼻や口などの部分も使って感情を表しているのかもしれません」も、推測されている原因です。この二つの内容を、解答欄のあとの文に続くようにまとめましょう。

★★★ 最高レベル

問題 144〜147ページ

1

(1) A**カ**　B**ウ**　C**ア**

(2) (例) ナンバー1の生き物しか生きられないのに、自然界にはたくさんの種類のゾウリムシがいるのはなぜか。

(3) (例) その種類だけの特徴をもっているため、ナンバー1として生き残ることができるということ

2

(1) **ア**

(2) **イ**

解説

1

(1) 空欄Aの前では、「ガウゼの実験」の結果から考えると、「自然界でも一種類のゾウリムシだけが生き残り、他のゾウリムシは滅んでしまう」ことが書かれています。このこととは反対に空欄Aのあとには、「自然界にはたくさんの種類のゾウリムシ」がいることが書かれています。したがって、反対の内容をつなぐ**カ**「しかし」が入ります。

空欄Bの前には、「実験をしてみました」とあります。空欄Bのあとは、その実験の結果について「どうでしょう」といっています。前の内容を受けて、次はどうなるかをつないでいるので、**ウ**「すると」が入ります。

空欄Cの前では、ナンバー1しか生きられない「自然界の鉄則」があることと、水槽の上の方にいるゾウリムシと、水槽の底の方にいるミドリゾウリムシがどちらもナンバー1の存在として生き残ったという実験結果が述べられています。空欄Cのあとは、前の内容を、「ゾウリムシは水槽の上の方でナンバー1、ミドリゾウリムシは水槽の底の方のナンバー1」と言いかえてまとめています。したがって、**ア**「つまり」が入ります。

(2) 「どのような疑問」かを問われているので、直前の段落の「これは、どうしてなのでしょうか?」に注目します。この一文の「これ」の指す内容は、その前の段落を確かめましょう。この段落の内容をふまえると、「これは、どうしてなのでしょうか?」は、「ガウゼの実験」の結果では「自然界でも一種類のゾウリムシだけが生き残り、他のゾウリムシは滅んでしまう」はずなのに、「自然界にはたくさんの種類のゾウリムシがいる」のはなぜかと疑問を投げかけていることがわかります。「〜のに、〜のはなぜか」という形式に合わせてまとめましょう。

(3) 「必ずどこかでナンバー1」ということは、何らかの「ナンバー1」になれる特徴をもっているということで、その種類だけの特徴によって、ナンバー1として生き残ることができるということです。「すべての生き物は棲み分けをしながら、ナンバー1を分け合っています」「自然界に暮らす生き物は、すべてがナンバー1です」をヒントにまとめましょう。

2

(1) 傍線部①のあとに、「本を読む人のほとんどが」しているのは「インプットのための読書であって、アウトプットはあまり意識されていません」とあります。この内容と合うのは**ア**です。**イ**は、「大人になるにしたがって読書によって知識を得ようと思わなくなる」の部分が本文になく、**ウ**と**エ**の内容も本文にはないため不適です。

(2) 傍線部の直前の「これ」は「楽しむのでも、知識や教養のためでもない、新たな読書法」で、**イ**の前半の内容と一致します。**イ**の後半の内容「それをいかに活用するかを考えながら読書をする」は、傍線部よりあとの、思考に使える「道具を探すという視点」をもって読書するという内容と一致します。したがって、**イ**が正解です。**ア**は、「自分の読んだことのないジャンルの本を読むことで」は、本文中にありません。**ウ**は、「途中から読むことで」「想像力も身につける」とは述べられていません。**エ**は、本文中に「データベースを作ることを目的化してはいけません」とあるので、間違いです。

中学入試に役立つアドバイス

説明文の要約

まず、段落を次のように分けます。

① **筆者の意見または、特に説明したい事実**
② **①をくわしく説明する具体例**

次に、①の内容を並べることで、文章全体を要約できます。

各段落の中で大切な部分がどこかを意識して、それらをつなぎ合わせるイメージをもつことで、文章全体の内容を理解しやすくなります。

また、最初の段落には話題、最後の段落には結論が書かれていることが多いことをヒントに、筆者の言いたいことを読み取りましょう。

18 要旨・要約(2)

★ 標準レベル

問題148~149ページ

I
(1) ア
(2) ウ
(3) エ

解説

I
(1) 傍線部①の直後の文に、「大型化のきっかけは、ある建物の存在でした」とあります。つまり、「ある建物」があったから、(それに対抗しようとして)大型の観覧車がつくられたのです。「ある建物」は何かがわかる一文を探すと、次の段落の初めに、「フランスの……エッフェル塔です。」とあり、最後の一文にも「そのきっかけは」とあります。したがって、正解は**ア**です。エッフェル塔が大型化のきっかけになったという内容は文章の後半にも書かれており、この内容が要旨となっています。

(2) **ア**は、「『万国博覧会』とは、その時代の最新の技術や発明を国ごとに発表する、大展覧会です」とあるので正しいです。

イは、「万国博覧会」で始まる段落の最後に「新しい技術や発明によって、それぞれの国の評価が決まった」とあるので正しいです。

ウは、本文では、「電話やミシン、自動車やエジソンの蓄音機が発表されたのも、この時期の万国博覧会でのことです」とあります。「この時期の万国博覧会」とは、直前の文に、「19世紀には、多くの万国博覧会が開催されました」とあることから、19世紀のどこかで行われた万国博覧会であるとわかります。しかし、「パリ万博」と限定されてはいませんので、正解だとはいえません。

エは、「コロンブスの新大陸発見から400年を記念した博覧会で、『コロンビア博覧会』と呼ばれました」とあることから、正しいです。

設問文を注意深く読んで、「あてはまらないもの」を答えることに気をつけましょう。

(3) **ア**は、1893年の「コロンビア博覧会」についての説明の中で、「エッフェル塔に負けないような博覧会の目玉になるもの」のアイディアを募集すると、「寄せられた案はどれもエッフェル塔によく似た高い塔ばかり」だったと書かれているので、合っています。

イは、エッフェル塔の高さについて「当時としては世界一の高さを誇る建物でした」ということや、評判が「パリだけでなく、すぐに世界中に広まった」ことが書かれているので、合っています。

ウは、フェリスが「鉄製の大きな輪が回転する乗り物」を提案したところ、役員たちが大反対したことや、それでもフェリスが「めげることなく」説得したことが書かれているので、合っています。

エは、フェリスホイールは人気になりましたが、「フェリスホイールに乗ろうという言葉が市民の合い言葉」になったとは書かれていません。したがって、**エ**があてはまりません。

★★ 上級レベル

問題150~151ページ

I
(1) (例) 身の回りに生える雑草を選んで
(2) a 名もない~出て行く　b 不運な時~実を結ぶ
(3) 自分を~りする
(4) (例) 私たちの生活に、「雑草」はなくてはならないものだということを、もう一度考えなければならないということ。

解説

1 (1) ★の段落の最初の一文では、「食用油を採る」植物が「雑草から生まれ」たことが述べられ、二文目では「砂糖の原料になる」植物が「雑草から品種改良された」ものであることが述べられ、三文目でも「香料に使われる」植物も同じように雑草から生まれていることが述べられています。つまり、★の段落では、いくつもの植物を取り上げて、その使用方法とそれらがすべて「雑草」から生まれていることの例を示しています。「食用油」「砂糖」「香料」などの使用方法については、第二段落の一文目にあるように、「私たちのもっと身近なところでも、雑草は役に立って」いることを示すものであることを押さえます。これらを空欄に入るようにまとめましょう。

(2) まず、[　]の部分の文章は、「雑草魂」という言葉の意味と、その言葉を具体的に説明するために上原浩治選手の例を取り上げていることを押さえましょう。要約した文の空欄aには、「雑草魂」がどのような根性なのかを表す言葉が入ります。[　]の二文目に「その根性を『雑草魂』と呼ぶ」とあるので、空欄aには「その根性」の前の部分の「名もない人が、踏みつけられながらも、めげずに頑張って世に出て行く」があてはまります。空欄bは、上原選手の生き方と結びつく雑草の生き方を表す内容が入ります。「マスコミやファンの人たちが」で始まる段落で、上原選手の生き方が「雑草魂」と呼ばれたこととともに、その生き方が「不運な時期もしたたかに生き、実を結ぶ雑草の生き方と同じ」と考えられたことが述べられています。したがって、空欄bは「不運な時期もしたたかに生き、実を結ぶ」があてはまります。

(3) 「座右の銘」がどのような言葉であるかを押さえましょう。「『座右の銘』とは、いつも自分のそばにおいて、自分を励ましたり、反省したりするための言葉です」という説明があります。空欄に合うように指定字数の「自分を励ましたり、反省したりする」の始めと終わりの三字をぬき出しましょう。

(4) 文章において筆者の最も伝えたいこと（要旨）は、文章の結論が書かれている部分にまとめられています。結論は、多くの場合最後の段落に書かれています。そのほか、最初に結論や意見を示している場合もあります。要旨を捉えるときは、まず結論が書かれている部分に注目することが大切です。ただし、文章の一部分だけではなく全体を読んで、くり返されている意見やキーワード、具体例が示していることなども押さえておかなければ、結論の内容も読み取れません。この文章では、最初に、「緑化に貢献してくれた雑草のことも忘れてはいけません」とあります。また、「私たちのもっと身近なところでも、雑草は役に立ってくれています」と示して、前半では日常における具体例を挙げています。次に「雑草魂」という言葉を取り上げて、人間の生き方にも役立つことが述べられています。筆者は、これらの内容を踏まえて、最後の二文で「私たちの生活に、『雑草』はなくてはならないもの、「そのことをもう一度考えなければなりません」という主張を述べています。この二文の内容をまとめましょう。

★★★ 最高レベル

問題152～155ページ

1 (1) （例）血液型判断をあたっていると思うことで、本当にそうした性格特性を身につけ、行動するようになったということ。（52字）

(2) **イ**

2 (1) **ア** (2) **イ**

解説

1 (1) 問いに、「……とはどういうことですか」とあり、「血液型と性格特性との関係が強くなってきている」を別の言い方で述べればよいとわかるので、本文から別の言い方を探します。傍線部を含む文の次の文は「たとえば」で始まっているので、「調査データの分析」の例だとわかり、さらに読み進めると、次の段落は「ということは」で始まっているので、前の内容の言いかえであるとわかります。したがって、この段落の内容をまとめましょう。「みんなが血液型判断をあたっていると思い込むことで、ほんとうにそうした性格特性を知らず知らずのうちに身につけるようになってきた」ことを中心に、指定の文の始まり方と字数内でまとめます。この段落の最後の「そういう性格を身につけてしまう」は、前の「そうした性格特性を……身につける」と同じ内容です。

(2) 筆者は、「偏見やステレオタイプが予言の自己実現を生み出してしまうってことには十分に気をつけておかないといけない」と述べています。ここでの「予言の自己実現」とは、段落の前半にあるように、「まわりからの偏見にさらされていると、ほんとうにそうした偏見に応じた考え方をしたり、行動をするようになってしまう」ということです。この内容に合う選択肢は**イ**です。**ア**は、「政治家」にかぎった話ではないので間違っています。**ウ**は、「周囲にもその事実を伝えていかないといけない」という内容はないので、間違いです。**エ**は、「偏見やステレオタイプの考えを持つ」ほかの人に対して「誤りを指摘」するようにすすめてはいないので、間違いです。

2

(1) 傍線部がどういうことかは、直後の文で言いかえられています。「自分がどんな『世間』にいるか、どれぐらい『世間』からハジキ飛ばされているか、『世間』は今どうなっているのか、を目に見える形で示すのです」とありますが、これらはすべて「スマホでつながる」ことによるものです。スマホでつながらない（発信しない）ことについては、「見える化」しませんので、**ア**のような、「自分が孤独や不安を感じている時に」、それを発信しないかぎりは周囲に知られることもありません。したがって、**ア**がふさわしくありません。**イ**、**ウ**、**エ**はどれも、自分の周りの「世間」が明らかにされていることを説明しています。「ふさわしくないもの」を選ぶことに注意しましょう。

(2) 傍線部の直後の二文に注目しましょう。「自分の評価だけが気になり」、『人からどう思われているか』だけを気にするようになってしまう」とあります。これに合わないものを選びましょう。**イ**は、「間違った評価を信じ込んでしまう」が、自意識の増大とは関係ないので、ふさわしくありません。「人からどう思われているか」を気にするので、**ア**のように、注目度という数字によって「有名になりたい、もっと評価されたいという願い」が刺激されます。また、**ウ**のように、「自分の発信したことの価値」が数字でわかるため、より高い価値を求めて、「良い反応が得られそうなこと」を考えて発信するようになってしまいます。また、**エ**のように、『いいね』の増減で自分の価値も増減したかのように感じてしま」います。これら**ア**、**ウ**、**エ**のようなことを、筆者は心配していると言えます。「ふさわしくないもの」を選ぶことに注意しましょう。

中学入試に役立つアドバイス

要旨（筆者の最も言いたいこと）のまとめ方

要旨を記述する問題では、まず文章全体の構成を捉える必要があります。形式段落やまとまりごとに、次のどの内容にあたるかを押さえましょう。

①**話題・問題の提起**…最初に書かれていることが多い
②**意見**（考え）
③**事実**（具体例）
④**結論**…最後の段落、まとめに書かれていることが多い

要旨を記述するときは、基本的には④の結論の内容をまとめます。また、結論が読み取れない文章、結論に抜け落ちている内容がある場合は、②の意見から筆者の考えを正しく読み取ってまとめます。

復習テスト⑥

問題156～157ページ

1 (1) aたまごから、子ども　b育ちかた
(2) a生活する場所　bよくにたところ
(3) (例) うまれてすぐ歩く鳥は地上に、うまれてすぐ歩くことができない鳥は高いところに巣をつくること。

解説

1 (1) 文章の話題を捉えるときは、最初の段落やまとめの段落に注目します。また、くり返し出てくるキーワードや具体例が何を示しているのかを捉えることで、どのような話題について述べられた文章なのかを読み取ることができます。この文章は、全体を読むと大きく二つの話題を取り上げていることがわかります。

前半は最初の段落から「このことは、……考えのしょうこになっています」の段落までです。最初の段落には「たまごから、子どもになるまでの変化を、いろいろな動物で、くらべてみましょう」と書かれています。そのあとの段落では、メダカ、カエル、ニワトリの「たまごの中で育つようす」が似ていることや、ニワトリ、魚、ヒトの「はいの育ちはじめ」が似ていることなどを説明しています。これらをふまえると、前半の話題をまとめている空欄aには「たまごから、子ども」があてはまります。

後半は、「ニワトリは、うまれると」で始まる段落から最後の段落までです。ニワトリと同じようにうまれるとすぐ歩きまわる鳥の例を挙げながら、それらのうちキジやヤマドリがニワトリとちがい、空をとおくまでとぶことを述べています。また、ツバメやモズを取り上げて、生まれてすぐに歩き出さない種類もいることを説明しています。種類による成長の仕方や巣をつくる場所のちがいを示して、最後の段落で「同じ鳥でも、種類によってずいぶん育ちかたがちがいます」とまとめられています。したがって、空欄bには「育ちかた」があてはまります。

(2) 空欄aには、メダカ、カエル、ニワトリについて、親の大きさや形以外でちがっているところを表す言葉が入ります。第二段落で、「メダカは、水中生活をする魚」、「カエルは、水と陸の両ほうで生活」、「ニワトリは、陸だけで生活」というちがいが取り上げられ、第三段落で「メダカもカエルもニワトリも、生活する場所はちがうし、親になったときの大きさ、形もたいへんちがって」いるとまとめられています。したがって、空欄aには「生活する場所」があてはまります。空欄bには、メダカ、カエル、ニワトリについて、「たまごの中で育つようす」はどうであるかを表す言葉が入ります。第四段落に「たまごの中で育つようすをくらべてみますと、よくにたところがある」と述べられています。したがって、「よくにたところ」があてはまります。

(3) 鳥の生まれてすぐのときの様子と巣の特徴について、書かれている内容を整理していきましょう。

・ニワトリ…うまれてすぐ歩く、地上を歩きまわる（巣の特徴は読み取れない）
・キジ、ヤマドリ…うまれてすぐ歩きまわる、地上に巣をつくる
・ツバメ…ひなは赤子ですぐに歩かない、家ののきなどに巣をつくる（もしすぐに歩き出すと、のきからおちて死ぬ＝のきは高いところにある）
・モズ…とべるようになるまで巣の中でやしなわれる（うまれてすぐに歩き出すことはない）、高いところに巣をつくる

これらの内容をふまえて、最後から二番目の段落に「うまれてすぐ歩く鳥は地上に、赤子の鳥は高いところに巣をつくる」とまとめられています。ここをそのままぬき出すのではなく、「うまれてすぐのときのようす」が具体的にわかるように、「赤子の鳥」がどういうことを表しているか書きかえましょう。「赤子の鳥」とはツバメやモズのように、生まれてすぐは歩き出さない鳥ということです。

過去問題にチャレンジ③

問題 158～161ページ

I

(1) **イ**

(2) **イ**

(3) (例) 規則的に勉強していると、勉強したという安心感が持て、自分の気持ちを安定させることができるから。(47字)

(4) 頭を働かせているかどうか

(5) (例) 規則的に勉強することで実力が身につくのだ (20字)

解説

I

(1) 傍線部①の次の段落に注目しましょう。「しかし」以降に、「ゆったりとやると、そのわかり方にコクが出てくるものだ。そして、その結果に達するまでの道筋を楽しむことで、力がつく」と理由が述べられています。この内容に合う**イ**が正解です。**ア**「たっぷり時間を使った方が効率的」とは文章中に述べられていません。**ウ**「安定した気持ちで」とありますが、文章中の「自分の気持ちを安定させるのはよいことだ」は、「テストで実力を発揮する」ことについて述べているのではないので、間違いです。また、**エ**の内容は文章中にはないので、間違いです。

(2) 傍線部②の「そうした連中」が指すものは、前の文の「数学やら文学やらをやってる連中」です。傍線部②を含む段落に続く、二段落に注目しましょう。「そうした連中」がどのように勉強しているかが、「いったん熱中しはじめると、三日間ぐらい寝なかったりして、没頭している」「しばらくすると、ボケーとして山ばかり眺めていたり」「あまり規則的に勉強していると思えない」などと述べられています。これに合う**イ**が正解です。**ア**「ボケーとして山ばかり眺めていたりする」ときに、「じつは集中して」いるとは、述べられていません。**ウ**「時間を決めて」が合いません。**エ**「本人なりに計算して」という内容はありません。

(3) 傍線部③のあとに、「アセリのためではない」とあるのが、ヒントになります。ここでの「自己満足」は、「アセリ」と対照的な内容であるとわかります。「アセリ」と対照的な内容は、この前の段落に「気持ちを安定させる」があります。そこで、この部分を読むと、筆者は、「規則的な勉強」のよさを、「机の前でいくらか過ごしたりすると、自分にとって、勉強したという安心感が持てる。安心感を持ちすぎるのも……自分の気持ちを安定させるのはよいことだ」と述べています。この、「机の前で過ごす」→「勉強した安心感が持てる」→「自分の気持ちを安定させられる」という一連の内容を、理由を表す文末でとじるようにしてまとめましょう。

(4) 傍線部④「時間よりは密度」とは、「時間の長さ」よりは「集中しているかどうか」ということです。それは傍線部④の前の二段落の内容「本当に集中して頭を使うのは、一日に二時間ぐらいが限度」や「一日に三十分が限度という奴もいて、そいつは数学者仲間で一番さえてる男だから、きっと集中がぼくなんかより、強いのだと思う」などの記述から読み取ることができます。また、同じ内容を述べている箇所を探すと、第十段落に、「勉強というものは、時間ではかれない」「頭を働かせているかどうかだけが、問題になる」という記述が見つかります。「密度」つまり「集中しているかどうか」を具体的に述べた「頭を働かせているかどうか」が正解です。

(5) 空欄のあとに「そう考えているとしたら、勉強を定期バスのように思っているのではないか」とあるので、空欄には、勉強を定期バス、つまり規則的なものと思っている考えが入ります。このあとに、「勉強というのは本来、森かげの散歩道のようなものだ……かまわない」と、空欄を否定する、筆者の考えがありますので、筆者の考えと対照的な考えが入ることに注意しましょう。「規則的な勉強」がよいという内容を指定字数におさまるようにまとめましょう。

19 詩の読解・表現技法

★ 標準レベル

問題 162～163ページ

1 (1) **ア** (2) あしおと (3) **エ**

2 (1) **ア** (2) **ア・ウ**（順不同） (3) **イ**

解説

1 (1) Ａの部分は本来、「ひとりさめていたわたしのほかには」「だれも知らなかったであろう」という順番になります。

(2) 空欄の前に「それはかすかな」とあるので、「それ」が何かを押さえます。指示語の指すものは指示語よりも前の部分にあることがほとんどなので、前を見ると「それ」は、「だれもきかなかった」「あしおと」であるとわかります。

(3) 「病んでねて」いる作者は、「ゆうがた」に「わたしのほかには」「だれもきかなかったであろう」あしおとを聞きます。「夜明け」にも、床についている自分だけがあしおとを聞いています。これらから、病気で横になることしかできない自分をうらめしく思う気持ちを読み取ることができます。

2 (1) 「錘(おもり)のような心」は、「ふかい空とつりあう」くらい重いので、「風」がきても影響されないのです。ここから、「ほかのものに負けないしっかりとした心」とする**ア**が正解です。

(2) 「錘のよ・う・な心」は、「ような」ということばを使って、「心」を「錘」にたとえています。また、第一連と第四連は同じ表現をくり返しています。

(3) 「力ずくで坐っている」がくり返されていることから、力強さが感じられます。また、「めまい」や「風」に「こい」とよびかけていることから、立ち向かってくるものと戦い、懸命に生きようとする様子も感じられます。

★★ 上級レベル

問題 164～165ページ

1 (1) Ａ **エ** Ｂ **イ** (2) Ⅰ にじ色のゆめの魚 2 **ウ**

2 (1) まもられているのだ (2) **ウ** (3) まさき

解説

1 (1) Ａ3行目は「にじ色」、5行目は「魚」の名詞（体言）で終わっています。Ｂは、言葉の順番が入れかわっています。「あのにじ色のゆめの魚を」のあとに「また 一人でとりに行こう」と続くのが普通です。

(2) Ⅰ 第二連でも魚について書かれていますが、問いに指定字数八字とあるので、第三連の「にじ色のゆめの魚」をぬき出しましょう。

2 「あてはまらないもの」を選ぶことに注意しましょう。第二連の「その名は知らない」けれど「きれいなにじ色」で「わたしの思い出の中を」「いつも」「泳いでいた」から、**エ**「あこがれ」が、第三連の「また 一人でとりに行こう」から、**ア**「きぼう」や**イ**「期待」が表現されていると読み取ることができます。**ウ**「失意」は「希望がかなわずにがっかりすること」という意味なので、この詩で表現されている気持ちにはあてはまりません。

2 (1) この詩は、第一・二連で作者の言いたいこと（主題）の例を示し、第三・四連の主題へ導く構造になっています。第三連には倒置の表現技法が使われており、順番を直すと「どんなものが どんなところに／いるときにも」「こんなに だいじに／まもられているのだ」となると考えられることから、第四連は、「その『いること』こそが……」「まもられているのだ」とおぎなえると判断できます。

(2) 第一連の内容と、第二連の二行目、四行目に「だけ」とあることから考えましょう。

(3) 第二連では「マメが いるならば」その「マメ」だけしか「ここに い

ることは　できない」といっており、「人間」のほうが「マメ」よりも価値があるとはいっていないため、「まさき」の解釈はあやまりです。

★★★ 最高レベル　問題166～169ページ

1 (1) **エ**　(2) **オ**

2 (1) **ウ**　(2) **ウ**　(3) **エ**

3 (1) **イ**　(2) **エ**

解説

1 (1)「時間を守ります」「さつさと帰ります」「帰つてしまひます」というところは、花を人にたとえて表現しています。これを「擬人法」といいます。

(2)「けれども」までは意味を「そのまま受けとめる」ことができるが、それ以降は花が『どこへ』帰るのか」書かれていないため、「わかりづらいかもしれない」と筆者はいっています。「けれども」以降が、この詩を解釈する上での障害（＝壁）になると考えられます。

2 (1)【A】の詩は、「ありました」「みえました」「なりました」「なりました」のように、現代の言葉（口語）で書かれています。また、「七音・五音」のくり返しで、きまった形の詩（定型詩）です。

(2)「雪」は、「私の上に降る雪」とあることから、自分の身の上を表していると読み取ることができます。その「雪」が「幼年時」は「真綿」であったのに、「少年時」以降は「霙」「霰」「雹」「ひどい吹雪」と、きびしいものになります。「真綿」は「やわらかくて軽い綿」のことです。しかし、「二十四」のときに「いとしめやかに」とあります。「しめやか」とは、ひっそりとしずかで落ち着いた様子を表す言葉です。「少年時」からのきびしい身の上が、「二十四」歳で、やわらぎ落ち着いたことがわかります。

(3)【B】の詩は、文のつくりが同じものをくり返しています。このような表現技法を「対句（法）」といいます。

3 (1) 傍線部①のあとで、「ぼくらのこころの中から／急速に失われていったもの」は、「物をいとおしむこころだ／物のいのちを　大切にするこころだ」とあります。そして、この連の最後に「みなさん　物をたいせつに」とあります。これらから、物を「すぐ捨ててしまう」ようになった「ぼくら」に、「今からでも自分の身近にある物をいとおしむのがよい」と伝えようとしているとわかります。したがって、**イ**が正解となります。

(2)「亡びゆくものは、みな美しい」が、それをおしんでばかりいては、「暮しの美しさ」がなくなるとあります。**ア**は、「季節の移り変わりをのがすことなく」が、移り変わるものつまり「亡びゆくもの」の美しさにとらわれ過ぎてはいけないという内容と合いません。**イ**は、「買っては　捨てていた」ことを作者は批判していますが、「新しい物を買わないで生活する」とは書かれていません。**ウ**は、「古くなったら」「見あきたら」すぐに捨てて買いかえることを作者は批判していますが、「効率の良さを捨てること」とは書かれていません。**エ**は、「執着しすぎず」、「丁寧に向き合う」ことに「豊かさ」があるという内容なので、正しいです。**オ**は、「他人との親密なつながり」については触れていないので、間違いです。

復習テスト⑦　問題170～171ページ

1 (1) **イ**

(2) ① **ウ**　② **エ**　⑤ **ア**　(3) **ウ**

(4)（例）じょろを使って、水をまく音。

(5) **ウ**

(6) 水をまく　(7) a（例）教えている　b（例）やさしい

解説

1

(1) 現代の言葉で書かれ、音数などにきまりがないので「口語自由詩」です。
(2) ① じょろで水をそそぐ様子を「雨を降らす」とたとえています。
② 二度目の「やわらかく」のあとに続く言葉が省略されています。
⑤ この二行は、文のつくりが同じものをくり返しています。
(3) 「え、天使のほうが　いい?」と聞き返した言葉を捉えましょう。
(4) 前の連で、じょろで水をまくことを「ヨシコも　やってごらん」と言ってから、「そう、そう、／しゃわ　しゃわ　しゃわ　しゃわ……」と続いていることに注目しましょう。
(5) 「花びらが　輝やきだ」すことは、人間に例えているわけではないのであてはまりません。
(6) 第一連と第四連で描かれている内容が同じであることを押さえましょう。どちらも「じょろ」をどのように使うのかが書かれています。
(7) 「如雨露」の使い方を「子ども（ヨシコ）」に教えています。その教えているときの言葉遣いからも、やさしい気持ち、あたたかい気持ちが伝わってきます。同意の言葉が書けていれば正解です。

過去問題にチャレンジ④

問題172～175ページ

1 (1) **オ** (2) **エ** (3) **ア** (4) **ウ** (5) **イ**

2 (1) （例）外へ出て体を動かしていたのが、だんだんと季節の植物と生物に注目するようになった状況。
(2) 大きな荷物を足元に置き青い空をじっと見つめる若者
大声で唱歌を歌いながら歩く人（順不同）
(3) **イ**

解説

1

(1) ここでの「落ち葉」は、「しかられて　ないたこと」「うれしかったこと」「さみしかったこと」などとあるように、「わたし」の過去の出来事のことです。
(2) 「落ち葉」の一枚一枚を、これまで歩んできた自分の人生の「うれしかったこと」「さみしかったこと」に見立てているので、空欄には「ひろいあげ」た落ち葉の色が入ると考えられます。
(3) 「落ち葉」は、過去のさまざまな出来事のことです。傍線部②のあとの「土がゆたかになるから　いい」から、いろいろな出来事が積み重なることで、人生が豊かになることを肯定的に捉えているのだと考えられます。
(4) 詩の最後を「落ち葉の道」と名詞（体言）で終え、余韻を残しているので、**ウ**が正解です。**ア**は、作者自身の経験を落ち葉に見立て、落ち葉が「ふえていく」とあることから「幼さを強調」が、**イ**は、「楽しさを表現して」いないことから、不適です。**エ**は、「倒置法」は使われていないため、**オ**は、ほかの部分に「反復法」は使われていないため、不適です。
(5) 「落ち葉」は過去の経験や感情です。**イ**は、現在の姿勢なので不適です。

2

(1) 「指令にしたがい外に出る」から「いつもの道をいつものように歩きはじめる」の、体を動かしているのが「体育の時間」で、「もう花菖蒲の季節なのだ」から「紋白蝶が舞う」までの、草花や生き物に気持ちが向いているのが「自然観察の時間」です。この部分に注目して簡潔にまとめましょう。
(2) 傍線部②の前に「今度は頭の中が考えるモードになってきたみたい」とあり、具体的なふたりの人物の様子が描かれています。
(3) 「そうだった」「そうかそうか」「あれあれ」「わあい」など選択肢に挙げられているもの以外にも同様の表現があり、作者の心の動きがよくわかるといえるので、**イ**が正解です。**ア**は、「表情からは読み取れない」が、**ウ**は、「色に関わる表現を対比的に用い」が不適です。**エ**は、「反復」によって作者の「冷静」な「判断」が伝わるとはいえないため不適です。

総仕上げテスト①

1 イ
2 (1) 九　(2) 十一　(3) 七
3 (1) 五　(2) 一　(3) 九
4 (1) 階・陽　(2) 打・投（各順不同）
5 (1) 読み方　やたい　説明　**エ**　(2) 読み方　えきちょう　説明　**ア**
6 (1) **エ**　(2) **イ**　(3) **ウ**
7 (1) a家　b春休み最後　c公園
(2)（例）つらい　・（例）いつもつながってなくても、たまにつながればいい　・（例）前向きな
(3) **ア**・**エ**（順不同）

解説

7 (2) 傍線部①の「くちびるをへの字に結」ぶ顔は「泣きたいのをがまんする」顔だとあること、傍線部①の前で大樹が「帰ってくるところがなくなるみたい」と言っていることから、一つ目の空欄にはつらい、さみしいなどの心情があてはまります。二つ目の空欄は、その前後に「『ぼく』が、」「と言った」とあるので、傍線部②の前の「ぼく」の発言からポイントになる言葉をまとめましょう。三つ目の空欄は、大樹が「ぼく」のせなかをたたいたあとの、「おまえ、たまにいいこというんだよなぁ！」や「なんか、いいな」という言葉から、前向きな気持ちに変化したと読み取ることができます。
(3) **ア**は、一つ目の中略の前に「なのに、てっきり……みんなも楽しいと思ってた」とあるため、**エ**は、傍線部②の前の「ぼく」の発言の内容に合うため、あてはまります。**イ**は、「自分の気持ちをおさえて、人に合わせようとする」が、**ウ**は、「かかわりが全くなくなるものだ」が本文にないため不適です。

総仕上げテスト②

1 (1) 主語　**イ**　述語　**カ**　(2) 主語　**ア**　述語　**カ**
2 **イ**
3 (1) **ウ**　(2) **エ**
4 (1) 決る→決める　(2) しづむ→しずむ
5 たつ
6 (1) **ア**　(2) **イ**　(3) **ウ**
7 (1) **イ**
(2)（例）感じ方によって、時間が過ぎるスピードはかわる。（23字）
(3) **イ**
(4)（例）熱中しているときには、時間は早く過ぎるから。
(5) **ア**　(6) 発見や感～つまった　(7) 変化する

解説

1 主語は「だれが（は）・何が（は）」にあたる言葉、述語は「どうした」にあたる言葉です。「なにを」「どのように」などのくわしく説明する言葉（修飾語）と間違えないように注意しましょう。

3 (1)「けっして」は「けっして～ない」、(2)「おそらく」は「おそらく～だろう」という形で使われます。

5 「見通しがたつ」は「見通しが定まる」、「うわさがたつ」は「うわさが知れ渡る」、「席をたつ」は「席から離れる」という意味です。

7 (2) ★の段落の一文目では具体的な内容が述べられており、それをまとめているのが二文目の「同じ長さであるはずなのに、きみの感じ方で……ゆっくりにもなる」という部分です。そこから指定字数以内にまとめましょう。

最高クラス
問題集

国　語

小学3年

旺文社

最高クラス
問題集

国　語
小学3年

旺文社

言語編

1 漢字（同訓異字・同音異義語・読み・書き）

ねらい　今までに学習した漢字を正しく読み書きする力をつける。また、読み方が同じで、意味が違う漢字を正しく使い分けられるようにする。

学習日　月　日

★標準レベル

15分　／100　答え7ページ

1 次の――線の漢字の読みとしてあてはまるものを一つえらび、記号で答えなさい。〈1点×5〉

(1) 悪人
ア しょう　**イ** わる　**ウ** ぜん　**エ** あく　［　］

(2) 遠泳
ア およ　**イ** かき　**ウ** えい　**エ** とう　［　］

(3) 世界
ア いき　**イ** かい　**ウ** けん　**エ** すじ　［　］

(4) 海岸
ア がん　**イ** てい　**ウ** こう　**エ** じょう　［　］

(5) 決行
ア し　**イ** じっ　**ウ** けっ　**エ** そっ　［　］

2 次の――線の漢字の読みを書きなさい。〈1点×15〉

(1) 習字のふでをあらう。［　］
(2) 図工でつかう道具。［　］
(3) 緑色のペンで書く。［　］
(4) 父が入院する。［　］
(5) 魚市場に行く。［　］
(6) 全員で考える。［　］
(7) 船よいで具合が悪い。［　］
(8) 去年の写真とくらべる。［　］
(9) 美しい音色。［　］
(10) 弟と勝負する。［　］
(11) 短歌を作る。［　］
(12) 友達と合作の作品。［　］
(13) 地域の行事にさんかする。［　］
(14) 神社のおまつりを見る。［　］
(15) 酒屋におつかいに行く。［　］

3 次の——線のひらがなを漢字に直したものとしてあてはまるものを一つえらび、記号で答えなさい。〈1点×10〉

(1) せい天にめぐまれる。
ア 正　イ 晴　ウ 星　エ 整　〔　　〕

(2) たぬきがばける。
ア 下　イ 科　ウ 化　エ 火　〔　　〕

(3) 身のまわりをきれいにする。
ア 外　イ 会　ウ 画　エ 回　〔　　〕

(4) フランスのきゅうでんの写真。
ア 宮　イ 休　ウ 級　エ 急　〔　　〕

(5) 鉄きょうをわたる。
ア 強　イ 教　ウ 橋　エ 京　〔　　〕

(6) く心して作文を書く。
ア 区　イ 具　ウ 九　エ 苦　〔　　〕

(7) げん気が出る。
ア 言　イ 元　ウ 原　エ 研　〔　　〕

(8) 金こをあける。
ア 古　イ 戸　ウ 庫　エ 湖　〔　　〕

(9) ご後は家にいる。
ア 後　イ 語　ウ 五　エ 午　〔　　〕

(10) こう園で遊ぶ。
ア 公　イ 広　ウ 口　エ 工　〔　　〕

4 次の——線のひらがなを漢字に直しなさい。〈1点×20〉

(1) むしばのちりょうをする。〔　　〕
(2) にっきちょうを買う。〔　　〕
(3) つかれたのできゅうそくをとる。〔　　〕
(4) ろじょうに車をとめる。〔　　〕
(5) ハンカチをよういする。〔　　〕
(6) のうちをたがやす。〔　　〕
(7) にもつをまとめる。〔　　〕
(8) つくえの中をせいりする。〔　　〕
(9) 家族でふなたびをする。〔　　〕
(10) ぎんこうにお金をあずける。〔　　〕
(11) しょくぶつを育てる。〔　　〕
(12) なやみをそうだんする。〔　　〕
(13) だいこんを買う。〔　　〕
(14) やきゅうの試合を見る。〔　　〕
(15) 先生がプリントをくばる。〔　　〕
(16) 友達のえんぴつをつかう。〔　　〕
(17) 朝早くおきる。〔　　〕
(18) ライバルにまけない気持ち。〔　　〕
(19) 落書きをけす。〔　　〕
(20) 百円玉がころがる。〔　　〕

5

次の――線のひらがなを漢字に直したものとしてあてはまるものを一つえらび、記号で答えなさい。〈1点×10〉

(1) 電車のせきがあく。
ア 明　イ 空　ウ 開　〔　　〕

(2) しっぱいのせきにんをおう。
ア 追　イ 負　〔　　〕

(3) 鳥を外にはなす。
ア 話　イ 放　〔　　〕

(4) 図書館に本をかえす。
ア 返　イ 帰　ウ 反　〔　　〕

(5) 優勝をきして練習する。
ア 記　イ 帰　ウ 期　〔　　〕

(6) はやくから仕度をする。
ア 早　イ 速　〔　　〕

(7) 大名につかえる。
ア 使　イ 仕　〔　　〕

(8) 時間通りに駅につく。
ア 付　イ 着　〔　　〕

(9) 富士山にのぼる。
ア 登　イ 上　〔　　〕

(10) 中学校の制服をきる。
ア 切　イ 着　〔　　〕

6

次の□に共通してあてはまる漢字を、あとから一つえらび、記号で答えなさい。〈1点×5〉

(1) □てる　□む　体□　〔　　〕

(2) □かい　□める　□度　〔　　〕

(3) □しむ　□い　□心　〔　　〕

(4) □かい　□い　□工　〔　　〕

(5) □なる　□い　体□　〔　　〕

ア 集　イ 習　ウ 温　エ 進　オ 細
カ 重　キ 育　ク 早　ケ 苦　コ 悲

7

次の――線のひらがなを漢字に直しなさい。〈1点×10〉

(1) さいわいなことに雨があがった。〔　　〕

(2) 友達のかわりにそうじをする。〔　　〕

(3) むねをそらしてじまんする。〔　　〕

(4) ここには朝市がたつ。〔　　〕

(5) ろうそくに火をてんじる。〔　　〕

(6) スプーンをまげる。〔　　〕

(7) 気分がかるくなる。〔　　〕

(8) 花だんに花をうえる。〔　　〕

(9) 町のゴミをひろう。〔　　〕

(10) となりの家にすむ。〔　　〕

8 次の――線のひらがなを漢字に直したものとしてあてはまるものを一つえらび、記号で答えなさい。〈1点×10〉

(1) えん内の多くの木々が赤くそまる。
ア 円　イ 遠　ウ 園　〔　　〕

(2) おう断歩道をわたる。
ア 央　イ 黄　ウ 横　〔　　〕

(3) 道ばたのごみをかい収する。
ア 回　イ 会　ウ 開　〔　　〕

(4) かん食をひかえる。
ア 感　イ 間　ウ 寒　〔　　〕

(5) きゅう速に町が発展する。
ア 球　イ 休　ウ 急　〔　　〕

(6) 江戸時代こう期の画家を調べる。
ア 後　イ 高　ウ 工　〔　　〕

(7) 先生にし名される。
ア 使　イ 仕　ウ 指　〔　　〕

(8) 対こう車をよける。
ア 向　イ 交　ウ 行　〔　　〕

(9) とう球練習をする。
ア 東　イ 投　ウ 当　〔　　〕

(10) 調査に同こうする。
ア 行　イ 工　ウ 向　〔　　〕

9 次の――線のひらがなを漢字に直しなさい。〈1点×15〉

(1) 気分をいっしんする。〔　　〕
(2) さくらがかいかする。〔　　〕
(3) この絵はかいしんの作だ。〔　　〕
(4) かきの場所に集合してください。〔　　〕
(5) 父はがいこうてきなせいかくだ。〔　　〕
(6) 新校舎のきこう式を行う。〔　　〕
(7) 体力をきょうかする。〔　　〕
(8) けっきさかんな若者。〔　　〕
(9) こうがくのために話を聞く。〔　　〕
(10) しめんをにぎわす。〔　　〕
(11) しんこうを深める。〔　　〕
(12) じんこうを調べる。〔　　〕
(13) 二点をせんしゅする。〔　　〕
(14) 少年時代をそうきする。〔　　〕
(15) ホタルのはっこうを調べる。〔　　〕

★★ 上級・最高レベル

20分

／100

答え8ページ

学習日　月　日

1 次の――線の漢字の読みを書きなさい。〈1点×5〉

(1) 寒中水泳をする。〔　　〕

(2) えんぴつを所持する。〔　　〕

(3) 間のぬけた表情。〔　　〕

(4) 九つのさら。〔　　〕

(5) 金あみをよじ登る。〔　　〕

2 次の――線のひらがなを漢字に直しなさい。送りがながあるものは、送りがなをつけて答えなさい。〈2点×5〉

(1) ピアノをおそわる。〔　　〕

(2) かかりの仕事をこなす。〔　　〕

(3) ふえをならす。〔　　〕

(4) たのしい時間をすごす。〔　　〕

(5) 先生にゆだねる。〔　　〕

3 次の――線のひらがなを漢字に直したものとしてあてはまるものを一つえらび、記号で答えなさい。〈1点×10〉

(1) 八えざくらがさく。　ア 絵　イ 重〔　　〕

(2) 友達の味かたをする。　ア 方　イ 形〔　　〕

(3) お客様がかみ座にすわる。　ア 紙　イ 神　ウ 上〔　　〕

(4) 大量の宿題にねを上げる。　ア 根　イ 音〔　　〕

(5) せんぷうきのは根がこわれる。　ア 葉　イ 歯　ウ 羽　エ 波〔　　〕

(6) 問題のかいけつをはかる。　ア 図　イ 計〔　　〕

(7) みをけずる思いではたらく。　ア 見　イ 身　ウ 実　エ 三〔　　〕

(8) 夏祭りでや台がならぶ。　ア 屋　イ 矢　ウ 家　エ 谷〔　　〕

(9) かならず行くとげん明する。　ア 元　イ 言　ウ 原〔　　〕

(10) 三年生しゅ体のチームを作る。　ア 主　イ 守　ウ 首　エ 手〔　　〕

4 次の——線と同じ漢字を書くものとしてあてはまるものを一つえらび、記号で答えなさい。〈1点×10〉

(1) しん友　ア 写(しゃ)しん　イ しん切　ウ 本しん　エ しん作　〔　　〕
(2) 実(じつ)よう　ア よう毛　イ よう上　ウ よう具(ぐ)　エ よう気　〔　　〕
(3) ゆう力　ア ゆう好(こう)　イ 左ゆう　ウ 理ゆう　エ ゆう線　〔　　〕
(4) 発(はつ)めい　ア めい実(じつ)　イ めい白　ウ 運(うん)めい　エ 共(きょう)めい　〔　　〕
(5) 細ぶん　ア ぶん集(しゅう)　イ ぶん具　ウ 新ぶん　エ ぶん野　〔　　〕
(6) どう時　ア どう様(よう)　イ どう向(こう)　ウ どう楽　エ どう話　〔　　〕
(7) と会　ア と書　イ と山　ウ と市　エ と地　〔　　〕
(8) 横(おう)てん　ア てん体　イ 運てん　ウ てん頭　エ 起(き)てん　〔　　〕
(9) ちゅう央(おう)　ア ちゅう意(い)　イ 電ちゅう　ウ ちゅう夜　エ ちゅう古　〔　　〕
(10) 外けん　ア けん当　イ けん民(みん)　ウ けん究(きゅう)　エ 世(せ)けん　〔　　〕

5 次の□に共通(きょうつう)してあてはまる漢字を、あとから一つえらび、記号で答えなさい。〈1点×10〉

(1) □げる　□りる　□校　〔　　〕
(2) □く　□ける　□花　〔　　〕
(3) □ける　上□　青□　〔　　〕
(4) □わる　□ざる　□流(りゅう)　〔　　〕
(5) □く　□う　□事　〔　　〕
(6) □い　□まる　病(びょう)□　〔　　〕
(7) □える　□す　□火　〔　　〕
(8) □きる　□える　□計　〔　　〕
(9) □く　□て　□体　〔　　〕
(10) □る　□ける　□実　〔　　〕

ア 注	イ 消	ウ 切	エ 空	オ 長
カ 開	キ 生	ク 上	ケ 着	コ 調
サ 強	シ 当	ス 下	セ 答	ソ 来
タ 弱	チ 交	ツ 全	テ 悲	ト 行

6

次の――線のひらがなを漢字に直しなさい。送りがながあるものは、送りがなをつけて答えなさい。〈1点×15〉

(1) 負けてもどうじない強い心。〔　〕
(2) 母にかわって料理をする。〔　〕
(3) 友達と目があう。〔　〕
(4) 赤い服をきて行く。〔　〕
(5) クラスの列をととのえる。〔　〕
(6) 夏休みの計画をねる。〔　〕
(7) 地球ははかりしれないほど大きい。〔　〕
(8) 話をまるくおさめる。〔　〕
(9) 今までの努力がみをむすぶ。〔　〕
(10) ぶたいがあん転する。〔　〕
(11) かれはクラスの人気ものだ。〔　〕
(12) 一日がやのようにすぎる。〔　〕
(13) よの中の動きを学ぶ。〔　〕
(14) 郷りをなつかしく思う。〔　〕
(15) ひ肉なけっかをくやむ。〔　〕

7

次のそれぞれの□に、読みが同じ、べつべつの漢字を書き、熟語をかんせいさせなさい。〈1点×20〉

(1) ボールが□転する。〔　〕
新しい本屋が□店する。〔　〕
(2) 新聞□者を目指す。〔　〕
□車に乗って旅行する。〔　〕
(3) みんなの□待にこたえる。〔　〕
水は□体、液体、固体に変化する。〔　〕
(4) たまごの□身を使って料理する。〔　〕
この道は夜になると□味が悪い。〔　〕
(5) 明日は創立記念日で□校だ。〔　〕
パトカーが□行する。〔　〕
(6) □長の話を聞く。〔　〕
ゆっくりした□調で話す。〔　〕
(7) 高□野菜を作る。〔　〕
一位になるとクラスで公□する。〔　〕
(8) 思□力を高める。〔　〕
平和志□が強い大統領。〔　〕
(9) 始□かれはだまっていた。〔　〕
四つの楽器による四□奏。〔　〕
(10) □者としてインタビューを受ける。〔　〕
□店街で買い物をする。〔　〕

8 次の文からまちがって使われている漢字をそれぞれぬき出し、正しい漢字を書きなさい。〈完答1点×10〉

(1) ちがう味方をしてみる。 [　　] → [　　]

(2) 友人のうちゅう飛行にせいこうする。 [　　] → [　　]

(3) 現代の生活洋式。 [　　] → [　　]

(4) この水は引用できる。 [　　] → [　　]

(5) 会場は午前十時だ。 [　　] → [　　]

(6) 子どもが手動する。 [　　] → [　　]

(7) 今週は一年前より葉が色づいている。 [　　] → [　　]

(8) 言葉の持つ五感を大切にする。 [　　] → [　　]

(9) 小数でも有力な集団。 [　　] → [　　]

(10) 消火のよい食べ物。 [　　] → [　　]

---

9 次の文章を読んで、あとの問いに答えなさい。〈2点×5・(2)完答〉

今日は午後から友達といっしょにサッカーをするやくそくがあったが、あまりに雨が強かったのでサッカーをあきらめて図書館に行った。ひさしぶりに行った図書館には多くの人がいて、図書館ではたらいている人が、多くの本を代車に乗せて①はこんでいた。友達の②じょげんを受けて、サッカーに③ついですきなれきしの本を読んでいたら、あっという間に夕方になっていた。たまには時間をわすれて読書をするのもいいものだと思った。これからは④あつい日も多くなるので、もっと図書館を利用しようと思う。

(1) ①～④の――線のひらがなを漢字に直しなさい。送りがながあるものは、送りがなをつけて答えなさい。

① [　　]　② [　　]

③ [　　]　④ [　　]

(2) 文章中のまちがって使われている漢字をぬき出し、正しい漢字を書きなさい。

[　　] → [　　]

言語編（げんごへん）

2 漢字（画数・筆順・部首・音読み訓読み）

ねらい
漢字の画数や筆順、部首を正しく判断できるようにする。熟語の音読み訓読みを区別できるようにする。

学習日　月　日

★標準レベル

10分

/100

答え9ページ

1 次の漢字の総画数としてあてはまるものを一つえらび、記号で答えなさい。〈2点×5〉

(1) 氷　ア 四　イ 五　ウ 六　エ 七　〔　〕
(2) 究　ア 五　イ 六　ウ 七　エ 八　〔　〕
(3) 号　ア 四　イ 五　ウ 六　エ 七　〔　〕
(4) 追　ア 八　イ 九　ウ 十　エ 十一　〔　〕
(5) 祭　ア 九　イ 十　ウ 十一　エ 十二　〔　〕

2 次のそれぞれの漢字の中で画数のことなるものを一つえらび、記号で答えなさい。〈2点×10〉

(1) ア 写　イ 水　ウ 予　エ 反　〔　〕
(2) ア 毎　イ 列　ウ 母　エ 米　〔　〕
(3) ア 安　イ 何　ウ 糸　エ 竹　〔　〕
(4) ア 泳　イ 画　ウ 姉　エ 弟　〔　〕
(5) ア 返　イ 服　ウ 麦　エ 役　〔　〕
(6) ア 海　イ 界　ウ 係　エ 所　〔　〕
(7) ア 雨　イ 使　ウ 客　エ 波　〔　〕
(8) ア 起　イ 宮　ウ 送　エ 弱　〔　〕
(9) ア 院　イ 教　ウ 週　エ 宿　〔　〕
(10) ア 船　イ 族　ウ 帳　エ 陽　〔　〕

3 次の漢字の赤字でしめした画は何画目に書きますか。漢数字で答えなさい。〈2点×10〉

(1) 丸〔　　〕 (2) 米〔　　〕 (3) 馬〔　　〕
(4) 区〔　　〕 (5) 式〔　　〕 (6) 乗〔　　〕
(7) 悲〔　　〕 (8) 世〔　　〕 (9) 皮〔　　〕
(10) 発〔　　〕

4 次の漢字の部首(ぶしゅ)の名前としてあてはまるものをあとから一つえらび、記号で答えなさい。〈2点×10〉

(1) 階〔　　〕 (2) 落〔　　〕 (3) 遊〔　　〕
(4) 守〔　　〕 (5) 横〔　　〕 (6) 待〔　　〕
(7) 指〔　　〕 (8) 部〔　　〕 (9) 仕〔　　〕
(10) 漢〔　　〕

ア にんべん　**イ** ぎょうにんべん
ウ さんずい　**エ** きへん
オ てへん　**カ** うかんむり
キ くさかんむり　**ク** こざとへん
ケ おおざと　**コ** しんにょう（しんにゅう）

5 次の漢字の部首の名前を答えなさい。〈1点×6〉

(1) 練〔　　〕 (2) 神〔　　〕
(3) 筆〔　　〕 (4) 調〔　　〕
(5) 写〔　　〕 (6) 庫〔　　〕

6 次の漢字の読みを答えなさい。また、その読みの説明(せつめい)としてあてはまるものをあとから一つえらび、記号で答えなさい。〈完答1点×24〉

(1) 新顔　読み〔　　〕　説明〔　　〕
(2) 荷物　読み〔　　〕　説明〔　　〕
(3) 客間　読み〔　　〕　説明〔　　〕
(4) 悪人　読み〔　　〕　説明〔　　〕
(5) 青空　読み〔　　〕　説明〔　　〕
(6) 茶色　読み〔　　〕　説明〔　　〕
(7) 坂道　読み〔　　〕　説明〔　　〕
(8) 係員　読み〔　　〕　説明〔　　〕
(9) 公園　読み〔　　〕　説明〔　　〕
(10) 音楽　読み〔　　〕　説明〔　　〕
(11) 石橋　読み〔　　〕　説明〔　　〕
(12) 雨具　読み〔　　〕　説明〔　　〕

ア 上の字も下の字も音読み
イ 上の字も下の字も訓読(くんよ)み
ウ 上の字が音読み、下の字は訓読み
エ 上の字が訓読み、下の字は音読み

★★ 上級・最高レベル

20分

学習日　月　日

/100

答え9ページ

1 次の漢字の総画数を漢数字で答えなさい。〈1点×12〉

(1) 暗〔　　〕　(2) 医〔　　〕
(3) 意〔　　〕　(4) 育〔　　〕
(5) 横〔　　〕　(6) 助〔　　〕
(7) 館〔　　〕　(8) 弓〔　　〕
(9) 級〔　　〕　(10) 兄〔　　〕
(11) 向〔　　〕　(12) 港〔　　〕

2 次の画数の漢字をあとから二つずつえらんで書きなさい。〈完答1点×5〉

(1) 九画〔　　〕〔　　〕
(2) 十一画〔　　〕〔　　〕
(3) 十二画〔　　〕〔　　〕
(4) 十三画〔　　〕〔　　〕
(5) 十五画〔　　〕〔　　〕

談	読	業	庭	球	進	昼
鳴	研	箱	運	配	楽	絵

3 次のそれぞれの漢字を画数の少ないじゅんにならべなさい。〈完答1点×8〉

(1) 羽　右　引〔　　〕→〔　　〕→〔　　〕
(2) 池　戸　央〔　　〕→〔　　〕→〔　　〕
(3) 曲　決　外〔　　〕→〔　　〕→〔　　〕
(4) 気　苦　近〔　　〕→〔　　〕→〔　　〕
(5) 首　学　角〔　　〕→〔　　〕→〔　　〕
(6) 夏　後　空〔　　〕→〔　　〕→〔　　〕
(7) 船　荷　開〔　　〕→〔　　〕→〔　　〕
(8) 駅　農　雲〔　　〕→〔　　〕→〔　　〕

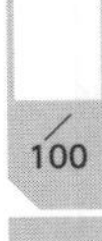

4 次のそれぞれの漢字の中で画数のことなるものを一つえらび、記号で答えなさい。〈1点×10〉

(1) ア 兄　イ 血　ウ 古　エ 広　〔　　〕
(2) ア 回　イ 休　ウ 交　エ 君　〔　　〕
(3) ア 花　イ 汽　ウ 金　エ 形　〔　　〕
(4) ア 茶　イ 育　ウ 岸　エ 受　〔　　〕
(5) ア 科　イ 計　ウ 紙　エ 負　〔　　〕
(6) ア 悪　イ 帰　ウ 根　エ 通　〔　　〕
(7) ア 魚　イ 商　ウ 第　エ 階　〔　　〕
(8) ア 電　イ 温　ウ 葉　エ 登　〔　　〕
(9) ア 感　イ 算　ウ 路　エ 話　〔　　〕
(10) ア 歌　イ 緑　ウ 聞　エ 線　〔　　〕

5 次の漢字の赤字の部分は何画目に書きますか。漢数字で答えなさい。〈1点×22〉

(1) 入〔　　〕
(2) 年〔　　〕
(3) 図〔　　〕
(4) 母〔　　〕
(5) 何〔　　〕
(6) 番〔　　〕
(7) 光〔　　〕
(8) 角〔　　〕
(9) 長〔　　〕
(10) 様〔　　〕
(11) 反〔　　〕
(12) 有〔　　〕
(13) 右〔　　〕
(14) 左〔　　〕
(15) 水〔　　〕
(16) 火〔　　〕
(17) 十〔　　〕
(18) 上〔　　〕
(19) 氷〔　　〕
(20) 友〔　　〕
(21) 起〔　　〕
(22) 遊〔　　〕

6 次の漢字の部首の名前を答えなさい。〈1点×10〉

(1) 原 〔　〕
(2) 広 〔　〕
(3) 後 〔　〕
(4) 四 〔　〕
(5) 柱 〔　〕
(6) 客 〔　〕
(7) 秒 〔　〕
(8) 味 〔　〕
(9) 登 〔　〕
(10) 顔 〔　〕

7 次の部首をもつ漢字としてあてはまるものをあとから二つずつえらんで書きなさい。〈完答1点×5〉

(1) ゆみ 〔　〕〔　〕
(2) のぶん 〔　〕〔　〕
(3) なべぶた 〔　〕〔　〕
(4) あなかんむり 〔　〕〔　〕
(5) おいかんむり 〔　〕〔　〕

数	京	空	室	考	雪	岩
雲	交	弟	弱	放	者	究

8 次の漢字に同じ部首をつけるとべつの漢字になります。その部首の名前をひらがなで答えなさい。〈1点×5〉

(1) 何　古　早 〔　〕
(2) 首　反　周 〔　〕
(3) 会　田　泉 〔　〕
(4) 周　寺　十 〔　〕
(5) 青　音　寺 〔　〕

9 次の漢字の部首の名前をひらがなで答えなさい。また、その部首のもとになった漢字としてあてはまるものをあとから一つえらび、記号で答えなさい。〈完答1点×5〉

(1) 社　部首名〔　〕　漢字〔　〕
(2) 列　部首名〔　〕　漢字〔　〕
(3) 拾　部首名〔　〕　漢字〔　〕
(4) 倍　部首名〔　〕　漢字〔　〕
(5) 深　部首名〔　〕　漢字〔　〕

ア 金	イ 月	ウ 土
エ 人	オ 示	カ 手
キ 水	ク 刀	ケ 日

10 次の漢字の読みを二つ答えなさい。また、それぞれの読みの説明としてあてはまるものをあとから一つえらび、記号で答えなさい。〈完答1点×6〉

(1) 生物 読み〔　〕説明〔　〕 読み〔　〕説明〔　〕

(2) 人気 読み〔　〕説明〔　〕 読み〔　〕説明〔　〕

(3) 見物 読み〔　〕説明〔　〕 読み〔　〕説明〔　〕

(4) 寒気 読み〔　〕説明〔　〕 読み〔　〕説明〔　〕

(5) 色紙 読み〔　〕説明〔　〕 読み〔　〕説明〔　〕

(6) 草原 読み〔　〕説明〔　〕 読み〔　〕説明〔　〕

ア 上の字も下の字も音読み
イ 上の字も下の字も訓読み
ウ 上の字が音読み、下の字は訓読み
エ 上の字が訓読み、下の字は音読み

---

11 次の漢字の読みを答えなさい。また、その読みの説明としてあてはまるものをあとから一つえらび、記号で答えなさい。〈完答1点×12〉

(1) 地元 読み〔　〕説明〔　〕

(2) 安心 読み〔　〕説明〔　〕

(3) 仕事 読み〔　〕説明〔　〕

(4) 船旅 読み〔　〕説明〔　〕

(5) 横線 読み〔　〕説明〔　〕

(6) 雪道 読み〔　〕説明〔　〕

(7) 活動 読み〔　〕説明〔　〕

(8) 台所 読み〔　〕説明〔　〕

(9) 医者 読み〔　〕説明〔　〕

(10) 合図 読み〔　〕説明〔　〕

(11) 夕日 読み〔　〕説明〔　〕

(12) 見本 読み〔　〕説明〔　〕

ア 上の字も下の字も音読み
イ 上の字も下の字も訓読み
ウ 上の字が音読み、下の字は訓読み
エ 上の字が訓読み、下の字は音読み

3 ことわざ・慣用句・四字熟語

★標準レベル

20分　／100　答え11ページ

学習日　月　日

ねらい　ことわざ・慣用句・四字熟語について、入試問題を解く力をつける。

1 次のことわざの□にあてはまる言葉をあとから一つえらび、記号で答えなさい。〈2点×9〉

(1) 雨降って□固まる　〔　〕
(2) 縁の下の□持ち　〔　〕
(3) 亀の甲より□の功　〔　〕
(4) 光陰□のごとし　〔　〕
(5) すべての□はローマに通ず　〔　〕
(6) □とすっぽん　〔　〕
(7) □から出たさび　〔　〕
(8) 病は□から　〔　〕
(9) 焼け□に水　〔　〕

ア 矢　**イ** 月　**ウ** 気　**エ** 力　**オ** 石
カ 年　**キ** 友　**ク** 地　**ケ** 身　**コ** 道

2 次のことわざの意味としてあてはまるものをそれぞれあとから一つえらび、記号で答えなさい。〈2点×3〉

(1) 一寸先は闇
ア 先のことを考えないと悪いことが起こる。
イ 先のことはわからないから、用心がひつようだ。
ウ 先のことはどうなるかわからない。
エ 先のことを考えて行動するとよい。　〔　〕

(2) 果報は寝て待て
ア あせらずに待っているとよいことがある。
イ 一生けんめいがんばるとかならずよいことがある。
ウ きそく正しい生活をしているとよいことが起こる。
エ 寝る時間を少なくしてもよいことはない。　〔　〕

(3) 三日見ぬ間の桜
ア ちょうどよい時期をのがすこと。
イ 世の中のかわる様子が速いこと。
ウ 世の中の動きに敏感なこと。
エ 少しのさで幸運にめぐり合うこと。　〔　〕

3

次のことわざと同じような意味をもつものをあとから一つえらび、記号で答えなさい。〈1点×8〉

(1) 石橋をたたいて渡る　〔　〕
(2) かっぱの川流れ　〔　〕
(3) うそから出たまこと　〔　〕
(4) 医者の不養生　〔　〕
(5) かわいい子には旅をさせよ　〔　〕
(6) 必要は発明の母　〔　〕
(7) 聞いて極楽見て地獄　〔　〕
(8) 雉も鳴かずば撃たれまい　〔　〕

ア 猿も木から落ちる
イ 紺屋の白袴
ウ 口はわざわいの元
エ ひょうたんからこまが出る
オ 念には念を入れる
カ 見ると聞くとは大ちがい
キ 獅子の子落とし
ク 蛇の道は蛇
ケ 窮すれば通ず
コ 子はかすがい

4

次のことわざと反対の意味をもつものをあとから一つえらび、記号で答えなさい。〈1点×8〉

(1) あばたもえくぼ　〔　〕
(2) あとは野となれ山となれ　〔　〕
(3) 木から落ちた猿　〔　〕
(4) たなからぼたもち　〔　〕
(5) うりのつるになすびはならぬ　〔　〕
(6) やぶをつついて蛇を出す　〔　〕
(7) 山椒は小粒でもぴりりとからい　〔　〕
(8) 先んずれば人を制す　〔　〕

ア 虎穴に入らずんば虎子を得ず
イ ちりもつもれば山となる
ウ 坊主憎けりゃ袈裟まで憎い
エ さわらぬ神にたたりなし
オ 水を得た魚のよう
カ 急がば回れ
キ 立つ鳥あとをにごさず
ク うどの大木
ケ とんびがたかを生む
コ 転ばぬ先のつえ

5 次の慣用句の意味としてあてはまるものをあとから一つえらび、記号で答えなさい。〈1点×10〉

(1) 図に乗る〔　〕
(2) 地団駄を踏む〔　〕
(3) 首をつっこむ〔　〕
(4) ごまをする〔　〕
(5) けりをつける〔　〕
(6) 茶々を入れる〔　〕
(7) しびれを切らす〔　〕
(8) ねじがゆるむ〔　〕
(9) さじを投げる〔　〕
(10) つぶがそろう〔　〕

ア 待ちくたびれてがまんができなくなること。
イ 決着をつけること。
ウ とてもくやしがること。
エ 集まった物や人のすべてがすぐれていること。
オ いばったり、思い上がったりすること。
カ 興味があって、自分からかかわること。
キ 人に気に入られるようにふるまうこと。
ク 心がたるんで、だらしなくなること。
ケ これ以上見込みがないとあきらめること。
コ 相手が話しているときにじゃまをすること。

6 次の言葉が（　）の意味の慣用句になるように、□にあてはまる語をあとから一つえらび、記号で答えなさい。〈1点×10〉

(1) □を運ぶ（わざわざ訪問する）〔　〕
(2) 大きな□をする（いばってえらそうな態度をとる）〔　〕
(3) うしろ□をさされる（かげで悪口を言われる）〔　〕
(4) □が立つ（ぎじゅつなどがすぐれている）〔　〕
(5) □火を切る（一番はじめにものごとをする）〔　〕
(6) うら□に出る（よいと思ってやったことがよくないけっかになる）〔　〕
(7) □を巻く（おどろいたり感心したりする）〔　〕
(8) □が下がる（相手の行いなどをそんけいする）〔　〕
(9) □がつけられない（どうすればよいかわからない）〔　〕
(10) □をひねる（自分の考えとちがうなどするために考えこむ）〔　〕

ア 口　イ 顔　ウ 頭　エ 指　オ 腕
カ 足　キ 首　ク 目　ケ 手　コ 舌

7 次の言葉が（　）の意味の四字熟語になるように、□にあてはまる漢数字を答えなさい。〈2点×15〉

(1) □日千秋（とても待ち遠しいこと）〔　　〕

(2) □客万来（次から次へ多くの客が来ること）〔　　〕

(3) □部始終（始めから終わりまで全部）〔　　〕

(4) □寒四温（寒い日がつづいたあとに、あたたかい日がつづくことがくり返されること）〔　　〕

(5) 岡目□目（かかわっている人よりそばで見ている人のほうが、その本質がわかること）〔　　〕

(6) 舌先□寸（口先だけで相手をあしらうこと）〔　　〕

(7) 四□時中（一日中）〔　　〕

(8) 三拝□拝（何度も頭を下げてたのむこと）〔　　〕

(9) 二束□文（とてもねだんが安いこと）〔　　〕

(10) □刀両断（思い切って処理すること）〔　　〕

(11) □方美人（みんなによく思われようとふるまうこと）〔　　〕

(12) 一望□里（広々して見晴らしがよいこと）〔　　〕

(13) □転八起（何度しっぱいしてもまた立ち上がること）〔　　〕

(14) 議論□出（多くの意見が出て活発に議論されること）〔　　〕

(15) 再三再□（何度もくり返すこと）〔　　〕

---

8 次のそれぞれの□に同じ漢字を入れて四字熟語をかんせいさせるとき、あてはまるものをあとから一つえらび、記号で答えなさい。〈1点×10〉

(1) □画□賛〔　　〕

(2) □信□疑〔　　〕

(3) □立□歩〔　　〕

(4) □材□所〔　　〕

(5) 以□伝□〔　　〕

(6) 四□八□〔　　〕

(7) □栄□存〔　　〕

(8) □種□様〔　　〕

(9) □平□満〔　　〕

(10) □思□愛〔　　〕

ア 相　イ 去　ウ 苦　エ 独　オ 向
カ 追　キ 自　ク 多　ケ 他　コ 異
サ 定　シ 反　ス 半　セ 負　ソ 心
タ 適　チ 不　ツ 意　テ 共　ト 守

★★ 上級・最高レベル

20分

／100

答え11ページ

学習日　月　日

1 □にあてはまる語を漢字一字で答えなさい。〈西武学園文理中学校〉〈2点×4〉

(1) カッパの□流れ。［　］

(2) 飛んで火に入る□の虫。［　］

(3) 二階から□薬。［　］

(4) □の上にも三年。［　］

2 次のことわざの□に漢数字を入れ、その数の大きいものから順番に並べ、記号(**ア**〜**オ**)で答えなさい。〈早稲田実業学校中等部〉〈完答2点〉

ア 雀□まで踊り忘れず

イ □人寄れば文殊の知恵

ウ 悪事□里を走る

エ 人の噂も□日

オ 腹□分目に医者いらず

［　］

3 次のことわざには間違いがあります。その部分をぬき出し、正しい言葉を書きなさい。また、正しい意味を次の**ア**〜**カ**の中から一つ選び、それぞれ記号で答えなさい。〈昭和女子大学附属昭和中学校〉〈完答3点×4〉

(1) 牛の耳に念仏
ぬき出し［　］正しい言葉［　］意味［　］

(2) 鳥も木から落ちる
ぬき出し［　］正しい言葉［　］意味［　］

(3) とらぬキツネの皮算用
ぬき出し［　］正しい言葉［　］意味［　］

(4) 一寸のハチにも五分のたましい
ぬき出し［　］正しい言葉［　］意味［　］

ア どうなるかわからないのに、期待し過ぎること。
イ 優れた才能のある者は、それを見せびらかさないということ。
ウ 自分に適した場所で生き生きと動き回ること。
エ どんな名人でも、失敗することがあるということ。
オ どんなに言って聞かせてもききめがないこと。
カ どんなに弱いものにも意地があるということ。

4 □の中の言葉を三つ組み合わせて、次の意味を表す慣用句をそれぞれ作りなさい。〈和洋九段女子中学校〉〈3点×4〉

(1) 過去のもめごとをなかったことにすること。〔　　〕

(2) 雑談で時間をつぶすこと。〔　　〕

(3) 相性がいいこと。〔　　〕

(4) 相手を冷たくあつかうこと。〔　　〕

はな	みず	あぶら	うま	が	を
うる	あう	ながす	あしらう	に	で

5 次の各文の□にそれぞれ体の一部を表す漢字一字を入れ、下にある熟語が表す意味となるように、慣用句を完成させなさい。〈高輪中学校〉〈3点×3〉

(1) □をかかえる。……苦悩〔　　〕

(2) □にかける。……得意〔　　〕

(3) □を出す。……出席〔　　〕

---

6 次の慣用句・ことわざのグループについて、それぞれのア～エの□に当てはまる言葉に共通するものは何ですか。それぞれ漢字一字で答えなさい。〈高輪中学校〉〈3点×3〉

(1)
ア □の一声…有力者の一言で議論が決まること。
イ □がねぎを背負ってくる…都合の良いことが重なって、ますます都合が良くなること。
ウ □の涙…ほんのわずかであること。
エ □のみにする…人の言葉をよく考えないで、そのまま受け入れてしまうこと。
〔　　〕

(2)
ア □の他人…何の関係もない、まったくの他人。
イ □菜に塩…すっかり元気をなくしたさま。
ウ □い目で見る…冷たい目つきで見ること。
エ 腹が□い…根性が悪いこと。
〔　　〕

(3)
ア □を読む…数をごまかして利を得ること。
イ □のぼり…物事がどんどんのぼっていく様子。
ウ □の頭も信心から…どんなつまらないものでも、信心するとありがたく思われること。
エ 腐っても□…もともと優れた性質を持つものは、落ちぶれても値打ちがあるということ。
〔　　〕

7

次の慣用句の□にあてはまることばを、左の（　）内の意味になるように、後の**ア**～**オ**の中からそれぞれ一つずつ選び、記号で書きなさい。

〈共立女子中学校〉〈3点×5〉

(1) □が立つ
（世間に対する名誉が保たれる）
ア 足　**イ** 息　**ウ** 腕　**エ** 顔　**オ** 口　〔　　〕

(2) 口が□ない
（次々と負け惜しみや言い逃れを言う）
ア かたく　**イ** 軽く　**ウ** すべら　**エ** 焼か　**オ** 減ら　〔　　〕

(3) 腹を□
（覚悟を決める）
ア かかえる　**イ** くくる　**ウ** たてる　**エ** いためる　**オ** きる　〔　　〕

(4) 二の□
（他の人と同じ失敗を繰り返すこと）
ア 足　**イ** 句　**ウ** 舞　**エ** 次　**オ** 腕　〔　　〕

(5) □を焼く
（取り扱いに困る）
ア 手　**イ** 頭　**ウ** 舌　**エ** 肩　**オ** 爪　〔　　〕

8

次の枠内の漢字を用いて四字熟語を三つ作るには一字足りません。その足りない漢字一字を答えなさい。

〈攻玉社中学校〉〈3点×4〉

(例) 〔刀〕

機	柔	一
両	断	優
危	不	髪

危機一髪
優柔不断
一刀両断

解答：刀

(1) 〔　　〕

言	同	大
異	敵	断
小	油	語

(2) 〔　　〕

得	利	一
心	害	失
機	挙	両

(3) 〔　　〕

明	大	我
山	引	公
水	田	紫

(4) 〔　　〕

深	気	味
長	意	無
合	燥	乾

9 次の□に同じ漢字を入れて、四字熟語を完成させなさい。

〈桜美林中学校〉〈4点〉

□人□色

［　　］

10 次の四字熟語の□の部分に当てはまる漢字を語群の中から選び、記号で答えなさい。

〈桐光学園中学校〉〈2点×4〉

(1) 温故□新（昔のことを研究し、新しい方法などを見つけ出すこと。）［　　］

(2) 因果□報（良い行い、悪い行いには、必ずむくいがあること。）［　　］

(3) 大器□成（すぐれた人物は、年をとるにつれてりっぱになること。）［　　］

(4) 前代□聞（今まで聞いたこともないようなめずらしいこと。）［　　］

【語群】

ア 値　イ 王　ウ 髪　エ 板　オ 味
カ 治　キ 晩　ク 央　ケ 番　コ 発
サ 知　シ 初　ス 応　セ 欧　ソ 絶
タ 地　チ 説　ツ 万　テ 道　ト 未

11 次の意味を表す四字熟語を一つ選び、記号で答えなさい。

〈国学院大学久我山中学校〉〈3点〉

「自分の考えをもたず、簡単にほかの人の意見にしたがうこと。」

ア 付和雷同　イ 疑心暗鬼
ウ 暗中模索　エ 優柔不断

［　　］

12 次の文の——線部の意味を表す最も適切な四字熟語を後のア〜エより一つ選び、記号で答えなさい。

〈国府台女子学院中学部〉〈3点〉

誰もが勝利をあきらめていた試合で、彼が絶望的な状態を立て直すホームランを打ち、形勢が逆転した。

ア 絶体絶命　イ 起死回生
ウ 完全無欠　エ 一挙両得

［　　］

13 次の「四字熟語」の空らんには「対義（反対の意味）」の漢字が入りますが、それを答えなさい。

〈芝浦工業大学附属中学校〉〈完答3点〉

□往□往

［　　・　　］

復習(ふくしゅう)テスト①

10分

/100

答え12ページ

学習日　月　日

1 次(つぎ)の□に共通(きょうつう)して入る漢字(かんじ)としてあてはまるものを、あとから一つえらび、記号(きごう)で答えなさい。〈2点×5〉

(1) □く　□らす　悲(ひ)□

(2) □つ　□る　□流(りゅう)

(3) □う　□ける　自□

(4) □まる　□める　□期(き)

(5) □ちに　□る　正□

ア 定	**イ** 転	**ウ** 乗	**エ** 放	**オ** 追
カ 着	**キ** 鳴	**ク** 通	**ケ** 負	**コ** 直

2 次の——線のひらがなを漢字に直しなさい。送(おく)りがながあるものは、送りがなをつけて答えなさい。〈2点×5〉

(1) 犬についてしらべる。

(2) 悪事がおうこうする。

(3) 友達(ともだち)と駅(えき)であう。

(4) けっき集会(しゅうかい)を開(ひら)く。

(5) こうせいな取(と)り引(ひ)きをする。

3 次の画数の漢字をあとから二つずつえらんで書きなさい。〈2点×10〉

(1) 七画

(2) 八画

(3) 九画

(4) 十画

(5) 十一画

着	送	宮	波	麦	委	向
船	肉	局	登	級	院	週

4 次の漢字の部首(ぶしゅ)の名前を答えなさい。〈2点×10〉

(1) 引　(2) 運

(3) 泳　(4) 園

(5) 荷　(6) 間

(7) 休　(8) 究

(9) 原　(10) 広

5 次の漢字の読みを答えなさい。また、その読みの説明としてあてはまるものをあとから一つえらび、記号で答えなさい。〈完答2点×7〉

(1) 荷台　読み〔　　〕説明〔　　〕
(2) 感動　読み〔　　〕説明〔　　〕
(3) 駅前　読み〔　　〕説明〔　　〕
(4) 丸太　読み〔　　〕説明〔　　〕
(5) 口数　読み〔　　〕説明〔　　〕
(6) 金庫　読み〔　　〕説明〔　　〕
(7) 相場　読み〔　　〕説明〔　　〕

ア 上の字も下の字も音読み
イ 上の字も下の字も訓読み
ウ 上の字が音読み、下の字は訓読み
エ 上の字が訓読み、下の字は音読み

6 次の□にあてはまる語を漢字一字で答えなさい。〈2点×5〉

(1) 言わぬが□　〔　　〕
(2) 学問に□道なし　〔　　〕
(3) 住めば□　〔　　〕
(4) □は金なり　〔　　〕
(5) にがした□は大きい　〔　　〕

---

7 次の□にそれぞれ体の一部を表す漢字一字を入れ、下にある言葉が表す意味となるように、慣用句をかんせいさせなさい。〈2点×3〉

(1) □が下がる……感心　〔　　〕
(2) □をしかめる……ふかい　〔　　〕
(3) □をかしげる……疑問　〔　　〕

8 次の四字熟語の□にあてはまる漢字を【語群】の中から一つえらび、記号で答えなさい。〈2点×5〉

(1) 意味深□（言葉に表れない深い意味があること。）〔　　〕
(2) 起死□生（悪いじょうたいがよくなること。）〔　　〕
(3) 急転直□（なりゆきがかわって急に解決に向かうこと。）〔　　〕
(4) □明正大（心にやましいところがなく、どうどうとしていること。）〔　　〕
(5) 電光□火（行動がひじょうに速いこと。）〔　　〕

【語群】
ア 日　**イ** 一　**ウ** 長　**エ** 千　**オ** 下
カ 公　**キ** 回　**ク** 石　**ケ** 万　**コ** 上

4 文節と単語

ねらい
主語やかかる言葉、動作を説明する言葉など、言葉の決まりについての問題を解く力をつける。

学習日　月　日

★標準レベル

10分　／100　答え 13ページ

1 次の文の主語としてあてはまるものを一つえらび、記号で答えなさい。〈2点×5〉

(1) ア わたしは　イ 妹と　ウ いっしょに　エ 学校に　オ 行った。　［　　］

(2) ア 今年も　イ 多くの　ウ 雪が　エ 山に　オ つもった。　［　　］

(3) ア 去年の　イ 夏と　ウ 同じように　エ 今年の　オ 夏も　カ 暑い。　［　　］

(4) ア 七月こそ　イ わたしが　ウ すきな　エ きせつです。　［　　］

(5) ア 大きな　イ 犬が　ウ 弟を　エ 追いかけた。　［　　］

2 次の文の説明としてあてはまるものを、あとの**ア**〜**ウ**の中から一つえらび、記号で答えなさい。〈2点×5〉

(1) この　本は　とても　おもしろい。　［　　］

(2) むこうに　見えるのが　わたしの　妹だ。　［　　］

(3) わたしは　明日の　朝　散歩を　する。　［　　］

(4) あれは　友達が　かいた　絵です。　［　　］

(5) これを　見たら　先生は　きっと　おこる。　［　　］

ア 何が（は）――どうする。　**イ** 何が（は）――どんなだ。　**ウ** 何が（は）――何だ。

3 次の文の～～線部がかかる言葉を、それぞれの**ア**〜**ウ**の中から一つえらび、記号で答えなさい。〈2点×5〉

(1) たくさんの　ア 人が　イ 公園に　ウ 集まった。　［　　］

(2) ア 夜空の　イ 星が　きらきらと　ウ 光る。　［　　］

(3) ア 書いた　イ 手紙を　ゆうびんで　ウ 送る。　［　　］

(4) 早朝　ア 家の　イ チャイムが　ウ 鳴った。　［　　］

(5) 外で　ア 食べる　イ ごはんは　ウ おいしい。　［　　］

4 次の文の□にあてはまるものを、あとの**ア**〜**カ**の中から一つえらび、記号で答えなさい。〈2点×5〉

(1) 弟のせが□のびる。 〔　　〕
(2) 予定がなかったので□家にいた。 〔　　〕
(3) かぜで頭が□いたむ。 〔　　〕
(4) アメリカから□日本に来る。 〔　　〕
(5) 友達はどんなことにも□答える。 〔　　〕

ア たまたま　**イ** ずきずき　**ウ** はきはき
エ ぐんぐん　**オ** わざわざ　**カ** しとしと

5 次の文の□にあてはまるものを、あとの**ア**〜**カ**の中から一つえらび、記号で答えなさい。〈4点×5〉

(1) □雨がふったら、野球は中止だ。 〔　　〕
(2) □明日は雪がふるだろう。 〔　　〕
(3) 次の試合には□出たい。 〔　　〕
(4) 夜の学校なんて□こわくない。 〔　　〕
(5) □今日学校を休んだの。 〔　　〕

ア ぜひ　**イ** きっと　**ウ** どうして
エ もし　**オ** どうぞ　**カ** 少しも

---

6 次の文は日本語として正しくありません。正しい日本語になるように、——線部を直して書きなさい。〈5点×8〉

(1) わたしのすきなことは、本を読みます。 〔　　〕
(2) 夜ふかしをしたので、朝からねむくなかった。 〔　　〕
(3) ぼくはきのう図書館に行く。 〔　　〕
(4) 妹がかいた絵が、学校にかざっている。 〔　　〕
(5) もしも雪がふったので、雪だるまを作ろう。 〔　　〕
(6) おそくまであそんでいると、父にしかる。 〔　　〕
(7) 弟はちっともわたしの話を聞く。 〔　　〕
(8) 明日はたぶん雨がふった。 〔　　〕

1 次の中からそれぞれ主語をぬき出し、記号で答えなさい。
〈和洋九段女子中学校〉〈3点×3〉

(1) アいつも イ仲間を ウ思いやる エあなたこそ オクラスの カリーダーに キふさわしい。

(2) ア最近、イスーパーで ウ売られて エいる オみかんも カずいぶん キ高く クなった。

(3) アあなたなら イきっと ウこの エ難しい オ国語の カ問題を キ制限時間以内に ク解けるでしょう。

2 次のそれぞれの文について、その文の主語にあたるものを選び、記号で答えなさい。なお、主語にあたるものがない場合は「**オ**」と答えなさい。
〈女子聖学院中学校〉〈3点×3〉

(1) アぼくにとって イ一番の ウ楽しみは エ旅行だ。

(2) ア弟も イぼくと ウ同じく エ旅行好きだ。

(3) アあしたは イ旅行に ウ出かけようと エ思う。

3 次の——線部の言葉は**ア**～**カ**のどの言葉にかかって（修飾して）いますか。また、(3)の文の主語はどれですか。それぞれ記号で答えなさい。
〈栄東中学校〉〈3点×3〉

(1) 大声で ア遠くの イ友だちを ウ呼ぶため エ大きく オ息を カ吸いこんだ。

(2) 春に アきれいな イ花が ウさくには エ冬を オたえる カ必要がある。

(3) ア全速力で イ走り去った ウ少年の エ後ろを オ夕日が カ照らしている。

4 **ふわりと** がかかっている部分を、次の**ア**～**エ**の中から一つ選び記号で答えなさい。
〈東洋英和女学院中学部・改〉〈3点〉

アほし草は **ふわりと、** やわらかに イ温かく ウ久助君を エうけとった（新美南吉『久助君の話』）

5 次の二重傍線部の語句が、ア～オのどの語句にかかっているかをそれぞれ記号で答えなさい。〈公文国際学園中等部〉〈3点×3〉

(1) あなたの ア夢が イいつか ウかなう エことを オ祈る。 〔　〕

(2) あれは アかつて イぼくが ウ住んで エいた オ家だ。 〔　〕

(3) もっと ア私が イ早く ウここに エ来れば オよかった。 〔　〕

6 次の――線部「とっさに」はどこにかかるか。最もふさわしいものを次の中から選び、記号で答えなさい。〈早稲田実業学校中等部・改〉〈4点〉

わたしはとっさに目をそらして、わかめごはんを一気にかき込む。（こまつあやこ『リマ・トウジュ・リマ・トウジュ・トウジュ』）

ア 目を　イ そらして　ウ わかめごはんを
エ 一気に　オ かき込む　〔　〕

7 次の――線部はどの語にかかっているか。それぞれ一文節でぬき出しなさい。〈鎌倉女学院中学校・改〉〈5点×2〉

ゆい「日本語①すごく上手になってきたね。もう心配いらないくらい。」
サラ「そんなことないよ。まだいろいろ不安なの。特に敬語が苦手なんだ。」
ゆい「大丈夫、②すぐに敬語を話すのに慣れるよ。」

① 〔　〕
② 〔　〕

8 次の□に入れるのにふさわしいひらがなの言葉を、それぞれ指定の字数で考えて答えなさい。〈女子聖学院中学校〉〈4点×3〉

(1) [三字]自分が学級委員になるとは思わなかった。 〔　〕

(2) [二字]雨になったとしても、傘があるから大丈夫だ。 〔　〕

(3) 料理が多くて[三字]食べきれそうもない。 〔　〕

9 次の□にあてはまる言葉を、後の**ア**～**エ**の中からそれぞれ選び、記号で答えなさい。

〈和洋九段女子中学校〉〈3点×6〉

(1)

1 □見当がつかない。 〔　〕

2 □まちがいとは言えない。 〔　〕

3 □変わった様子はない。 〔　〕

ア やおら　**イ** かいもく

ウ べつだん　**エ** あながち

(2)

1 □絵のような美しさだ。 〔　〕

2 □経過は順調だ。 〔　〕

3 □時間だけが過ぎた。 〔　〕

ア おおむね　**イ** いたずらに

ウ ゆうに　**エ** まるで

---

10 次の A ～ D に入る最も適切な語を次から選び、それぞれ記号で答えなさい。ただし、同じものを二度用いてはいけません。〈栄東中学校・改〉〈2点×4〉

(1) 下駄をカラカラと鳴らしながら、すっかり日暮れた道を歩く。道路にそって流れる小さな川から、 A と水の流れる音がする。 〔　〕

(2) 「どうしたの？　ケンカでもしたの？」

「してないよ」

有里は下駄をぬぐと、 B と自分たちが寝泊りしている客間のほうに向かった。 〔　〕

(3) 「どうして……？」

有里の目から、 C と涙が落ちた。

「どうして、我慢するのは、いつも私なの？」 〔　〕

(4) 「私立の中学に行ってるなんて、格好いいよね」

言葉も標準語で、いつもはもっと D 話すのに、すごくしゃべりにくそうだ。 〔　〕

(1)～(4)　草野たき「いつかふたりで」(『もうひとつの夏休み。』〈ジャイブ〉所収)

ア とぼとぼ　**イ** さわさわ

ウ すらすら　**エ** はらはら

11

空欄［A］～［C］に入る適当な語を次の中からそれぞれ選んで、記号で答えなさい。〈穎明館中学校・改〉〈2点×3〉

(1)「星座！」

布団から［A］と身を起こしてチエミを指さす。チエミはちょっと布団の下の背中をびくつかせて、それからうっとうしそうに頭を出した。

［　　］

(2) ふたりともまだ居間に居るのか、姿はない。隅に布団が積んであって、真ん中には［B］と闇が集まった空間があるだけだ。

［　　］

(3)「あの歌も、お母さんがうたってくれたんだよ。ねえちゃん、［C］寝てたから知らないんだろうけど」

暗闇に慣れてきたのか、横を見たらチエミがまぶしそうに偽物の星をあおぐのが見えた。

［　　］

(1)～(3) 豊島ミホ『だって星はめぐるから』

ア ぐっすり　イ はっきり　ウ のんびり
エ ぽっかり　オ がばり

12

空欄［A］に入る語句として最も適切なものを次の中から選び、記号で答えなさい。〈富士見中学校・改〉〈3点〉

朝食に、フトンみたいなぶあついトーストを食べさせてもらった。ナンのベーコン・エッグが食べたいなってちょっと思ったけど、フトン・トーストだけでお腹がいっぱいになってしまった。トーストは［A］していて、前歯の形がはっきり残った。トーストなのに、なんか、米の味がした。

（岩城けい『ジャパン・トリップ』）

［　　］

ア カリカリ　イ パリパリ
ウ ねちねち　エ こりこり

1章

言語編

5 かなづかい・送りがな

漢字を理解する基礎となるかなづかいや、訓読みの漢字の送りがなについて正しく理解できるようになる。

学習日　月　日

★標準レベル

10分

/100

答え14ページ

1 次の言葉のうち、かなづかいが適当なほうをえらび、記号で答えなさい。〈1点×10〉

(1) **ア** おおえん　**イ** おうえん　〔　〕
(2) **ア** ろうそく　**イ** ろおそく　〔　〕
(3) **ア** れいぞう　**イ** れえぞう　〔　〕
(4) **ア** きづぐち　**イ** きずぐち　〔　〕
(5) **ア** ずのう　**イ** づのう　〔　〕
(6) **ア** ちぢむ　**イ** ちじむ　〔　〕
(7) **ア** せえと　**イ** せいと　〔　〕
(8) **ア** いじわる　**イ** いぢわる　〔　〕
(9) **ア** じみち　**イ** ぢみち　〔　〕
(10) **ア** あづける　**イ** あずける　〔　〕

2 次の漢字の読みがなを書きなさい。〈2点×8〉

(1) 王様〔　〕　(2) 地図〔　〕
(3) 氷水〔　〕　(4) 地面〔　〕
(5) 黄金〔　〕　(6) 全員〔　〕
(7) 体育〔　〕　(8) 手作り〔　り〕

3 次の言葉のうち、送りがなが適当なほうをえらび、記号で答えなさい。〈2点×8〉

(1) **ア** 悪い　**イ** 悪るい　〔　〕
(2) **ア** 流がれる　**イ** 流れる　〔　〕
(3) **ア** 遊そぶ　**イ** 遊ぶ　〔　〕
(4) **ア** 鳴す　**イ** 鳴らす　〔　〕
(5) **ア** 明るい　**イ** 明い　〔　〕
(6) **ア** 味わう　**イ** 味う　〔　〕
(7) **ア** 放つ　**イ** 放なつ　〔　〕
(8) **ア** 平いら　**イ** 平ら　〔　〕

4 次の言葉を漢字に直し、送りがなもつけて書きなさい。〈2点×20〉

(1) いきる 〔　　〕
(2) まじわる 〔　　〕
(3) ほそい 〔　　〕
(4) おこなう 〔　　〕
(5) もちいる 〔　　〕
(6) みじかい 〔　　〕
(7) おわる 〔　　〕
(8) なげる 〔　　〕
(9) あらわす 〔　　〕
(10) おちる 〔　　〕
(11) まがる 〔　　〕
(12) あたる 〔　　〕
(13) まじる 〔　　〕
(14) あがる 〔　　〕
(15) さがる 〔　　〕
(16) くらい 〔　　〕
(17) あたたかい 〔　　〕
(18) くだる 〔　　〕
(19) ばかす 〔　　〕
(20) おしえる 〔　　〕

5 次の文には、かなづかいや送りがながまちがって使(つか)われている言葉が一つあります。その言葉をぬき出し、正しい言葉で書きなさい。〈完答2点×9〉

(1) つくえをかたずけて配られたプリントを見つけた。
〔　　〕→〔　　〕
(2) この箱に入るだけのおりずるを作ろう。
〔　　〕→〔　　〕
(3) おとうととの勝負に負てさいこうにくやしい。
〔　　〕→〔　　〕
(4) もえるゴミともえないゴミはていねいに分よう。
〔　　〕→〔　　〕
(5) このところいつもよりおおくのみかんが売る。
〔　　〕→〔　　〕
(6) のおぎょうについて正しく学ぶことがだいじだ。
〔　　〕→〔　　〕
(7) 鳥の鳴きごえがとおくから聞える。
〔　　〕→〔　　〕
(8) おじさんはいつもぢまんばかりで全く楽しくない。
〔　　〕→〔　　〕
(9) その話はほんとうならぼくはとても悲い。
〔　　〕→〔　　〕

学習日　月　日

答え15ページ

25分

/100

★★ 上級・最高レベル

1 次の――線部のかなづかいが正しいものは○を書き、まちがっているものは正しく書き直しなさい。〈1点×8〉

(1) 動物園へ行って、おおかみの絵をかいた。〔　　〕

(2) 友達のおねいさんはピアノがじょうずだ。〔　　〕

(3) 先生の話をしづかに聞く。〔　　〕

(4) ゆうれえがこわくて夜トイレに行けない。〔　　〕

(5) ほうきで遊んでいたら先生におこられた。〔　　〕

(6) 弟が公園でこうろぎをつかまえた。〔　　〕

(7) キャンプファイヤーのほのうがきれいだ。〔　　〕

(8) 図書館に行って、花についてずかんで調べる。〔　　〕

2 次の漢字の読みがなを書きなさい。〈1点×8〉

(1) 鼻血〔　　〕

(2) 当時〔　　〕

(3) 遠出〔　　〕

(4) 図工〔　　〕

(5) 三日月〔　　〕

(6) 時計〔　　〕

(7) 王族〔　　〕

(8) 投球〔　　〕

3 次の文には、かなづかいがまちがって使われている言葉が一つあります。その言葉をぬき出し、正しいかなづかいで書きなさい。〈完答2点×4〉

(1) いもうとは、かんずめが開けられずこまっていた。〔　　〕→〔　　〕

(2) すいぞくかんでおおきなくぢらを見た。〔　　〕→〔　　〕

(3) おじさんはええがかんではたらいている。〔　　〕→〔　　〕

(4) こんばんわ。おとうさんはいらっしゃるかな。〔　　〕→〔　　〕

4 次の各文の意味が通るように、□に入る送りがなを、それぞれ指定の字数で答えなさい。〈1点×16〉

(1)・親鳥がひなを育［二字］。〔　　〕
・しぜんをあいする心を育［一字］。〔　　〕

(2)・温［二字］人がらにふれる。〔　　〕
・心が温［二字］物語を読む。〔　　〕

(3)・ねだんを下［二字］。〔　　〕
・屋根の雪を下［二字］。〔　　〕

(4)・学級会を開［一字］。〔　　〕
・ドアを大きく開［二字］。〔　　〕

(5)・かぜで学校を休［一字］。〔　　〕
・ゆっくりと体を休［二字］。〔　　〕

(6)・妹に勉強を教［二字］。〔　　〕
・父から魚つりを教［二字］。〔　　〕

(7)・二本の線が交［二字］点。〔　　〕
・おとなが一人だけ交［二字］。〔　　〕

(8)・ピアノはとても重［一字］。〔　　〕
・うれしいことが重［二字］。〔　　〕

---

5 次の――線部の送りがなが正しいものは○を、まちがっているものは正しく書き直しなさい。〈2点×8〉

(1) 夏休みの計画を<u>立てる</u>。〔　　〕

(2) 駅からの帰り道でさいふを<u>落した</u>。〔　　〕

(3) 母の料理をゆっくり<u>味う</u>。〔　　〕

(4) 学校へ向かってぼんやりと<u>歩るく</u>。〔　　〕

(5) 友達にかりていた本を<u>返す</u>。〔　　〕

(6) 今月の<u>半ば</u>には暑くなっているだろう。〔　　〕

(7) 母はノックもしないでぼくの部屋に<u>入いる</u>。〔　　〕

(8) 商店街のふくびきで一等を<u>当てる</u>。〔　　〕

6 次の――線部を漢字にして、送りがなもつけて書きなさい。〈2点×10〉

(1) 父はぼくにも弟にもひとしくせっする。〔　　〕

(2) 先生の質問に、しっかり考えてからこたえる。〔　　〕

(3) 今年はじめて富士山にのぼる。〔　　〕

(4) ひっこしの日どりがさだまる。〔　　〕

(5) ピアノのレッスンにかよう。〔　　〕

(6) すきな本をはじめから読みなおす。〔　　〕

(7) お気に入りのネックレスをつける。〔　　〕

(8) お楽しみ会はおおいにもり上がった。〔　　〕

(9) ふといペンで名前を書く。〔　　〕

(10) 電話で用事がたりる。〔　　〕

---

7 次の文章を読んで、あとの問いに答えなさい。〈2点×4・(3)完答〉

わたしたちの①すまう地球上には数多くのどうしょくぶつがくらしている。人間は、自分たちがべんりに②いきていくために地球上のたくさんのものをきづつけてきた。これからの地球のことを本当に考えるのならば、人間以外のどうしょくぶつのこともしんけんに考えるべきだ。そうでなければ、③地図上でしぜんがのこっている場所も、あっという間にはかいされてしまうだろう。

(1) ――線部①・②を漢字にして、送りがなもつけて書きなさい。

①〔　　〕　②〔　　〕

(2) ――線部③の読み方をひらがなで書きなさい。

〔　　〕

(3) この文章の中に、かなづかいがまちがっている言葉が一つあります。その言葉をそのままぬき出し、正しいかなづかいで書き直しなさい。

〔　　〕→〔　　〕

8 次の一文にはかなづかいや送りがなのまちがいがいくつかあります。一文すべてを正しく書き直しなさい。〈完答5点〉

わたしのおぢいさんはしりょくが弱わくなって、本が読めないことをなげいているので、代りにわたしが本を読んで聞せてあげようと思う。

〔　　　　〕

9 次の中から、傍線部のかなづかいが正しいものを二つ選び、記号で答えなさい。〈公文国際学園中等部〉〈完答5点〉

ア セーターを洗ったらちぢんだ。
イ 落ち葉でぢめんがおおわれている。
ウ 去年は十月とおかが体育の日だった。
エ 冷たいこうりみずを飲む。
オ 勉強は毎日つづけなければ意味がない。
カ 字が小さすぎてよみづらい。
キ やっぱりてずくりのケーキはおいしいね。
ク チャイムが授業開始のあいづだ。

〔　　・　　〕

---

10 次の各組にある□には、ひらがなが一つ入ります。他と違うひらがなが入るものを、それぞれ一つ選び、記号で答えなさい。〈灘中学校〉〈2点×3〉

(1)
ア い□わる（意地悪）
イ そこ□から（底力）
ウ ち□む（縮む）
エ はな□（鼻血）
オ ま□か（間近）

〔　　〕

(2)
ア うわ□み（上積み）
イ き□く（築く）
ウ て□くり（手作り）
エ ふみ□き（文月）
オ りくつ□き（陸続き）

〔　　〕

(3)
ア うすご□り（薄氷）
イ お□さま（王様）
ウ すど□り（素通り）
エ と□あさ（遠浅）
オ みやこお□じ（都大路）

〔　　〕

6 多義語・むずかしい言葉の意味

ねらい　文章を読むうえで大切な多義語や、難しい言葉の意味を正しく理解できるようになる。

学習日　月　日

★ 標準レベル

10分　　／100　　答え16ページ

1 次の――線部「重い」の意味としてあてはまるものをあとから一つえらび、記号で答えなさい。〈3点×4〉

(1) 弟は何をするにもこしが重い。〔　　〕

(2) 全校生徒の前での発表は気が重い。〔　　〕

(3) クラスの委員長としてのせきにんは重い。〔　　〕

(4) 重い楽器を二人で運ぶ。〔　　〕

ア 重量がある

イ 心がはれない様子

ウ 動きがにぶい様子

エ 程度が大きい

2 次の各組の□すべてにあてはまる言葉をひらがなで答えなさい。〈4点×4〉

(1)
・ボールが□。
・気持ちが□。
・おこづかいを□。
〔　　　〕

(2)
・かぎを□。
・電話を□。
・めがねを□。
〔　　　〕

(3)
・□ケーキ。
・□言葉に注意する。
・父は妹には□。
〔　　　〕

(4)
・夕方までは天気が□。
・長いれきしを□。
・母はいつも兄のかたを□。
〔　　　〕

3 次の——線部の意味としてあてはまるものをあとから一つえらび、記号で答えなさい。〈4点×8〉

(1) 弟はかたくなに自分の意見ばかり言う。　［　　］
(2) 委員会の仕事(しごと)をなおざりにする。　［　　］
(3) 今日はあいにくの雨だ。　［　　］
(4) ひたすらピアノの練習(れんしゅう)をした。　［　　］
(5) 年末(ねんまつ)は何かとせわしい。　［　　］
(6) ひとから聞いた話をうのみにする。　［　　］
(7) のどかな陽気(ようき)で気持ちがいい。　［　　］
(8) 妹はけげんそうにわたしを見た。　［　　］

ア	いいかげんに	イ	かんぺきに仕上げる
ウ	ふしぎそうに	エ	がんこに
オ	しっそな様子	カ	いそがしい
キ	運悪(うんわる)く	ク	むだに
ケ	そのまましんじる	コ	しりごみをする
サ	ただそればかり	シ	急(きゅう)に
ス	一目散(いちもくさん)に	セ	ゆっくりと
ソ	きげんを取(と)る様子	タ	明るくてあたたかな様子

4 次の□にあてはまる言葉としてあてはまるものをあとから一つえらび、記号で答えなさい。〈5点×8〉

(1) 話し合いは終始(しゅうし)□に進(すす)んだ。　［　　］
(2) 赤ちゃんの□えがお。　［　　］
(3) 部下(ぶか)のはたらきを□。　［　　］
(4) □時間に間に合いそうだ。　［　　］
(5) がんばれば、みらいは□開(ひら)ける。　［　　］
(6) だんだん春の□が感(かん)じられる。　［　　］
(7) のきしたで雨風を□。　［　　］
(8) 父は□立ち上がった。　［　　］

ア	きざし	イ	もどかしい
ウ	むなしい	エ	あどけない
オ	なごやか	カ	いかめしい
キ	いたずらに	ク	ねぎらう
ケ	おのずから	コ	いちもくさんに
サ	たちどころに	シ	しのぐ
ス	さながら	セ	かろうじて
ソ	はぐくむ	タ	おもむろに

★★ 上級・最高レベル

25分

/100

答え16ページ

学習日　月　日

1 次の――線部の言葉を、例にならって同じ意味の言葉に書きかえるとき、〔　〕にあてはまるものをあとの**ア**～**カ**から一つずつ選び、記号で答えなさい。〈和洋九段女子中学校・改〉〈2点×4〉

例　塩を少し加える。→足す

(1) 試合に負ける。〔　〕

(2) 的をめがけて矢を放つ。〔　〕

(3) 勇気を出す。〔　〕

(4) 漢字の書き順をまちがえる。〔　〕

ア 奮う　**イ** 救う　**ウ** 正す

エ 射る　**オ** 敗れる　**カ** 誤る

2 次の(1)～(3)は、三つの□にすべて同じ言葉があてはまります。それぞれ適切な言葉をひらがなで答えなさい。〈帝京大学中学校〉〈3点×3〉

(1) 代理を□　予定を□　志を□　〔　〕

(2) 丈を□　差を□　話を□　〔　〕

(3) 弓を□　気を□　熱が□　〔　〕

3 次の例のように、(1)～(3)で示された意味を表すことばをひらがなで答えなさい。〈早稲田実業学校中等部〉〈4点×3〉

例
・囲碁、将棋などで先の手を考える
・顔色から気持ちを考える
・詩歌を作る
答え　よむ

(1) ・鑑定する　・ためす　・世話をする　〔　〕

(2) ・出発する　・服の生地などを切る　・続けていたことを止める　〔　〕

(3) ・強い感動を与える　・芝居を興行する　・文字などを入力する　〔　〕

4 次の言葉の意味としてもっとも適切なものを次の**ア**～**エ**の中から一つずつ選び、それぞれ記号で答えなさい。〈東邦大学付属東邦中学校〉〈2点×2〉

(1) ちなみに
ア 簡単に言うと　**イ** くわしく言うと
ウ ついでに言うと　**エ** 具体的に言うと　〔　〕

(2) おずおずと
ア 疑い深く　**イ** 心配そうに
ウ 気になりつつ　**エ** ためらいながら　〔　〕

5 次の言葉の意味として最も適当なものを次の中からそれぞれ選び、記号で答えなさい。

〈桐光学園中学校〉〈2点×2〉

(1) とんちんかんな

ア 言動が的外れな様子
イ 考えがうまくまとまらない様子
ウ 自信がなさそうな様子
エ 即座に機転をきかせる様子

〔　　〕

(2) きょとんとした

ア あまりのことにびっくりして声が出ないさま
イ どこか頼りなさそうだがあいきょうがあるさま
ウ とっさに理解できずに目を見開いているさま
エ 相手の言動に納得がいかず不満そうなさま

〔　　〕

---

6 次の□にあてはまるもっともふさわしい言葉を後のア～オから選び、それぞれその記号で答えなさい。

〈神奈川学園中学校〉〈3点×5〉

(1) いざとなったら、走っていくことは□と思っている。 〔　　〕

(2) 静かな会場で大きな音をたててしまい、はずかしくて□。 〔　　〕

(3) そんな言い分が□と思ったら、大まちがいだ。 〔　　〕

(4) 急用が入ったので、明日の会合への参加は□ことにした。 〔　　〕

(5) □ほど、あっけなく意見がまとまった。 〔　　〕

ア 見合わせる　**イ** ひょうしぬけする
ウ いたたまれない　**エ** まかりとおる
オ いとわない

7 次の各文は、東京五輪の新聞記事の見出しです。――線部の意味として最もよいものを選び、それぞれ記号で答えなさい。〈鎌倉女学院中学校〉〈3点×3〉

(1) 陰の立役者・林大地　無得点でも欠かせない「つぶれ役」（朝日新聞デジタル　七月二十六日　男子サッカー予選）

ア 指導をする人物　**イ** 場を和ませる人物

ウ 人気のある人物　**エ** 中心になる人物

〔　　〕

(2) 卓球初の金「兄妹」の絆に賭けた　安定の水谷　伊藤は大胆に「あうんの呼吸」（朝日新聞　七月二十七日　卓球混合ダブルス　決勝）

ア 考え方が一緒であること

イ 気持ちがぴったり合うこと

ウ 幼い頃から仲が良いこと

エ 互いの役割が決まっていること

〔　　〕

(3) 大金星　心を突いた（朝日新聞　七月三十一日　フェンシング男子エペ団体　決勝）

ア 格上の相手に対する勝利　**イ** 期待どおりの勝利

ウ 大舞台での勝利　**エ** 接戦での勝利

〔　　〕

8 次の言葉を同じ意味の二字熟語にしたとき、それぞれ□に入れるのに最も適当な漢字を後のア～シから選び、記号で答えなさい。〈普連土学園中学校〉〈2点×10〉

(1) 一日中　□日〔　　〕

(2) この間　□日〔　　〕

(3) 締め切りの日　□日〔　　〕

(4) 縁起の良い日　□日〔　　〕

(5) そのうち　□日〔　　〕

(6) 神社や寺で、祭りが開かれ、供養が行われる日　□日〔　　〕

(7) 昼間の長い日　□日〔　　〕

(8) 何かがあったその日のうち、すぐに　□日〔　　〕

(9) 何日も続くこと　□日〔　　〕

(10) ある人が亡くなった日　□日〔　　〕

ア 縁　**イ** 命　**ウ** 元　**エ** 終　**オ** 期　**カ** 吉

キ 永　**ク** 近　**ケ** 連　**コ** 過　**サ** 単　**シ** 即

9 次の文の〰線部は、（　）内の意味を表す言葉です。例にならって、□にあてはまる言葉をひらがなで答えなさい。ただし、□には、「い」で終わる［　］内の文字数のひらがなが入ります。

〈聖光学院中学校〉〈3点×5〉

例　湖のほとりでたたずんでいると、心地□風が吹き抜けた。（すがすがしい）［二］　〈答〉よい

(1) 卒業式が終わり、名残□気持ちで校門を出た。（別れることがつらい）［三］

［　　］

(2) 新しくできた商業施設には、物見□人たちが集まってきた。（好奇心が強い）［三］

［　　］

(3) いつも謙虚な彼の奥□人柄は、みんなの心をひきつけた。（慎み深い）［四］

［　　］

(4) けがで実力が出し切れず、歯□思いをした。（思うようにならずにじれったい）［三］

［　　］

(5) 何かと世知□都会の生活をやめ、故郷に戻った。（暮らしにくい）［三］

［　　］

---

10 「途方に暮れる」の使い方として最も適当なものを次から選び、その記号を書きなさい。〈学習院中等科〉〈2点〉

ア　数学の難問が解け、途方に暮れる。
イ　収入がなくなり、途方に暮れる。
ウ　すばらしい演技に、途方に暮れる。
エ　最後まで戦いぬくと、途方に暮れる。

［　　］

11 「心安い」の言葉のつかい方として正しい文を、あとのア〜エの中から一つ選び、記号で答えなさい。

〈芝浦工業大学附属中学校〉〈2点〉

ア　心安かった毎日が終わり、明日からは厳しい生活が待っている。
イ　あの店は店員さんの説明が心安いので、心配せずに買うことができる。
ウ　陸上大会で決勝まで残ることができたので、心安くして臨もうと思った。
エ　心安い友だちが集まって、ワイワイと楽しいひとときを味わった。

［　　］

復習(ふくしゅう)テスト②

10分　／100　答え17ページ

学習日　月　日

1 次(つぎ)の文の主語(しゅご)としてあてはまるものを一つえらび、記号(きごう)で答えなさい。〈4点×3〉

(1) ア大きな　イ木の　ウ一番上の　エえだに　オ黒い　カカラスが　キいる。　〔　　〕

(2) ア丸い　イ月が　ウ海に　エうかんだ　オ白い　カ船を　キ明るく　クてらす。　〔　　〕

(3) アあなたこそ　イこの　ウ大変(たいへん)な　エじょうきょうを　オかえる　カリーダーに　キふさわしい。　〔　　〕

2 次の――線部(せんぶ)の言葉(ことば)はどの言葉にかかって（しゅうしょくして）いますか。それぞれ記号で答えなさい。〈6点×3〉

(1) ア草原に　たくさん　イ動物(どうぶつ)が　ウいる　エ風景(ふうけい)を　オ写真(しゃしん)に　カおさめる。　〔　　〕

(2) 公園で　アたくさんの　イ人の　ウ中から　エ待(ま)ち合(あ)わせた　オ友達(ともだち)を　カ見つける。　〔　　〕

(3) ア箱(はこ)の　イ中から　赤い　ウきれいな　エりんごを　オいくつか　カえらぶ。　〔　　〕

3 次の中から、――線部のかなづかいが正しいものを二つえらび、記号で答えなさい。〈完答7点〉

ア みじかな人たちを家にしょうたいする。
イ サッカーのしあいで、日本人のそこぢからを感(かん)じる。
ウ こんにちわ、今日はよろしくおねがいします。
エ おおだんほどうのある場所(ばしょ)で道をわたる。
オ むぢのセーターを着(き)るとおとなっぽく見える。
カ 自分の気持(きも)ちを正直につづった日記。
キ 妹が自分のおもちゃだとゆう。
ク 長い坂道(さかみち)が向(む)こうまでつずいている。

〔　　・　　〕

4 次の□にあてはまる言葉をあとの**ア**～**オ**から一つえらび、記号で答えなさい。〈6点×5〉

(1) 兄は、□に学問を追究している。［　　］

(2) ほんの小さな変化まで、□かんさつすることが大切だ。［　　］

(3) 先生は、テストに出そうな所を□くわしく説明した。［　　］

(4) おどろいても、□さわいだり取りみだしたりしてはいけない。［　　］

(5) きのうまであたたかかったのに、□今朝から寒くなった。［　　］

ア いたずらに　**イ** ことさらに
ウ いちずに　**エ** にわかに
オ つぶさに

---

5 次の□にあてはまるひらがなの言葉を、それぞれ指定の字数で考えて答えなさい。〈7点×3〉

(1) 三字 わたしの一生のおねがいを聞いてくれませんか。［　　］

(2) 四字 どこで何をするつもりなの。［　　］

(3) ミニチュアのおもちゃばかりがならんでいて、三字 小人の国にまぎれこんだみたいだ。［　　］

6 次の——線部の言葉が正しく使われている文を一つえらび、その記号を答えなさい。〈6点×2〉

(1)
ア 川の水がしらじらしく流れる。
イ しらじらしいうそをつく。
ウ きのうはしらじらしく勉強した。
エ シロクマの毛がしらじらしくかがやく。
［　　］

(2)
ア 先生はおびただしいひょうじょうをしていた。
イ 身の回りをおびただしくすることが大切だ。
ウ わたしは心からおびただしい気持ちになった。
エ おびただしいりょうの宿題にうんざりする。
［　　］

過去問題にチャレンジ①

25分

/100

答え18ページ

学習日　月　日

1 次の書き出しにつながる語句を、後の**ア**〜**カ**からそれぞれ一つ選び、記号で答えなさい。〈横浜富士見丘学園中学校〉〈2点×5〉

(1) 負けるが〔　　〕　(2) 老いては〔　　〕

(3) 花より〔　　〕　(4) 子を持って知る〔　　〕

(5) 損して〔　　〕

ア 得とれ　**イ** 親の恩　**ウ** 親の愛

エ 子に従え　**オ** 勝ち　**カ** 団子

2 各組の慣用句の□には同じ言葉が入ります。それをひらがなで答えなさい。〈自修館中等教育学校・改〉〈3点×4〉

(1) □が軽い　□をすべらす　□がうまい〔　　〕

(2) □と油　□に流す　□をさす〔　　〕

(3) □がつく　□が出る　□を引っ張る〔　　〕

(4) □を巻く　□が回る　□鼓を打つ〔　　〕

3 「山」がふくまれる次のことわざの意味を、後の**ア**〜**オ**の中からそれぞれ一つずつ選び、その記号を書きなさい。〈お茶の水女子大学附属中学校〉〈3点×2〉

(1) 「船頭多くして船山に登る」〔　　〕

(2) 「枯れ木も山のにぎわい」〔　　〕

ア 当面のことさえ片付けばどうなってもかまわないということ。

イ つまらないものでも、ないよりは、まだましであるということ。

ウ 働かないで遊んでいると、どんなに財産があっても使い果たしてしまうこと。

エ 指図する人ばかりが増え、物事がうまく運ばないこと。

オ 努力を続ければ、いつかその努力が実を結ぶということ。

4 次の四字熟語の□に当てはまる漢字をあとの**ア**～**コ**からそれぞれ選び、記号で答えなさい。〈西武学園文理中学校・改〉〈3点×4〉

(1) 暗中模□　〔　　〕　(2) 空□絶後　〔　　〕

(3) 首□一貫　〔　　〕　(4) 千載一□　〔　　〕

ア 万　**イ** 足　**ウ** 索　**エ** 前　**オ** 上
カ 短　**キ** 長　**ク** 遇　**ケ** 尾　**コ** 浅

5 次の□に当てはまる漢字をあとの**ア**～**オ**から一つずつ選び、四字熟語をそれぞれ完成させなさい。〈女子聖学院中学校・改〉〈2点×4〉

(1) 七□八倒　〔　　〕　(2) 意味深□　〔　　〕

(3) 一朝□夕　〔　　〕　(4) 絶□絶命　〔　　〕

ア 長　**イ** 転　**ウ** 体　**エ** 二　**オ** 一

6 次の文の主語はどれですか。それぞれ記号で答えなさい。〈女子聖学院中学校〉〈2点×3〉

(1) ア お母さんの　イ 手は　ウ 毎日毎日　家事をするので、エ あれてしまいました。　〔　　〕

(2) 雨の　ア 日は　イ ぼくが　ウ お母さんの　代わりに　犬の　エ 散歩を　します。　〔　　〕

(3) ア 今年は　イ 六年生に　なった　ウ 弟も　いっしょに　エ 勉強を　がんばります。　〔　　〕

---

7 次の中で、日本語として適切でないものを一つ選び、記号で答えなさい。〈芝浦工業大学附属中学校〉〈3点〉

ア 僕の将来の夢はパイロットになりたいと思っています。
イ 問題が難しければ、難しいほど、やる気が出てくる。
ウ 夏休みに富士山に登ったが、美しい風景に感動した。
エ 昨日は朝から雨もようだったので、折りたたみのかさを持っていた。

〔　　〕

8 「頭が赤い魚を食べた猫」（飯間浩明『つまずきやすい日本語』）という表現を「頭が赤いのは、猫」という意味がはっきりと伝わるようにするためには、どのような語順にすればよいですか。「頭が／赤い／魚を／食べた／猫」を並べかえて答えなさい。〈東京女学館中学校・改〉〈5点〉

〔　　〕

9 ～～線部「たとえ」がかかる部分を次の中から一つ選び、記号で答えなさい。〈桜美林中学校・改〉〈3点〉

たとえ　ア ほとんど　イ 等価の　ウ ものが　エ やりとりされて　オ いても、それは売買とは違う。
（松村圭一郎『うしろめたさの人類学』）

〔　　〕

10 [A]〜[C]に最も適する語を次の中からそれぞれ選び、記号で答えなさい。〈跡見学園中学校・改〉〈2点×3〉

(1) その日の夕方、学校に行くと、和真は雑誌を読んでいた。「ビッグバン」という文字が見える。宇宙関係の雑誌だろうか。今日買ったのは、あれかもしれない。「今日、見たよ」と言ったら、どんな反応をするだろう。[A]頭をかすめたが、やめた。〔　　〕

(2) 一時間目の授業は国語だった。いつもなら宿題を始めるのだけれど、今日までテストだったから宿題は出ていない。図書室に行こうかなあと思いながら、[B]授業をながめていた。〔　　〕

(3) 今日は、漢字の意味の勉強をしていた。漢字にはそれぞれ意味があると先生は言って、黒板に大きく、「幸」と書いた。

[C]した。おばあちゃんの名前だ。〔　　〕

(1)〜(3) 山本悦子『夜間中学へようこそ』

ア ぼんやりと　イ そっと　ウ チラリと
エ ぞっと　オ ゆっくりと　カ ハッと

---

11 動作を表す言葉には、多くの意味を持つものがあります。次の各組のア〜エは、動作を表すある言葉を言いかえて説明したものです。それぞれ何という言葉の説明ですか。ひらがなで答えなさい。〈灘中学校〉〈3点×4〉

例 ア 文字を声に出して言う。
イ 文章を見て理解する。
ウ 数をかぞえる。
エ 先を予想する。
答え「よむ」

(1) ア 水をまく。　イ 目盛りをつける。
ウ 芝居を行う。
エ 網を広げて投げる。〔　　〕

(2) ア 医者に世話になる。　イ 映画が上映される。
ウ 仕組まれたわなにはまる。
エ お金や時間が必要になる。〔　　〕

(3) ア 筋肉が急に縮んで痛くなる。
イ 気をひいて誘い出す。
ウ 魚や虫を捕まえる。
エ 上からぶらさげる。〔　　〕

(4) ア 理屈が合ってよくわかる。
イ 案が認められて成り立つ。
ウ 火が食物によく行きわたる。
エ 声が遠くまでよく聞こえる。〔　　〕

12 次の意味として適切なものを次の中から一つずつ選び、記号で答えなさい。〈帝京大学中学校〉〈3点×2〉

(1) おおかたの　〔　　〕

ア たくさんの　**イ** さまざまな

ウ ほとんどの　**エ** 同じような

(2) 典型的な　〔　　〕

ア 知らない人がいないくらいにありふれている

イ 例として欠かすことができない

ウ そのものの特徴がよくあらわれている

エ 単純で説明に使いやすい

13 次の意味として最もよいものを次より選び、それぞれ記号で答えなさい。〈鎌倉女学院中学校・改〉〈3点〉

価値観　〔　　〕

ア 物事の成り行きなどをすべて良い方にとらえる考え方。

イ 人として守り行うべきことのお手本となる考え方。

ウ 最初に知ったことから作り上げられるこり固まった考え方。

エ 物事の良し悪しなどを判断するときのもととなる考え方。

オ 世の中や人生を悪いものだとして否定的に見る考え方。

---

14 例にならって、次の(1)、(2)について、それぞれの条件を満たした短文を一文で作りなさい。なお、ことばの順番を変えたり、活用（文の流れの中でことばの形を変化させること）させたりしてもかまいません。
〈聖セシリア女子中学校〉〈4点×2〉

例 「ためらう」、「きらびやか」ということばを使った主語・述語の整った文。

姉があまりにもきらびやかな服で現れたので、私はいっしょに出かけるのをためらった。

(1) 「必ずしも」、「人間」ということばを使った主語・述語の整った文。

〔　　〕

(2) 「むしろ」、「たよる」ということばを使った主語・述語の整った文。

〔　　〕

物語の読解

7 場面

ねらい 場所や時間に注意することで、文章の内容を理解できるようになる。

学習日　月　日

★ 標準レベル

15分

/100

答え19ページ

1 次の文章を読んで、あとの問いに答えなさい。

　その週の土曜日。家族そろって動物保護センターに行った。保護された犬やネコたちの里親さがしをする譲渡会が開かれているのだ。

　みほは①ゆううつだった。だってたくさんいる犬たちの中から、どうやって、「この子」って一匹だけえらぶ？　みんなもらわれたがってるんだよ。えらばれなかった子たちのことを考えると、それだけで気持ちがなえた。

「むりに決めなくていいんだぞ。きょうは下見」

　車の中でふきげんにだまりこんでるみほに、パパさんがいった。下見って、テレビを買うんじゃないんだよ。生きものなんだから、ちゃんと感情だってあるんだよ。ますますみほは気分が下むきになった。

（中略）

　ドアをあけたとたん、たくさんの犬たちの鳴き声にむかえられ

(2) ①ゆううつとありますが、

1 「ゆううつ」とほぼ同じ意味をもつ言葉を文章中からさがし、三字でぬき出しなさい。〈10点〉

気分が［　　　］になること。

2 なぜ「ゆううつ」だったのですか。次から**あてはまらないもの**を一つえらび、記号で答えなさい。〈10点〉

ア 犬たちはみんなもらわれたがっているから。

イ 「下見」なんて、テレビを買うようにパパが言うから。

ウ たくさんの中から一匹だけなんてえらべないから。

エ えらばれなかった子たちのことを考えたから。

〔　　〕

た。ワンワン、ギャンギャン、とてもにぎやかだ。なにかを感じて、犬たちもきっと興奮しているんだ。大型犬も小型犬もいる。

「わあ」

思わずみほの口から声がでた。なつかしい犬のにおい。わすれかけていた②小梅のにおい。鼻をよせると小梅は、ほこりっぽいような甘ずっぱいようなにおいがした。それはいつもみほを、「ああ、家に帰ったんだ」って、安心させてくれた。みほは、部屋中に充満している犬のにおいにノックアウトされた。あとは夢中だった。小梅にわるいっていう気持ちもわすれていた。

③気がつくと、一匹の犬の前にすわっていた。まっ白の中型犬。柴犬の雑種なのか、ピンと立った耳の先だけ絵具をちょんとのっけたみたいに茶色い。くっきりとしたアーモンド形のふたつの瞳と鼻はまっ黒で、まるでぬれたみたいに光っていた。

（八束澄子『ブランの茶色い耳』）

(1) この文章がどんな場面かを説明した次の文にあてはまる言葉を文章中から a ・ c はそれぞれ三字、 b は一字でぬき出しなさい。〈10点×3〉

・ある週の a に動物保護センターで、家につれて帰る b を c 場面。

a ［　　　］

b ［　］

c ［　　　］

(3) ②小梅とありますが、「小梅」はみほが前にかっていた犬です。その「小梅」のことをみほがどう感じていたかについて書かれているひとつづきの二文を見つけ、その始めの五字をぬき出しなさい。〈20点〉

［　　　　　］

(4) ③気がつくと、一匹の犬の前にすわっていたとありますが、

1 この犬はどんな耳のとくちょうをもっていましたか。「耳」という言葉につながるよう、文章中から二十一字でさがし、始めと終わりの四字をぬき出しなさい。〈完答20点〉

［　　　　］～［　　　　］耳

2 このことから、みほが犬に対してどんな気持ちになったことがわかりますか。あてはまるものを次からえらび、記号で答えなさい。〈10点〉

ア がっかりする気持ち　**イ** 不安な気持ち

ウ 夢中になる気持ち　**エ** うらやましく思う気持ち

［　　］

★★ 上級レベル

15分

／100

学習日　月　日

答え 20ページ

1 次の文章を読んで、あとの問いに答えなさい。

「もしもしお客さん、ちょっと待ってください。」

三五郎が呼びとめると、やにわにサーカス団長は、森の中にかけこみました。三五郎が＊剝製をとりかえしにきたと、かんちがいしたものと思われます。

「もしもし、お客さん、①逃げないでください。ぼく、お金を返しにきたのです。うちの先生が、②こんな大金をもらういわれがないと、いっていらっしゃるんです。ですから、逃げないでください。」

この三五郎のことばで、サーカス団長は、ようやく得心がいったふうで、大きなシイの木の下に、立ちどまりました。そして苦しそうに、息をきらしながらいいました。

「おまえさんは、この剝製のカモを、とりかえしにきたのではないだろうな？　しかし、お金は返してもらいたくない。おまえさんのところの先生が、お金はいらないといわれるなら、おまえさんが受けとっておいてくれ。おまえさんに、くれてやる。」

「でも、わざわざ、ぼく、ここまで追いかけてきたのです。」

それから、ほんとのことをいうと、お客さんの持っている剝製

---

(1) 上の文章がどんな場面かを説明した次の文にあてはまる言葉を文章中から a・b はそれぞれ二字、c は六字でぬき出しなさい。〈5点×3〉

・ a を返すように b に言われた三五郎が c を追いかけてきた場面。

a [　　] b [　　] c [　　　　　　]

(2) ①逃げないでくださいとありますが、なぜサーカス団長は逃げたのですか。「〜から。」につづくように文章中から二十四字でさがし、終わりの四字をぬき出しなさい。〈15点〉

[　　　　] から。

は、うちの先生のつくった剥製のうちで、ほんとは、一ばんへたくそな出来なんです。水に浮かべると、ひっくり返るかもしれません。③ぼく、そうだろうと思います。」

「それは、ほんとかね？」

サーカス団長は、ちょっと顔を、くもらせました。

「この剥製のカモを、水に浮かべて、これがひっくり返ったら、おれの商売にならないのだ。」

サーカス団長は、まゆの根に、しわをよせていいました。

「ひっくり返るか、返らないか、ためしに、あの池にこれを浮かべてみよう。そうすれば、どっちにしても、なんとか、思案がつくからね。」

そして団長は、林のなかを歩いて、④池の見えるほうへ、いきました。三五郎もそのあとについていきました。シイの木の林がつづき、その木の間がくれに、しびれ池の青い水が見えました。

やがて、ふたりは、池のほとりに出ましたが、池の水は、切りたてたような崖の下にひろがっています。その水面には、そこかしこにカモが泳いでいて、また、池の真上の空にも、カモの大群が飛びまわっているのでした。

（井伏鱒二『山椒魚　しびれ池のカモ』）

（注）○剥製＝死んだ動物が、生きているときのすがたをたもつように加工したもの。

---

(3) ②こんな大金をもらういわれがないとありますが、なぜ三五郎はこのように言ったのですか。あてはまるものを次からえらび、記号で答えなさい。〈15点〉

ア 持って行かれた剥製は、一ばんへたな出来だったから。

イ とりかえした剥製は、とてもりっぱなものだったから。

ウ 剥製のカモには、ねだんをつけることができないから。

エ 剥製とまちがえて、本物のカモを持って行かれたから。

〔　　〕

(4) ③ぼく、そうだろうと思いますとありますが、これを聞いたサーカス団長の気持ちが表れている表情を十字程度で二つぬき出しなさい。（句読点も一字と数えます。）〈15点×2〉

(5) ④池の見えるほうへ、いきましたとありますが、何をするためですか。次の言葉につなげて答えなさい。〈25点〉

剥製のカモを水に浮かべて、

〔　　〕

★★★ 最高レベル

30分

/100

答え20ページ

学習日　月　日

1 次の文章を読んで、あとの問いに答えなさい。

〈共立女子中学校・改〉

ぼく（タケシ）とケンタとメイは小学六年生。メイはあるきっかけでタケシのおばあちゃんの「あかりさん」が認知症だと知り、認知症について調べてくれていた。次の文章は、母さんがぼくに認知症のことを話している場面から始まる。

A　母さんの話は、むずかしかった。

脳のなかでこまったことが起きているのはわかるけれど、「忘れる」って、よくあることだ。

「このごろ、あかりさんらしくないことが、いろいろある。なんども同じことを聞くし、薬やお気に入りの服や、身のまわりのものを、ないないってさがしてる。認知症のはじめは、そういうことがあるそうよ」

「ぼくだって、いわれたこと、すぐ忘れる。そうすると『ボケてんじゃないよ』とつっこまれるけど、あかりさんもボケてるってこと？」

そのことばに、母さんのひとみがかげった。

「みんな、よくそういって笑うけど、そのいいかたはきらいだな……。認知症という病気で忘れていくこと。それはあかりさんのせいじゃない。それなのに、『ボケてる』っていわれると、わたしのお母さんが、バカにされているみたい」

顔をあげてぼくを見ると、

「なんだか悲しくなっちゃう……」

そういった声がつまって、目をふせる。

①耳の奥で、ぼくの心臓が、ドキンと音をたてた。

（中略）

B　メイとケンタとぼくは、休み時間や給食のあと、よく三人でいっしょにいるようになった。クラスメートには、あこがれの存在のメイが、ぼくたちとどうして仲よしになったのかは、さっぱりわからなかったみたいだけど。

「ケンタくんといっしょに、遊びに行ってもいい？」

いつものように三人でふざけていたら、メイがいいだした。

「えっ。うち？」

ぼくは、びっくりした。

「うん、場所は、もう知ってることだし」

メイはにっこりする。

「えー、なんで知ってるんだ。なんで？」

ケンタがしつこくメイに聞いている。

ぼくは、返事にこまった。あかりさんが元気だったときは、友達をさそって、よくうちで遊んだけど、認知症がはじまってから、家にだれかが遊びに来たことがなかった。

母さんがダメといったわけじゃない。「へんなあかりさん」が最高潮になったら、どう思うかと気になっただけ。メイのおばあちゃんみたいには、できないから。

でも、ふたりは、あかりさんの病気について知っている。メイは、ぼくよりも、病気のことを調べて勉強しているから、受けとめてくれそうだ。なによりも、ふたりが遊びに来たいといってくれたことが、うれしかった。


C 「あかりさんですね。こんにちは、おじゃまします」

メイはあいさつをしてから、自分とケンタを紹介した。にこにこしながら聞いていたあかりさんは、

「ゆっくり遊んでいってね」

と、「いつものあかりさん」だったから、

「ふつうだよね」

小さな声でケンタがいった。
＊カリンはメイの顔をじっと見つめて、興味しんしんだ。

そのあと、ぼくの部屋に移動すると、母さんがジュースとおかしを持ってきた。友達が家に来たのは久しぶりだから、母さんもうれしそうだ。
②カリンは「忘れ物しちゃった」とか「これ、見せたことある？」とかいって、なんども部屋をのぞきに来る。
「カリンちゃんも、こっちに来る？」

メイに声をかけられると、ちゃっかりすわりこんだ。


D ふたりが帰るときだった。メイはあかりさんに声をかけた。

「あかりさん、おじゃましました」

「あら、どなた？」

「お、やっぱり覚えてない」

肩ごしにのぞきこんでいたケンタが、そういってささやくのを、
メイは「しっ」とにらみつけてから、

「井上メイと、こっちは田中ケンタくんです」

と、答える。

「そちらは？」

あかりさんが、まっすぐぼくを指さした。それを見て、ケンタは一瞬凍りつく。

「これかあ」

ケンタがまたささやいたから、メイはひじ鉄をくらわしながら、

「こっちは、工藤タケシくんです」

と、ぼくのことも、同じように答えた。

「まあ。うちの孫も同じ名前ですよ」

とたんに、あかりさんは声をはずませた。

「まだ、赤ちゃんですけど、とってもいい子なの。大きくなったら、あなたたちみたいに仲よしのお友達ができるといいわねえ」

それを聞いて、ケンタは目を*しばたたいて、ぼくの顔をのぞきこむ。ほんとにわからないんだな、そんな目でぼくを見る。ぼくだって、家族なのにこんなふうにいわれると、やっぱりへんな気持ちだった。

落ち着かないぼくたちには関係なく、メイは、なんでもないように話を続けた。

「赤ちゃんのタケシくん、かわいいでしょうね」

「ええ、どの赤ちゃんを見ても、うちの孫が一番ですよ」

あかりさんは、うれしそうにほほえんだ。

（近藤尚子『あかりさん、どこへ行くの？』フレーベル館）

（注）○カリン＝「ぼく」の妹。
○しばたたいて＝しきりにまばたきをして。

---

(1) ——線①「耳の奥で、ぼくの心臓が、ドキンと音をたてた。」とありますが、これはなぜだと読み取れますか。その説明としてふさわしいものを次の中から一つ選び、記号で書きなさい。〈20点〉

ア 大好きな母さんに「きらいだな」と言われ、ショックを受けているから。

イ あかりさんが認知症だということに同情し、悲しみを感じているから。

ウ これからの困難が予想されるあかりさんとの生活に自信がもてていないから。

エ 母さんを傷つけるつもりでなかったのに、傷つけてしまいあせっているから。

オ 母さんの悲しさに共感し、「ぼく」もまた強い悲しみを感じているから。

［　　］

(2) Ⓑの場面から「ぼく」の気持ちはどのように読み取れますか。その説明としてふさわしいものを次の中から一つ選び、記号で書きなさい。〈30点〉

ア せっかくの友達からの申し出だったのだが、母さんが断りそうなので不安を感じている。

イ 認知症のあかりさんの様子を仲の良い友達に知られたくなく、返事に困っている。

ウ　認知症であるあかりさんのことを知ったうえで遊びに行ってもいいかと聞いてくれて、喜んでいる。

エ　ケンタも知らないメイとの仲の良さに優越感を感じ、ぜひ二人に遊びに来てもらいたいと思っている。

オ　メイとの距離が縮まっていることに最初は驚いたが、ケンタとも一緒に遊べるのでうれしく思っている。

［　　］

(3)　――線②「カリン」とありますが、このときのカリンの様子の説明としてふさわしいものを次の中から一つ選び、記号で書きなさい。〈20点〉

ア　タケシの友達が遊びに来てうれしそうにもてなす母の姿に、自分も手伝えることがないか様子を見ている。

イ　本当はメイに甘えたいということを口に出せず、メイに対して違う話題を振ることでかまってもらおうとしている。

ウ　あかりさんが「いつものあかりさん」だったので不安がなくなり、お兄さんたちと遊びたいと思っている。

エ　ふるまわれるジュースやお菓子を自分も食べたくて、部屋をのぞきに来ては食べる機会をうかがっている。

オ　久しぶりに兄の友達が遊びに来たことがうれしくて、その輪に加わるために気を引く行動を繰り返している。

［　　］

---

(4)　Ⓓの場面から読み取れることとしてふさわしいものを次の中から一つ選び、記号で書きなさい。〈30点〉

ア　メイは認知症のあかりさんの言動に反応するケンタを軽くあしらいながら、あかりさんにとって自然な対応を心がけている。

イ　自分を孫だと分からなかったあかりさんに驚いたタケシの気持ちを察して、メイはタケシを傷つけないように慎重に話をしている。

ウ　ケンタは認知症のあかりさんの言動に驚き、タケシが普段から苦労しているのだと想像し、タケシに対して同情している。

エ　タケシはあかりさんのことばに驚くばかりだったが、メイがうまくあかりさんに接しているのを見て感心し、メイを見直している。

オ　タケシはケンタがあかりさんに対して失礼な態度をとっているように感じ、それがあかりさんに伝わらないかとはらはらしている。

［　　］

2章 物語の読解

8 場面の変化

ねらい 場面の流れをつかむことで、心情の変化や、その理由を理解できるようになる。

学習日 月 日

★ 標準レベル

15分

/100

答え 22ページ

1 次の文章を読んで、あとの問いに答えなさい。

このままなにもしないでいいんだろうか。わすれ物をしたような、ちゅうとはんぱな自分に、少し腹が立った。

そのときだ。

「［　　］」

頭の中で、もうひとりのぼくが言った。

そうだ。かおりちゃんにあやまろう。言いわけなんかしないで、あやまろう。

ぼくは家を飛び出すと、アパートまで走って行き、はあはあしながらブザーをおした。

ぱっと出てきたのは、かおりちゃんだ。

（中略）

①ぼくは、まっ先にあやまった。

「発表会に行けなくて、ごめんなさい。」

・このままなにもしないでいいんだろうかと［a］でぼく（［b］）がまよっていた場面から、［c］の［d］に行って、あやまる場面に変化している。

a ［　　］
b ［　　］
c ［　　］
d ［　　］

(2) ［　　］にあてはまる言葉を次からえらび、記号で答えなさい。〈10点〉

ア あやまれ。わけを話せば、ゆるしてくれる。
イ 気にするな。何もしなくていい。
ウ 行け。行かないと後悔するぞ。
エ ぼくだけじゃない。かおりちゃんも悪い。

［　　］

と、思いきり頭をさげた。

「いいよ。しょうがないじゃん。」

「②えっ?」

「純くんに聞いたよ。お姉さんがたおれて、お店も大変だったんだってね。」

にこにこ笑っている。

「あたし……バチがあたったんだ。『純くんなんか、来ても来なくっても。』なんて、光ちゃんの大切な親友にいじわるを言ったから。」

「③……。」

「だから、あたしこそごめんね。」

そう、ぼくに言った。あやまられるなんて思わなかった。

「このつぎの発表会には、ふたりで見に来てね。それから、いままでどおり、仲良しでいてね。それを言いに、光ちゃんちに行くところだったの。気持ちが通じたんだね。」

かおりちゃんは、はずかしそうに笑った。気持ちが通じたなんて言われて、ぼくの胸はいっぺんに軽くなった。


（藤田千津『チャンスの神さま』）

(1) この文章について説明した次の文にあてはまる言葉を文章中から［a］は一字、［b］・［d］はそれぞれ四字、［c］は六字でぬき出しなさい。ただし、［b］には「ぼく」のよばれ方が入ります。〈10点×4〉

(3) 会話の中で、べつの会話が引用されているところを次からえらび、記号で答えなさい。〈10点〉
ア お姉さんがたおれて、お店も大変だったんだってね。
イ それから、いままでどおり、仲良しでいてね。
ウ このつぎの発表会には、ふたりで見に来てね。
エ 純くんなんか、来ても来なくっても。
［　　］

(4) ①ぼくは、まっ先にあやまったとありますが、このほかに、かおりちゃんに早くあやまりたいという気持ちが表れたぼくの行動があります。その行動がわかる一文を文章中からさがし、始めと終わりの四字をぬき出しなさい。（句読点も一字と数えます。）〈完答20点〉

［　　　　］～［　　　　］

(5) 「②えっ?」「③……。」とありますが、ぼくの返事がこのようになった理由を説明した次の文にあてはまる言葉を、文章中から十五字でさがし、始めと終わりの四字をぬき出しなさい。〈完答20点〉
・かおりちゃんの発表会に行ってあげられなかったのはぼくのほうなので、かおりちゃんに［　　］から。

［　　　　］～［　　　　］

1 次の文章を読んで、あとの問いに答えなさい。

（ぼくは、所属する野球チームに、以前は友達だったが、今は不良になってしまった秀治をさそおうか、まよっている。）

（なにをうじうじまよってるんだ！）

あたってくだけろだ、と思った。自分の気持ちだけにこだわるのはやめよう、と心に決めた。

だけど、決心しても、ほんとにでかけるまでには、時間がかかった。

【ア】 夕飯を食べて、テレビを見て、「友だちなんでしょ！」と、ハーコにも、ゴロさんにもいわれたことを思いながら、そわそわしてた。

でも、だんだん時間はすぎてくし、あしたになれば、「どうだった？」って、かならずガンちゃんにきかれることは、わかりきっていた。

（ほんとに、もう、あいつは世話やかすよな。）

もう八時半になっていたけど、①えい、くそっという気持ちで、②秀治の家に走った。

【イ】 秀治の家は、土手のすぐ近くにある。従業員三、四

---

(1) この文章を場所の変化にしたがって二つに分けると、後半はどこからになりますか。**【ア】**～**【エ】**の中からあてはまるものをえらんで、記号で答えなさい。〈10点〉

［　　］

(2) ①えい、くそっという気持ちとありますが、どのような気持ちですか。あてはまるものをえらんで、記号で答えなさい。〈20点〉

ア 秀治にことわられるかもしれないが、野球チームにさそおうと思いきる気持ち。

イ 秀治が野球チームに入ってくれるまで、何度も秀治をさそおうと力が入る気持ち。

ウ 秀治が野球チームに入ってくれるかわからないので、不安で落ちつかない気持ち。

エ 秀治が野球チームに入ってくれると期待し、早くさそいたくてそわそわする気持ち。

［　　］

(3) ②秀治の家とありますが、どのような家ですか。〈20点〉

［　　　　　　　　］

人ほどのちいさな町工場だ。洋食器を作っている。一階が工場で、二階が住宅になっていた。

【ウ】二階には燈がついてなくて、よびりんをおしても、だれもでてこなかったから、まだ機械の動いている工場に、首だけつっこんだ。

「秀治くん、いますか?」

機械の音に負けないようにどなったら、ひたいのはげあがった秀治のお父さんが、

「いねえよ。なんの用だ。」

と、うさんくさそうに、ぼくをにらんだ。

「あの、長谷川ですけど、どこにいったかわかりませんか?」

③にげ帰っちまいたくなったけど、がんばってきいた。

「え、長谷川? あら、あんた、勇ちゃんだよ。」

【エ】荷物の山のかげから、お母さんが顔をのぞかせた。

「④しばらくぶりだから、見ちがえちゃったよう。大きくなったねえ。」

やかましい工場から、路地にでてきて、

「まだあいつにも、あんたみたいな友だちがいたんだねえ。」

目を細めて、ぼくを見た。

(後藤竜二『キャプテンはつらいぜ』)

---

(4) ③にげ帰っちまいたくなったとありますが、なぜこのように思ったのですか。次の文のaにあてはまる言葉をあとのア~エからえらんで記号で答え、bにあてはまる言葉を考えて書きなさい。〈完答25点〉

a［　　］に、b［　　］から。

ア 秀治　イ ガンちゃん
ウ 秀治のお父さん　エ 秀治のお母さん

(5) ④しばらく……大きくなったねえとありますが、お母さんの発言からどのようなことが考えられますか。あてはまるものを二つえらんで、記号で答えなさい。〈完答25点〉

ア ぼくが野球チームの選手らしい、りっぱな体つきになったということ。
イ ぼくが前に秀治のお母さんと会ってから、時間がたっているということ。
ウ 前に秀治のお母さんに会ったときより、ぼくの体が成長したということ。
エ ぼくは秀治のお父さんにはたまに会っていたが、お母さんには久しぶりに会ったということ。

［　・　］

★★★ 最高レベル

30分

/100

学習日　月　日

答え24ページ

1 次の文章を読んで、あとの問いに答えなさい。

〈普連土学園中学校・改〉

おさななじみの仁菜が拾ってきた小さな野良猫をニケと名づけ、ぼくの家で飼うことにした。毎日ぼくの家にニケを見に来ていた仁菜だが、ある日、大の猫嫌いだという仁菜のお母さん（雅さん）に知られて、仁菜はぼくの家に来られなくなってしまった。ニケが大人になる前にまた仁菜に会わせたくて、ぼくは一人で雅さんの家に話しに行く。次の文章は、雅さんの家で、ぼくと仁菜と雅さんが対面して話をしようとするところから始まる。

「聞きなさい、仁菜。今日は、どうしてママが行っちゃダメって言ったか、ちゃんと話すから」

「どうせママが猫嫌いだからなんでしょ？　そんなの聞いたって無駄だよ！」

仁菜はいまにも泣きだしそうな顔で、雅さんから顔を背けている。

①あの日も、仁菜はこんな顔をしていた。

まだ低学年のころ、アパートの庭に迷いこんできた野良猫を、仁菜とふたりで餌付けしようとして、雅さんに怒られたあの日。

確か、白黒の猫だった。黒い部分の毛に白い毛がちらほらと交じっていたから、けっこう年を取っていたのかもしれない。片方の目が目ヤニでべたべたしていて、ときどきくしゃみをしては鼻水を飛ばしていた。仁菜とふたりで、きっと風邪をひいているんだと話したのを覚えている。

暖かいところで、おいしいものを食べさせてあげればきっと風邪も治るよ、そう仁菜が言って、クッキーのドッグフードを持ってきた。ふたりで野良猫の鼻先にドッグフードを投げると、一粒食べてくれた。それがうれしくて、もう一粒、もう一粒と投げていると、雅さんが帰ってきたのだった。

そのときも雅さんは、すごい剣幕で怒った。そしてぼくたちにすぐに手を洗ってくるように言うと、ぴしゃりと窓を閉めてしまった。その音が大きかったからか、野良猫は驚いてどこかへ行ってしまった。

その翌日以降も白黒の野良猫がまたやってこないか仁菜といっしょに待ったけれど、猫が庭に現れることはなかった。

ママは猫が嫌いなんだ。そう言った仁菜。あのときも、いまと同じように涙を必死にこらえるかのように目のふちをじんわりと赤く染め、ぐっと口を閉じ、ほっぺを真っ赤にしていた。

　泣かないでよ、とあのときのぼくは言った。きっとどこかのうちでいまごろおいしいご飯をもらってるはずだから、とも。だからここには来ないんだと。

　ぼくは十歳になった仁菜を見つめる。同じく十歳になったいまのぼくには、仁菜にかける言葉が思いつかない。仁菜もきっとぼくにそんなものを求めてはいないだろう。仁菜の爆発した天然パーマは、周りのものすべてを拒絶しているように見えた。

「……ママは猫が嫌いなわけじゃないわよ」

　沈黙を破ったのは、雅さんだった。

　仁菜は静かにぎろっと雅さんをにらむ。大人の言うことなんて信じるもんか、といった顔つきだった。

　ぼくはいままで、母さんにも父さんにも、そんなに怒りを感じたことはない。

（中略）

　仁菜の燃え盛る炎のような怒りは、どこからわいて出てくるんだろう。

「ウソばっかり！」

　案の定、仁菜は雅さんの言葉をはねつけた。話を聞かずに席を立とうとする。

　仁菜たちの親子げんかに巻きこまれてしまったぼくは、正直とっても気まずかった。テーブルの隅っこでだまりこみ、なるべくじゃましないように小さくなるしかない。

（中略）

　そのあと、雅さんは、実は自分も捨て猫を飼ったことがあると話し始めた。だが、お金がなくて、病気にかかった猫の十分な治療ができなかったなどと、苦い経験があることを語った。その経験から、もう責任が取れない命を飼うのはやめようと決めた、と話した。

「かわいそうだからっていっても、なんでもかんでもはお世話できないの。だからあの子猫のこともダメって言ったの。クウちゃんのお世話もちゃんとできない仁菜に、責任を持って生き物を飼うことはできないと思って」
　②仁菜がぐっと口を横一文字に引き結ぶ。
「生き物を飼うってね、小さいときや飼い始めのものめずらしいときだけかわいがるんじゃダメなのよ。その子を一生責任持って育てられる自信がなければ、いたずらに手を出しちゃダメ。ママはそう思うな」

　仁菜はなにも言い返せなかった。もちろんぼくも。そこで話し合いは終わった。

「ごめんね玄太くん、わざわざ来てくれたのに」

　リビングのテーブルの前から一歩も動こうとしない仁菜の代わりに、雅さんが玄関まで送ってくれた。

「いえ、あの、すいません」

「こちらこそ、この前はごめんね。子猫ちゃん見て、いろいろ思い出してついかっとなっちゃって。真季にも今度ちゃんと話しておくね」

「③ニケです、子猫の名前……最初、三毛猫じゃなくて二毛猫だと思ったから、ニケ。洗ったら、三色だったんですけど」

返事をする代わりに、言った。ニケはもう、ニケなんだ。どこにでもいる子猫じゃなくて、うちの猫、ニケ。それを雅さんにわかってほしかった。

「それ、もしかして仁菜がつけた？」

ぼくがうなずくと、雅さんはちょっとうれしそうに微笑んだ。

「ニナとニケなんて、姉妹みたいね」

独り言みたいに小さい声で、雅さんはそうつぶやいた。

「しょっちゅううちに来ては、熱心にニケの世話してました。……責任、感じてたんだと思うけど」

「そっか。……こんなこと、玄太くんに頼むのもなんだけど、ニケちゃん、責任持ってかわいがってあげてね」

ぼくはうなずいた。最初はなし崩しで飼うことになってしまったけど、でもいまではニケはもう立派な家族の一員だから。ぼくのかわいい妹だ。

ニケにはできる限りのことをしてあげよう、と思っていた。

ニケが大人になっても、ずっとニケの面倒を見続ける。きっとそれが、「責任」ってやつなんだろう。

ぼくは来た道を、とぼとぼと歩いて帰った。④うちまでのわずかな道のりが、長いような、短いような。少し前まで、仁菜はこの道を何往復もしてニケに会いに来ていたのだと思うと、よけいに苦しくなる。


（片川優子『ぼくとニケ』）

(1) ——線部①「あの日も、仁菜はこんな顔をしていた」とありますが、「あの日」の「仁菜」の顔の様子を具体的に表現している部分を本文中から五十字以内で抜き出し、初めと終わりのそれぞれ五字を答えなさい。〈完答20点〉

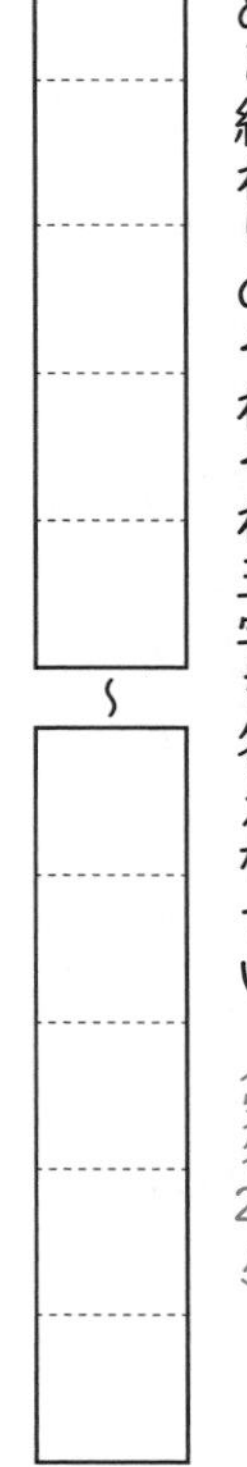

(2) ――線部②「仁菜がぐっと口を横一文字に引き結ぶ」とありますが、この時の「仁菜」の思いとして最も適当なものを次のア～オから選び、記号で答えなさい。〈25点〉

ア もっともな指摘を受けて納得し、受け入れようとしている。

イ 言われたことを反省し、これからはきちんとしようと決意している。

ウ 痛いところを突かれて言い返すこともできず、くやしく感じている。

エ 自分のだめなところを次々と指摘する母親に、怒りを覚えている。

オ 予想もしなかったことで叱られることになり、不愉快に思っている。

〔　　〕

(3) ――線部③「ニケです、子猫の名前」とありますが、「ぼく」が子猫の名前を「雅さん」に言ったのはなぜですか。説明しなさい。〈30点〉

〔　　　　〕

(4) ――線部④「うちまでのわずかな……短いような」とありますが、「わずかな道のり」が「ぼく」に「長いよう」にも「短いよう」にも感じられた理由として、最も適当なものを次のア～エから選び、記号で答えなさい。〈25点〉

ア 仁菜のニケへの思いや雅さんの生き物を飼うことに対する考え、「ニケ」に対する自分の果たすべき責任のことなど、今まで深く考えることのなかったさまざまなことで頭の中がいっぱいになってしまっていたから。

イ 猫の件で怒っているはずの雅さんを説得に行ったのに、激しい親子げんかに巻き込まれたり、雅さんの回想を聞かされたりと、自分の目的と関係の無いことばかり起きて、疲れ切ってしまっていたから。

ウ 自分の意思を表現するすさまじい姿や、ろくに人の話に耳も貸さずに自分の気持ちばかり一方的に主張する姿といった、仁菜のあまりにも激しい姿が次々と頭に浮かんできて、圧倒されてしまっていたから。

エ 雅さんを説得しようと一生懸命頑張ったにもかかわらず、むしろすっかり言いくるめられてしまい、仁菜をニケに会わせることができなかった自分の情けなさを振り返り、かみしめていたから。

〔　　〕

2章 物語の読解

9 せいかく・人物像

ねらい 発言や行動、ほかの人物から見た評価に注目し、性格や人物像を理解できるようになる。

学習日 月 日

★標準レベル

15分

/100

答え25ページ

1 次の文章を読んで、あとの問いに答えなさい。

〔ぼく（翼）は、商店街で博たちと見つけた鳥のヒナを家へ持って帰る。そこへ博がやってきた。〕

ぼくは、どぎまぎしながら、箱のふたをあけてみせた。すると博は、持ってきたずかんをばさばさと広げて、①大きくうなずいた。

「やっぱりツバメだ。でも、しっぽがみじかい……写真のツバメは、長いのに。……あ、ひななのかなあ」

博はひとりで、ぶつぶつ言っている。と思ったら、急に顔を上げて、

「翼くん。ツバメにこれやって」

と、ぼくにプラケースをつきつけてきた。

「なにこれ」

「いま、畑で、チョウと青虫とってきたんだ」

「チョウと青虫？ なんで？」

(1) ①大きくうなずいたとありますが、博の様子の説明としてあてはまるものを次からえらび、記号で答えなさい。〈20点〉

ア 箱の中から聞こえる鳥の声に答えようとする様子。
イ ずかんに書いてあることにぎもんをもつ様子。
ウ あせっている「ぼく」を落ちつかせようとする様子。
エ 自分の予想が正しかったとわかり、すっきりした様子。

〔　　〕

(2) ②ぼくが感心するとありますが、「ぼく」はどのようなことに感心したのですか。あてはまるものを次からえらび、記号で答えなさい。〈20点〉

ア 博の言うとおり、ツバメが飛びながらえさを食べること。
イ 博が、ツバメが何を食べるかを知っていたこと。
ウ 博が、ツバメについてていねいに教えてくれたこと。
エ 博が、箱の中のツバメをよくかんさつしていること。

〔　　〕

「なんで、って……。ツバメは、虫を食べるんだよ」

そう言いながら博は、ずかんを大きく広げてぼくに見せた。

「ほら翼くん、ここ、読んで」

ぼくは、博の開いたツバメのページを読んだ。

「えーと。ツバメは、飛びながら、昆虫類を、食べます。

……ほんとだ！」

②ぼくが感心すると、博は、ぱっとうれしそうな顔になった。

そして、話しはじめた。すごいいきおいで。

「さっき、雨があがって、ちょっと晴れたでしょ。だからぼく、大いそぎで帰って、虫とりあみ持って、畑に行ったんだ。あ、ぼくんち、市民農園の横で、農園には、うちの畑もあるんだ。そしたらもう、モンシロチョウが飛びはじめてたよ。チョウは、雨のときとか、気温がひくいと飛ばないんだ。だけど、日があたって、気温が上がったから」

博が、あの博が、いっぱいしゃべってる。

ぼくは、わけがわからなくなりながらも、③博のおしゃべりを、ひとまず止めた。

「ちょっとちょっと、ストップ。つまりこれ、ツバメのごはんってこと？」

（大島理恵『つばさ』）

---

(3) ③博のおしゃべりとありますが、しゃべっているとき博はどのような様子でしたか。次の文の空欄にあてはまる言葉を、文章中から三字と七字でぬき出しなさい。〈10点×2〉

さっき畑で［　　　］を見つけたことを、［　　　　　　　］で話す様子。

(4) この文章中の「ぼく」についての説明としてあてはまるものを次からえらび、記号で答えなさい。〈20点〉

ア 博となかよくしようと考えている。

イ 博の考えや行動にいらいらしている。

ウ 博の様子や行動にとまどっている。

エ 博となかよくするのはむずかしいと感じている。

［　　］

(5) この文章中で、博はどのような人物としてえがかれていますか。あてはまるものを次から**二つ**えらび、記号で答えなさい。〈完答20点〉

ア 人をよろこばせようと、細やかに気をつかう人物。

イ うれしいことがあると気持ちがおさえられない人物。

ウ 生き物に関心を向けていて、知識もたくさんある人物。

エ 生き物にくわしいことを、得意気にしている人物。

［　　・　　］

★★ 上級レベル

⏱ 15分

／100

答え 25ページ

学習日　月　日

1 次の文章を読んで、あとの問いに答えなさい。

滝田がぼくにプレゼントをくれた。水槽のようなガラスケースに、七分目くらいまで土が入っている。中にカブトムシの幼虫が五匹、眠っているのだそうだ。

「あと一か月くらいしたら出てくるよ、ちゃんと成虫になって」

わざわざ自転車にのせて、ぼくの家まで運んでくれた。土の中に一匹、白っぽく丸まっている幼虫が透けて見えた。けっこう大きくて、気持ち悪い。成虫のカブトムシは好きだけれど、こういうのは好きじゃない。でも、①せっかくくれたのだから、うれしそうな顔をしなければ。

（中略）

滝田のお父さんは高校で理科の先生をしている。昆虫博士なのだと伊場先生が言っていた。滝田一雄著『むしのせかい』という低学年向けの本が、ぼくたちの学校の図書室にも置いてある。

お父さんの影響で、滝田も昆虫が大好きだ。大好きを通りこして、オタクっぽい。初めてぼくに話しかけてきたのは、五年生のクラス替えがあった日。

(1) ①せっかくくれた……顔をしなければとありますが、この部分から読みとれる「ぼく」の気持ちとしてあてはまるものを次から一つえらんで、記号で答えなさい。〈10点〉

ア カブトムシが好きな滝田とは気が合わないと感じていることを、知られないようにしたいという気持ち。

イ カブトムシの幼虫を気に入ったので、プレゼントしてくれた滝田にその思いをつたえたいという気持ち。

ウ カブトムシの幼虫は苦手だが、プレゼントしてくれた滝田の親切心を台なしにするのはよくないという気持ち。

エ カブトムシの幼虫を見てこわくてたまらないので、笑顔をつくることで落ち着きたいという気持ち。〔　　〕

(2) ②すごくいい名前だねとありますが、その理由を説明した次の文の□にあてはまる内容を三十字以内で書きなさい。〈20点〉

韮崎翔太という名前には□が使われているから。

「韮崎翔太くんて、す、②すごくいい名前だね」

全員に配られた座席表を持って、ぼくの席に来た。

どこがいい名前なものか。苗字も名前も画数が多くて、漢字で書くと時間がかかる。

滝田によると、「韮」は節足動物の姿によく似ているのだそうだ。「翔」には羽がついていて、さっそうと空を飛ぶ生き物を連想させるらしい。

そんなことを考えるやつがいるのか！　節足動物って、ムカデやゲジゲジのことじゃないか。③こういう人とは友だちになりたくない。そのときは強くそう思った。

でも、性格は悪くない。というより、やさしすぎて、ちょっと弱く、人から乱暴な言い方をされると、すぐに目がうるんでしまう。だから、あだ名は泣田。あまりつっかえずに話ができる相手は、ぼくとインチョウを入れて五、六人くらいだ。

それでも女子に、けっこう人気がある。家庭科の裁縫や料理が得意で、頼まれるとていねいに〈実技指導〉してあげるからだ。

（中略）

学校の先生はみんな、人のことを思いやれる人になりましょうと言う。滝田はその代表選手だ。


（本田有明『卒業の歌～ぼくたちの挑戦』）

(3) ③こういう人とは、どういう人ですか。「人の名前」という言葉を使って書きなさい。〈30点〉

［　　　　］

(4) 滝田についての説明として**あてはまらないもの**を、次から一つえらんで、記号で答えなさい。〈完答20点〉

ア　昆虫に対するきょうみや愛着が強く、昆虫とむすびつけて物事を考えることがある。
イ　乱暴な話し方をされるとすぐにないてしまうことがあり、気が弱い。
ウ　得意なことがたくさんあるので、先生や女子たちからもそんけいされている。
エ　だれにも負けないくらい思いやりがあって、やさしいせいかくをしている。

〔　　〕

(5) 「ぼく」が滝田にとってどのようなそんざいなのかを表している言葉を文章中から十六字でさがし、始めと終わりの四字をぬき出しなさい。〈完答20点〉

□□□□～□□□□

40分　／100　答え26ページ

学習日　月　日

1 次の文章を読んで、あとの問いに答えなさい。〈茗溪学園中学校・改〉

（主人公の珊瑚は沖縄に住む小学六年生の少女。母は自宅から離れた福岡で働き、自分のことをルリバーと呼ばせる祖母と二人で暮らしている。）

泉さんが転校してきてから、私は朝が待ちどおしくなった。

いつもより三十分は早く起きてしたくするから、*ダイヤが「へぇ」って顔してみてる。

私は、小さいころからルリバーに、

「民謡を歌うときの髪型は、うちなーからじときまってるから、髪の長さは大切やでー」

っていわれていて、①髪を一度も切ったことがない。

その髪を毎日、三つ編みにするのがめんどいと思ったけど、このあいだ泉さんから、

「へぇー、三つ編みも、かわいいもんだね」

っていわれて、なんか自分のヘアースタイルがすきになれたんだ。

泉さんは、たくさんはしゃべらないけど、授業中、池城先生にさされると、はっきり答える。

「これはさ、個人情報なんだけど、あたしとサンは親友だからおしえちゃう」

くるみのひとことで、私の心があったかくなった。

くるみは、貧しいうえに勉強のできない私をバカにしないで、やさしくしてくれる。

キジムナーが、やさしい妖精ならば、くるみこそキジムナーなのかもしれない。

くるみは、魚の目玉がすきだというし、それがもし左目なら、キジムナー伝説と同じだ。

「魚の目玉、どっちがすき？」

話のとちゅうだったけど、きかずにはいられなかった。

「そりゃあ、左目でしょ」

っていって、②くるみは舌を出して、

「あたしは、キジムナーじゃないよ」

と、私のかたをたたいた。

（上條さなえ『月と珊瑚』〈講談社〉）

（注）○ダイヤ＝珊瑚の家で飼っているネコ。

私は、それもかっこいいと思う。

学校の帰り、くるみが、

「ガジュマル公園にいこう」

と、私のうでをひっぱった。

新都心(しんとしん)には、たくさんの公園がある。「ガジュマル公園」は、その名前のとおり大きなガジュマルの木が、横(よこ)にひろがって壁(かべ)のように□立っている。

学校の行き帰り、急(きゅう)な雨にふられると、私たちはこの木の下で雨のやむのを待つ。

そのたび、私はそっとガジュマルの木をみあげる。

私は、小さいころから、ルリバーから「悪(わる)いことをしたらさ、あのガジュマルの木にすむ妖怪(ようかい)のキジムナーにいたずらされるでー」といわれてきた。

「ほんとに、キジムナーっているのかな」

私は、ベンチにすわって、くるみにきいてみた。

「ガジュマルは『幸福(こうふく)の木』ともいわれてるから、キジムナーもいい妖精(ようせい)だと思ってる。それより、サン」

くるみの目が、光った。

(中略(ちゅうりゃく))


〔くるみは母親が家政婦(かせいふ)として働くようになったこと、はけんされたのは泉さんの家で、そこが、お金持ちしか住めないウエストタワーマンションであることを話す。〕

---

(1) ——線部①「髪(かみ)を一度(いちど)も切ったことがない」とありますが、「私(わたし)」はどのような人物(じんぶつ)だと考えられますか。次のア～オの中から最(もっと)も適切(てきせつ)なものを一つ選(えら)び、記号(きごう)で答えなさい。〈20点〉

ア 髪の毛を切るのがわずらわしくて、そのまま伸(の)ばし続(つづ)けているだらしない子。
イ おしゃれに関(かん)してはほとんど興味(きょうみ)を持(も)っていない、男の子っぽい活発(かっぱつ)な子。
ウ 自慢(じまん)の髪の毛を大事(だいじ)にして毎日手入れをしている、こまめできれい好(ず)きな子。
エ 民謡(みんよう)のためなら自分の気にいらないことを我慢(がまん)できる、意志(いし)の強い情熱的(じょうねつてき)な子。
オ 内心では髪型(かみがた)が気に入っていないが、祖母(そぼ)の言いつけを守(まも)るやさしく素直(すなお)な子。

〔　　〕

(2) □に入る言葉(ことば)として最も適切なものを、次のア～オの中から一つ選び、記号で答えなさい。〈10点〉

ア きらめき　イ いろめき　ウ まろび
エ そそり　オ せめぎ

〔　　〕

(3) ——線部②「くるみは舌(した)を出して」とありますが、なぜ舌を出したのですか。その理由(りゆう)を説明(せつめい)しなさい。〈30点〉

〔　　　　　　　　〕

2 次の文章を読んで、あとの問いに答えなさい。

〈桜美林中学校・改〉

（ゴールキーパーの克彦が正面に来た相手のボールをキャッチしそこねたことをきっかけに、周斗は克彦をせめて、サッカーをやめろと言ってしまった。）

克彦は突然、ダッと駆け出した。

「かっちゃん！」

「かっちゃん、どこ行くんだよ」

みんなが追いかけようとするのを、大地は手で制した。重苦しい空気が選手たちを包んだ。狭い空間にいるわけではないのに息がしづらい。

「周斗、お前さ。何様なんだよ」

ふだん穏やかな光貴が静寂を切った。周斗の胸がビンと震えた。

「は？」

動揺を隠すように、周斗は光貴を思いっきりにらみつけた。

「お前ひとりでサッカーやってんじゃないんだよ」

光貴が吐き捨てるように言うと、歩まで加勢した。

「周斗ってさ、かっちゃんとか俺とか控え選手のこと、正直馬鹿にしてるね？」

ムードメーカーでお笑いキャラの歩の目は、笑ってなかった。

（中略）

（周斗は克彦にきつく言いすぎたと感じて、きずつけてしまったことをあやまろうと、公園に克彦をさがしにきた。）

丸い噴水池にそって近づこうとしたとき、はたと歩みが止まった。さっきは克彦の背中で見えなかったが、その向かいにはもうひとり水色のユニフォームを着た選手がいた。

大地だった。

大地は、克彦に何か話しかけている。克彦は最初うつむいていたが、突然顔を上げると、大地の顔をまっすぐ見た。食い入るようにじっと見ている。やがて大地は、克彦の肩に手を回してポンとたたいた。それが合図だったかのように、ふたりはグラウンドの方に向かって並んで歩き出した。

（佐藤いつ子『キャプテンマークと銭湯と』）

（注）○激昂…ひどくおこること。

た。周斗は一瞬言葉を失った。

馬鹿にしているつもりはなかった。でも、優越感は感じていなかったか？　それって馬鹿にしていることになってしまうのか？　歩に心を見透かされた？　いや、そういうのとは違う……。

心がザワザワしてきた。

「そんなわけ、ないだろ」

反論する言葉は弱々しかった。

「いや、してる。でなきゃ、かっちゃんにサッカーやめろ、なんて言えるか」

歩がだんだん*激昂してきた。

「それに、周斗の態度はいつも、」

光貴が追い打ちをかけようとすると、大地が遮った。

「もうやめろ。俺たち今仲違いしている場合じゃないだろ。次の試合は二週間後だぞ」

大地のひとことで、静かになった。気まずい空気が続くなか、周斗はリュックのところにもどってスパイクを履き替えた。

着替えを黙々とすませると、何も言わずにその場を立ち去った。みんなの視線が背中に刺さっているような気がしたが、振り向くことは出来なかった。

光貴や歩が自分のことを、あんな風に思っているとは知ら

---

(1) ――線部「あんな風」とありますが、それはどのようなことを指していますか。二十字以内で答えなさい。〈20点〉

(2) 「大地」の人物像として適切なものを次の中から一つ選び、記号で答えなさい。〈20点〉

ア 自分の実力に自信を持ち、自分の価値観ですべてを判断しようとする人物。
イ いろいろなことに配慮の行き届いた、みんなから信頼されている人物。
ウ 普段の生活では調子がいいが、大事なところではしっかりしている人物。
エ 集団の中で絶対的な権威を持ち、その実力でみんなを圧倒している人物。

［　　］

復習テスト③

15分

/100

答え28ページ

学習日　月　日

1 次の文章を読んで、あとの問いに答えなさい。

【お月さまは一日一日とまるくなって、もうきょうは満月の日です。キキが旅立とうと決めた日がきたのです。

　お日さまがすこし西へかたむきかけたころから、キキは、コキリさんのつくってくれた新しい黒い服を着て、鏡の前で前をむいたりうしろをむいたり、大さわぎです。足もとでは黒猫のジジも負けてはいられないというように、横から鏡をのぞきこんでは、体をのばしたり、ちぢめたりしています。】

（中略）

「さ、これ、おべんとうよ」

　コキリさんはキキの肩をたたいて、そばに小さな包みをおきました。

「なるべくくさらないように薬草入れてつくってあるわ。たいせつに食べるのよ。あたしのおばあちゃんのおばあちゃんはね、このひとり立ちの日のおべんとうをつくるのがとてもじょうずだったんですって。パンに入れる薬草になにやら魔法をかけることを知ってたらしいのよ。そうするとくさらないし、かたくもならないんですって。もうわたしたちにはで

(1) 文章中の【　】は、どのような場面ですか。それを説明した次の文の□にあてはまる内容を答えなさい。〈20点〉

・満月の日の夕方に、キキが□場面。

[　　　　]

(2) ①そんなこととは、どのようなことですか。あてはまるものを次からえらび、記号で答えなさい。〈20点〉

ア ひとり立ちの日のおべんとうに、どんな材料を使うのかということ。

イ とくべつなおべんとうをつくるために、魔法をどうやって使うのかということ。

ウ おべんとうに魔法をかけることができないのは、ざんねんだということ。

エ 魔法をかけたおべんとうは、大切に食べなくてはいけないということ。

[　　]

きないなんて、ざんねんだわねえ」

「①そんなことはかんたんに伝えられそうに思うけどなあ。どうして消えちまうんだろう。やっぱりそこが魔法なんだろうなあ」

仕事部屋から本を片手に出てきたオキノさんが、口をはさみました。

「魔女のわたしにもわからないなんて、おかしいですけど……ほんとうにまっくらな夜と、まったく音のないしずけさがなくなったせいだっていう人がいるのよ。どこかが明かったり、ちょっとでも音がすると、気がちってしまって魔法がじょうずに使えないって……」

「そういやあ、大むかしからみれば、ずっと明るくなってるだろうな。今じゃ、どこかにあかりがついてるもんな」

「そう、②世の中が変わってしまったってことですね」

コキリさんがうなずくと、鏡を見ていたキキが、

「あら、そうかしら」

と、☐顔をむけました。

「あたしはね、魔法が消えたのは世の中のせいじゃないと思うわ。魔女がね、えんりょしすぎたせいよ。かあさんだって、魔女はおとなしく、ひかえめにって、いつもいってるでしょ。」

（角野栄子『魔女の宅急便』）

---

(3) ②世の中が変わってしまったとはどういうことですか。次の文の☐にあてはまる内容を答えなさい。〈20点〉

・今の世の中は、むかしとくらべて☐ため、魔法が消えたということ。

［　　　　］

(4) 文章中の☐にあてはまる言葉を次からえらび、記号で答えなさい。〈20点〉

ア つらそうな　**イ** 不満そうな

ウ 得意そうな　**エ** うれしそうな

［　　］

(5) 文章中「キキ」はどのような人物として書かれていますか。あてはまるものを二つえらび、記号で答えなさい。〈完答20点〉

ア 魔女がひかえめにしすぎることに反発を感じている人物。

イ まわりの大人たちの考え方を、すなおに受け入れている人物。

ウ おかしいと感じたら、自分の意見をきっぱりつたえようとする人物。

エ 魔女であることを自慢に思って、ほこらしげにふるまう人物。

［　・　］

2章 物語の読解

10 心情

★標準レベル

15分 ／100

答え29ページ

学習日　月　日

人物の言動、表情や、情景の描写に注目し、心情を的確につかめるようになる。

1 次の文章を読んで、あとの問いに答えなさい。

（音読がにがてなぼく（木下さん）の順番は次にくる。まだ先生に指されてもいないのに、ぼくの顔はもうまっかになっている。）

「川上さん、とても上手でしたよ。えーと、もうひとり、いけるかな。じゃ、つぎ、木下さん」

「は、はい」

いちおう返事はしたけど、ぼくはせこく①時間かせぎをする。

ゆっくりと腰を上げ、「あ」とかいって、教科書をわざとゆかに落として、ちんたら拾う。それから、スローモーションみたいにノロノロと立ち上がる。

自分でもなさけないと思うけど、クラスがえをしたばかりの四年生の最初の授業で音読するなんて、ぜったいムリ。

立ち上がりながらこっそり前を見ると、先生がきびしい目

---

(1) ①時間かせぎとありますが、「ぼく」が時間かせぎをしている様子を表している「ゆっくり」以外の言葉を、文章中から四字で二つぬき出しなさい。〈10点×2〉

□□□□・□□□□

(2) ②ぼくの顔はどんどん……火をふきそうだ！とありますが、これとは反対の「ぼく」の顔の様子を表した部分を文章中から十字でぬき出しなさい。〈10点〉

□□□□□□□□□□

つきでぼくを見ていた。わざとやってるのがバレバレだな。こういうとき、前から二番目の席って、不利だと思う。先生から丸見えだ。

②ぼくの顔はどんどんほてっていく。もう、火をふきそうだ！

教科書を手に、こほん、なんて咳。

③ああ、いいかげん口を開かなきゃ……。

……と、そのとき、チャイムがなった。

やった！

「では国語の授業は、これでおしまいです。みなさん、続きを家で読んできてください。大きな声ではっきりと読む練習をしてくださいね」

ホッとしてすわった。ふう。顔は熱いままだけど、少しすれば、またいつものトーフみたいな白い顔にもどれるさ。

「つぎは木下さん、あなたからね」

と、いいのこして先生が出ていくと、④ぼくはため息をついた。

そうだよ。つぎは、ぼくが最初じゃん。それって、もっとドキドキしちゃうかも。あーあ、時間かせぎなんかしないで、さっさと読めばよかった……。

（佐藤まどか『セイギのミカタ』）

---

(3) ③ああ、いいかげん口を開かなきゃ……とありますが、「……」にはどんな言葉が入ると考えられますか。次からもっともあてはまるものを一つえらんで記号で答えなさい。〈10点〉

ア チャイムがなっちゃう
イ 先生におこられちゃう
ウ みんなにわらわれちゃう
エ 次の人にかわっちゃう

［　　］

(4) ④ぼくはため息をついたとありますが、どんな気持ちからため息をついたのですか。それを説明した次の文にあてはまる言葉を、 a は二字、 b は五字で、文章中からぬき出しなさい。〈20点×2〉

・次に a に読むのはあなただと先生に言われて、そんなことなら b なんてしなければよかったと後悔する気持ち。

a ［　　］
b ［　　　　　］

(5) 「ぼく」の気持ちは「暗い↓明るい↓暗い」とかわっていきますが、「ぼく」が明るい気持ちになったことがわかる一文を、文章中からぬき出しなさい。〈20点〉

［　　］

★★ 上級レベル

15分　　／100　　答え30ページ　　学習日　月　日

1 次の文章を読んで、あとの問いに答えなさい。

（大地は卓球部の六年生でキャプテン。五年生の純とはじめてダブルスを組んで練習を始めるが、うまくいかずにいらだつ。そのとき大地はにぎやかな声に気づく。）

①大地は立ちつくしてしまった。だって、自分と純のダブルスとは正反対だ。誠もハセッチも、生き生きしている。ふたりともシングルスではそんなに強くない。なのに、ふたりで組むと、「1＋1＝2」どころか、3にも4にもなっているようだ。

「おれたち、もしかしてすげー強いかも。」

そうさけびながらハセッチのかたをたたいた誠と、大地は目が合ってしまった。②誠があわてて目をそらすのを感じる。

そうだよ、誠。こないだまでは「大地と組みたかった」といってくれていたのに……。

世界でひとりぼっちになってしまったような気分になりながらも、大地は強さの秘密を探ろうと、ふたりを目で追っていた。

先生の*サービスを誠が受ける。ラケットをボールにかぶせるようにして、強い上回転をかける。それを受けた先生も

大地はクラブが急につまらなくなった気がした。うつむくと、シューズの先がすりきれているのに気づいた。ぬいで底を見ると、ぽこっと小さな穴があいている。近いうちに新しいのを買ってもらわなきゃ。

④ふんだりけったり、ってこういう気分のことをいうのだろうか。大地はため息をついた。

（吉野万理子『チームふたり』）

（注）○サービス＝サーブ。
○カットマン＝ボールに強い下回転をかける人。

(1) ①大地は立ちつくしてしまったとありますが、その理由を説明した次の文にあてはまる言葉を［a］は二字で、［b］は三字で文章中からぬき出しなさい。〈20点×2〉

・ふたりで組むことで［a］がましている誠とハセッチを見て、自分たちのダブルスとは［b］だと感じたから。

a［　　］

b［　　　］

(2) ②誠があわてて目をそらすとありますが、誠が目をそらした理由にもっともよくあてはまるものを次から一つえらび、記号で答えなさい。〈20点〉

ア ハセッチと組むほうがうまくいくとわかっていたのに大地と組みたかったとうそをついたことがバレたから。

負けじと同じように上回転をかける。

「なるほど……。」

大地はつぶやいた。もしぼくと誠がダブルスを組んでいたら、そろそろ勝負が決まるところだ。

（中略）

でも誠とハセッチのダブルスはちがうのだ。誠が返球した次の球を、ハセッチはコートから二メートルくらい下がって、めいっぱいボールを体にひきつけるようにして、ラケットに当てる。上回転を殺すように、強く強く下回転をかける。

要するに誠とハセッチの相手をするチームは、上回転が来たと思ったら次は下回転、ということになり、おおいにほんろうされることになる。

中学生以上だったら、こういうダブルスはめずらしくない。でも小学生に*カットマンは少なかったから、これは市大会でベスト8どころか、もしかして小学生の部で優勝をかざったりして……？

男子部のキャプテンとしては、本当は喜ぶべきところなのかもしれない。仲間から強いダブルスが生まれた瞬間を、見たのだから。

でも、むしろ逆だった。誠もハセッチも、自分とは全然関係ないところで楽しそうで、さびしいよ。③こんなことで気持ちって変わってしまうんだなぁ。

イ　上きげんになってハセッチのかたをたたいたところを大地に見られて先生に言いつけられると思ったから。
ウ　大地と組みたいと言っていたのにハセッチとうまくいきうかれているすがたを見られて気まずかったから。
エ　ハセッチとのダブルスに手ごたえを感じて上きげんになっている自分を大地に見られてはらが立ったから。

［　　］

(3) ③こんなことで気持ちって変わってしまうんだなぁとありますが、「こんなこと」の内容にもっともよくあてはまるものを次から一つえらび、記号で答えなさい。〈20点〉

ア　誠たちのダブルスの強さの秘密を知らされたこと。
イ　自分と関係のないところで仲間が楽しそうなこと。
ウ　誠たちが上達して自分の実力においついてきたこと。
エ　相手チームにおおいにほんろうされるであろうこと。

［　　］

(4) ④ふんだりけったりとありますが、大地にとってはどういうことを指していますか。それぞれ答えなさい。〈10点×2〉

［　　］［　　］

★★★ 最高レベル

30分

/100

学習日　月　日

答え30ページ

1 次の文章を読んで、あとの問いに答えなさい。

〈東洋英和女学院中学部・改〉

主人公の「わたし」（櫻井さん）は書道教室に通う高校二年生で、「わが心／春の山邊に／あくがれて／ながながし日を／今日も暮らしつ」という和歌をひたすら書き続けているが、どうしてもうまくいかない。

けれど、書き続けるうち、いろいろなことが抜けていった。夏の陽光にさらされた髪が、その色を薄くしていくのと似ていた。七日目だったか、十日目だったか。書き終えたあと、半紙を見た。そこに並ぶ字は、きれいに収まり、穏やかさと、呑気さと、寂しさを備えていた。ふと春の山が浮かんだ。たくさんの花が咲き、芽吹いたばかりの若葉はつやつやと光っている。見とれているうちに日が過ぎていく。どうして自分がこんな字を書けたのか、まったくわからなかった。筆を走らせていたときの記憶さえもない。夢中になって書き続けていたのだ。

横を見ると、墨を吸った半紙がたくさん積まれていた。おそらく百枚以上だろう。

机に置かれた半紙を、書かれた字を見ると、体が少しふるえた。

---

(1) ①ふるえる手で筆を置き、……浮いているみたいだとありますが、

1 この時の「わたし」の気持ちとしてあてはまるものを次の**ア**～**カ**の中から**すべて**選び記号で答えなさい。〈完答15点〉

ア 寂しさ　**イ** 落胆　**ウ** 苦悩
エ 優越感　**オ** 達成感　**カ** 興奮

〔　　〕

2 この「わたし」の気持ちはどのような工夫を用いて表現されていますか。もっともよくあてはまるものを次の**ア**～**エ**の中から一つ選び記号で答えなさい。〈15点〉

ア 反対の意味の言葉を交互に並べている。
イ 短い文をたたみかけるように連続させている。
ウ すべての文において主語を省略している。
エ 比喩表現を用いずに具体的に説明している。

〔　　〕

これまで書けなかった字が書けていた。
なにかを超えた。
①ふるえる手で筆を置き、それから深く息を吸った。気持ちがなかなか落ち着かない。心臓は跳ねまわっている。頭の芯はぼんやりとしている。妙に気持ちよかった。体中から力が抜けた。どこかに浮いているみたいだ。やがて先生が歩み寄ってきた。

なにもしゃべらない。じっと見ている。

他の生徒たちがぞろぞろと入り口から姿を現し、こんにちはと声を出した。しかし、それにも応じず、先生は字をながめていた。

②太陽がいくらか動き、影が角度を変えた。最初はさわいでいた生徒たちも、課題に取りかかったのか、静かになった。

ようやく先生が言った。

「こういうときがあるんだ。いきなり伸びる。無心にやっていると。自分の手がふと伸びて、絶対に摑めないと思っていたところに届く。そう、未来さえも摑めるように感じられるときが」

先生はなにを言っているんだろう。いつもより早口だ。ぼんやり見つめていると、③先生はやがて苦笑いをした。わたしはなにか声をかけたくなったけれど、思いばかりで、言葉は出てこなかった。

（橋本紡『葉桜』）

(2) ②太陽がいくらか動き、影が角度を変えたとありますが、どういうことですか。もっともよくあてはまるものを次の**ア**～**エ**の中から一つ選び記号で答えなさい。〈15点〉

ア 「わたし」が外に出たがっていたということ。
イ 夜になったということ。
ウ 不吉な予感がしたということ。
エ 時間が経ったということ。

［　　］

(3) ③先生はやがて苦笑いをしたとありますが、なぜですか。もっともよくあてはまるものを次の**ア**～**エ**の中から一つ選び記号で答えなさい。〈15点〉

ア 一所懸命に話しているのに「わたし」の反応が薄かったから。
イ いつもと違って「わたし」に優しい言葉をかけたことに照れたから。
ウ 自分のアドバイスを「わたし」が素直に聞き入れなかったから。
エ 「わたし」が自分の話を全く理解していないことにあきれたから。

［　　］

2 次の文章を読んで、あとの問いに答えなさい。

〈攻玉社中学校・改〉

「僕」にはヤンチャとハム太とノリオという仲の良い友達がいる。だが、入院しているヤンチャの病状は日々悪化する。未来の治療法を手に入れるため、「僕」たちはタイムマシンの製作に没頭するようになった。

僕らのタイムマシンが完成したのは、クリスマス・イヴの前の日のことだった。

できあがったタイムマシンに、僕らは大きなリボンをかけて、記念撮影をした。

（中略）

タイムマシン本体を病院まで運んでいくことはできないけれど、せめて写真だけでも、ヤンチャへのクリスマス・プレゼントにするつもりだった。

二日ぶりに会うヤンチャに早く写真を見せてやりたくて、僕らは秘密基地から病院までヨーイドンをした。

（中略）

見えないくらい後ろから、ハム太がぜいぜいのどを鳴らして追いかけてきた。

息を切らしたままヤンチャの病室にかけ込むと、窓際のヤンチャのベッドはきちんと整頓されて、誰も寝ていなかった。

まう気がした。

と、④ノリオが突然ウッと変な声をもらし、そのまま廊下を走り出した。

（村山由佳『約束　村山由佳の絵のない絵本』）

(1) ——線部①「自分の声が、どこか……気がした」とありますが、「僕」の様子の説明として最も適当なものを次の中から選び、記号で答えなさい。〈10点〉

ア ハム太が一人だけ遅れていることに腹を立てている。
イ いきなり突きつけられた現実にぼうぜんとしている。
ウ ヤンチャとの約束に間に合わせようとしている。
エ 予想外の出来事に対して落ち着いて理解している。
オ 感情的にならずに客観的に事実を受け止めている。

［　　］

(2) ——線部②「おっちゃんは……首を横に振った」とありますが、この時のおっちゃんの心情として、最も適当なものを次の中から選び、記号で答えなさい。〈15点〉

ア ヤンチャの死に間に合わなかった三人が許せない。
イ ヤンチャの死を三人に伝えることが忍びない。
ウ ヤンチャの死を悟れない三人を残念に思う。
エ ヤンチャの死を三人には退院だとごまかしたい。
オ ヤンチャの死に三人がどう反応するか確かめたい。

［　　］

一瞬、部屋を間違えたのかと思った。でも、右側のおじいさんたちも、ヤンチャの隣のおっちゃんも、確かに同じ顔ぶれだ。

ものすごくいやな感じが僕を襲った。首筋の毛が、ぜんぶ逆立つ。

「……ヤンチャは？」

と、僕は言った。①自分の声が、どこか遠くから聞こえるような気がした。

やっと追いついてきたハム太が、空のベッドを見て、

「あれ、ヤンチャのやつ、退院したのか？」

と言った。

②おっちゃんは黙って僕らを見た。それから、ゆっくりと首を横に振った。

「そ……んな……」

(信じない、そんなこと絶対に信じないぞ)

思うのに、勝手に口が動く。

「……いつ？」

「今朝だよ」と、おっちゃんは言った。「明け方、ひどい発作を起こしてね。あのやろ、ずいぶん頑張ったけど――だめだった」

③僕は、じりじり後ずさりした。からっぽのヤンチャのベッドに背中を向けたが最後、何もかもが本当のことになってし

---

(3) ――線部③「僕は、じりじり後ずさりした」、――線部④「ノリオが突然ウッと……走り出した」について、このときの状況を説明したものとして、最も適当なものを次の中から選び、記号で答えなさい。〈15点〉

ア 「僕」はヤンチャの死という現実を受け入れまいと懸命に耐えているが、ノリオはヤンチャの死に直面して、いたたまれなくなった。

イ 「僕」はおっちゃんの話を聞いてヤンチャの死を受け入れているが、ノリオはヤンチャの死を認めたくないあまり、その場にいられなくなった。

ウ 「僕」はヤンチャが死んでしまったことを納得しようと努めているが、ノリオはおっちゃんの話に納得いかず、怒りからその場を立ち去った。

エ 「僕」はヤンチャの死をおっちゃんから告げられ、ただ打ちひしがれているが、ノリオはヤンチャを生き返らせようと前向きな気持ちになった。

オ 「僕」はヤンチャの死をおっちゃんの思い込みだと見抜いているが、ノリオはおっちゃんの話を真に受けて、やりきれない悲しみに襲われていた。

［　　］

2章

物語の読解

11 心情の変化

学習日　月　日

ねらい　気持ちが変わる原因となる出来事に注目することで、心情の変化を理解できるようになる。

★標準レベル

15分

/100

答え32ページ

1 次の文章を読んで、あとの問いに答えなさい。

> 光平のじいちゃんは犬のぬいぐるみのチョロを使って腹話術をするのが得意。豆腐の運送の仕事をしているじいちゃんは、配達先の店についてくるかと光平をさそう。

光平のようすを見て、じいちゃんが①おもしろいことを言いだした。

「ははーん、さては、②はずかしいんだな。よし、光平はチョロになってついてこい！」

「え？」

「じいちゃんのそばにいて、もしもなにか聞かれたら、口だけ動かしてろ。じいちゃんが腹話術でしゃべってやる。」

（ぼくがチョロになるって？　そうか。しゃべらなくていいんや。それやったら……。）

光平はじいちゃんの上着のすそをにぎって、おそるおそる店の中に入っていった。

(1) ①おもしろいこととありますが、どんなことですか。文章中から九字でぬき出しなさい。〈20点〉

□□□□□□□□□こと

(2) ②はずかしいんだなとありますが、その気持ちを光平の動作のみで表している一文をこれよりあとから二つさがし、それぞれ始めの五字をぬき出しなさい。〈10点×2〉

□□□□□

□□□□□

「まいど!」

大きくて元気なじいちゃんの声。店の中からも、「よっ、おっちゃん。おはようさん!」そんな声がかえってくる。

(中略)

「ぼく、何年や?」

光平は声が出ないまま、じいちゃんをちらりと見た。じいちゃんがウインクする。

(チョロになれっていう合図かな?)

小さく口を動かすと、それにあわせて、じいちゃんがしゃべりだした。

「ボクハ、四年。セイセキバツグン、イツデモ百点。ナンデモ聞イテ。」

光平は、めんくらってさけんだ。

「じいちゃん! ぼく、 A とちがうよ!」

じいちゃんが手をたたいて笑った。

「やっぱり、ほんものがしゃべるらしいわ。」

それからもじいちゃんは、「わしは、まだまだ青年だからね。」とか「 B 」とか、大きな声でじょうだんをとばしながら仕事をつづけた。光平は、そんなふうにみんなを笑わせるじいちゃんが、③うらやましくて、そして、ほこらしかった。


(あんずゆき『冒険に行こう、じいちゃん』)

(3) A には、どんな言葉が入りますか。文章中から八字でぬき出しなさい。〈10点〉

(4) B にあてはまる言葉を次からえらび、記号で答えなさい。〈10点〉

ア うちのまごかい? やせっぽちでも力持ちなんだよ。
イ 仕事が終わったら、たまには出かけないかい?
ウ え? わしがゴリラににてるって? キリンのまちがいだろ?
エ もっと豆腐、買っておくれよ。お安くしとくからさ。

〔　　〕

(5) ③うらやましくて、そして、ほこらしかったとありますが、この気持ちを説明した次の文にあてはまる言葉を、 a は五字、 b は三字で文章中からぬき出しなさい。〈20点×2〉

・ a と感じてばかりの自分とちがい、まわりの人たちを笑顔にすることができる b じいちゃんが自慢だ。

a

b

★★ 上級レベル

15分

/100

答え33ページ

学習日　月　日

1 次の文章を読んで、あとの問いに答えなさい。

（詩絵里は両親と一緒に妹の真由梨のピアノの発表会に来ている。）

やがて、舞台に真由梨が登場した。服は、今日のために買ってもらった白いワンピース。ウエストにゴールドの花飾りがついたノースリーブで、髪飾りもゴールド。①あんな華やかな服、あたしはずっと買ってもらってない。

「なんか、こっちまで緊張してくるよな」

と、パパがあたしの耳元でささやく。

「べつに」

「おまえ、冷たいなあ」

あたしはそっぽを向いた。ママだけじゃなくて、パパもやっぱり、あたしよりも、真由梨のことをかわいがっているみたいな気がする。

真由梨は、客席に向かって堂々と頭を下げてから、黒いグランドピアノの前のいすに座った。②自信満々な態度だと思うと、なんかしゃくにさわる。

真由梨が鍵盤に手をのばした。

あれっ？　どうしたんだろ。

(1) 詩絵里はふだん、真由梨をどう思っていますか。文章中からひらがな六字でぬき出しなさい。〈10点〉

(2) ①あんな華やかな服、あたしはずっと買ってもらってないとありますが、真由梨のほうがひいきされていると詩絵里が感じていることがわかる一文を文章中からさがし、始めと終わりの四字をぬき出しなさい。（句読点も一字と数えます。）〈完答10点〉

～

(3) 詩絵里の心情の変化について、次の1～3の問いに答えなさい。

1 ②自信満々な態度だと思うと、なんかしゃくにさわると思っていた詩絵里の心情が変化し、緊張してきたのは、何を見たからですか。十五字程度で答えなさい。〈20点〉

じっと真由梨を見ていると、緊張しているのが伝わってきた。いつも強気な真由梨なのに、指先が細かくふるえている。そのとたん、なんだかあたしまで胸がどきどきしてきた。真由梨……。思わず目を閉じて、手をにぎり合わせた。

やがて、演奏がはじまった。ふだん、家で練習しているときよりも、ちょっと速い。どうしたんだよ、おちつけ、ばか……。

それでも途中からは、だんだんなれてきたのか、指の運びもなめらかになっていった。そして、とくに大きなミスもなく弾きおえた。拍手にこたえるように立ちあがって、おじぎをした真由梨が、舞台の袖に消えたとたん、ふーっと肩で息をはくと、

「なんだ、やっぱり、詩絵里も緊張してたんだな」

と、パパが笑った。③あたしはちょっとほっぺたをふくらませた。しゃくにさわるなんて思ってしまったけど、演奏がはじまってからは、どうか無事に弾きおわりますように、って祈ってた。やっぱり、うまく弾いてほしかった。ふだんはにくたらしい妹だけど、一生懸命練習してたのは、たしかだったから。

（濱野京子『しえりの秘密のシール帳』）

2 真由梨の演奏がうまくいってほしいという気持ちが読み取れる詩絵里の動作を表している一文をさがし、始めと終わりの四字をぬき出しなさい。（句読点も一字と数えます。）〈完答20点〉

［　　　　］～［　　　　］

3 詩絵里の緊張がとけた様子を表している動作を文章中から十字でさがし、始めの四字をぬき出しなさい。〈20点〉

［　　　　］

(4) ③あたしはちょっとほっぺたをふくらませたとありますが、ほっぺたをふくらませた理由を、次の言葉につなげて説明しなさい。〈20点〉

緊張して真由梨の演奏を

［　　　　　　　　］

★★★ 最高レベル

40分

／100

答え34ページ

学習日　月　日

1 次の文章を読んで、あとの問いに答えなさい。〈普連土学園中学校・改〉

（耕作は、罰当番の井上権太を手伝って放課後の教室掃除をしているが、いつ先生が現れて叱られるかわからないと内心びくびくしていた。先生は権太に一人でやれと言ったのだ。）

「権ちゃん、今日は机拭きやめておこうや。二時間しかなかったから、そんなに汚れていないよ」

権太は黙って、耕作の顔を見た。

「拭き掃除しなくてもわからんよ」

「耕ちゃん、わかってもわからんくても、することだけはするべ」

にこっと笑って、権太はバケツの水を取替えに行った。

（わかってもわからんくても、することだけはするべ？）

権太の言った言葉を、耕作は胸の中でくり返した。①ひどく恥ずかしい気がした。

（中略）

最後に黒板を拭き、掃除は終った。再び権太が水を捨てに行き、二人は急いで学校を出た。校庭を横切る時、職員室に

「あんなぁ耕ちゃん。父ちゃんが言ってるよ。叱られても、叱られなくても、やらなきゃあならんことはやるもんだって」

「叱られても、叱られなくても……うん、そうか、わかった」

今度は権太の言葉が、耕作の胸にすぽっとはまりこんだ。

（そうか。先生に叱られても、自分で正しいと思ったことは、したほうがいいんだな）

権太の言葉を納得した途端、②耕作はがんと頰を殴られた思いがした。

耕作は小さい時から、いつも人にほめられて来た。家の者にも、近所の者にも、学校の先生にもほめられて来た。

（中略）

いつの間にか、耕作の心の中には、よりほめられたい思いが渦巻くようになった。ほめられたいと思うことは、また叱られまいとすることであり、誰にも指をさされまいとすることでもあった。叱られるということは、いつもほめられている耕作には、耐えがたい恥ずかしさであった。それが今、権太に言われて、はじめて自分のどこかがまちがっていることに気がついたのだ。

（三浦綾子『泥流地帯』）

一番近い教室に、先生達がたくさんいるのが見えた。耕作は走り出した。走って校門を出ると、追いついた権太が、

「耕ちゃん、どうして走った?」

「のろのろ歩いていて、先生に見つかったら、手伝ったことがわかるだろう?」

「うん」

二人は急ぎ足で歩いて行く。

「わかったら叱られるからな」

権太は黙っていた。もう鯉のぼりの上っていない棹の先に、矢車だけがカラカラとまわっている。

二人の下駄の音が、仲よくひびく。歩調が合っている。

「若浜の奴、先生に言いつけるかな」

「耕ちゃん、お前そんなに叱られるのいやか」

「そりゃあいやださ。権ちゃんは平気か、毎日叱られて」

「平気っていうことはないけどさ。だけどねえ、家の父ちゃんは、叱られるからするとか、叱られないからしないというのは、ダメだって、いつも言うからね」

「……ふうん。だって、誰でもみんな、叱られるからしたり、しなかったりするんじゃないか」

耕作には、権太の言うことが、よくわからない。

(中略)

権太が言った。

---

(1) ——線部① 「ひどく恥ずかしい気がした」とありますが、耕作は自分のどのような言動を「恥ずかしい」と感じたのですか。答えなさい。〈25点〉

[　　　　　　　　　　]

(2) ——線部② 「耕作はがんと頬を殴られた思いがした」とありますが、耕作がこのように思ったのはどのようなことに気づいたからですか。説明しなさい。〈25点〉

[　　　　　　　　　　]

2 次の文章を読んで、あとの問いに答えなさい。

〈東邦大学付属東邦中学校・改〉


「あー、まじだるい。眠い」「行きたくないなあ」

希代子と朱里は笑いながら言い合っていた。朝の下北沢駅の下りホーム。学校に向かうため、各駅停車を待っていた。すぐそばには同じ学校の生徒が何人もいる。

ふいに朱里は目を輝かせた。

「いいじゃん、今日さぼろうよ。さぼっちゃおう。創作ダンスの練習なんてたるいし、美術の授業もないじゃん」

アナウンスが響き、各駅停車の電車がホームに滑り込む。

希代子は笑いながら、

「そうしたいけど、そうもいかんでしょ」

一緒に乗ろうと促した。朱里はにこにこしながら動かない。
①希代子は、少し焦る。この電車を逃せば、遅刻するかもしれない。
次にくる電車は「急行片瀬江ノ島行き」なのだから。

「ほら朱里、乗ろう」

希代子は、彼女の手をぐいと引っ張る。朱里は微笑んだまま動こうとしない。学校をさぼろうとしているのだ。彼女にとって学校をさぼることはなんでもない。しかし希代子にとっては重大事だ。朱里の自由な一日にはあこがれるが、

---

(1) ――線部①「希代子は、少し焦る」とありますが、この時の希代子の気持ちの説明としてもっとも適切なものを次のア〜エの中から一つ選び、記号で答えなさい。〈20点〉

ア 朱里の提案を拒否するような発言で彼女が気分をそこね、自分を嫌いになったのではないかと不安に思っている。

イ 朱里が意味のわからない奇妙な笑いを浮かべたので気味が悪くなり、何かたくらんでいるのではないかと疑っている。

ウ この電車に乗らないわけにはいかない状況だが、朱里が乗ろうとしないので自分も乗車できないことに気をもんでいる。

エ 朱里が学校をさぼって「急行片瀬江ノ島行き」に乗ろうとしていることを直感し、どうすればよいかわからず迷っている。

〔　　〕

(2) ――線部②「それとこれとは別だ」とありますが、この言葉をわかりやすく言いかえるとどうなりますか。次の□にあてはまる言葉を**漢字二字**で答えて完成させなさい。〈10点〉

あこがれることと□することとは別だ。

②それとこれとは別だ。さぼるのはまずい。冷たい汗が背中を伝う。

（中略）

「無理なご乗車はお止めください」

あのアナウンス。もう走らないと。ほんの一メートルの距離なんだ。走らないと。朱里は、のんびりと笑っている。やっと③自分が動けないことに気がついた。

強制されているわけではないのに、朱里の提案には退けられない何かがあった。学校をさぼりたいわけではない。しかし今、学校に行くことで何かを失う気がした。

シューッと、ダストシュートにゴミが落ちていくような音をさせて電車のドアが閉まった。ほんの一瞬だけれど、ホームは水族館みたいに静かになる。

飛び出しそうだった心臓が、どくんと大きな音を最後に静まった。ホームから同じ制服の女の子たちが綺麗に消えた。

「やった、キヨちゃん、これで一日一緒だね」

朱里は嬉しそうに希代子の手を取り、ぴょんぴょんと飛び跳ねた。

（柚木麻子「フォーゲットミー、ノットブルー」『終点のあの子』文春文庫所収）

---

(3) ——線部③「自分が動けないことに気がついた」とありますが、この時の希代子の説明としてもっとも適切なものを次の**ア**～**エ**の中から一つ選び、記号で答えなさい。〈20点〉

ア 友人の朱里から一緒にさぼろうとさそわれ、当然同行してくれるはずだという朱里のほほえみを見ると、自分だけ学校に行くのはうらぎりになってしまうと感じている。

イ 友人の朱里から一緒にさぼろうとさそわれ、日常の生活から飛び出そうという気持ちも捨てきれないまま、学校には行くべきだという常識的な考えも押し出せずにいる。

ウ 友人の朱里から一緒にさぼろうとさそわれ、朱里の恐れを知らない様子を見ているうちに、自分の心の底にもさぼりたいという欲求があることを発見し、とまどっている。

エ 友人の朱里から一緒にさぼろうとさそわれ、朱里の笑い顔の中に自分に対するすがるような思いがあることに気づいたため、自分だけ学校に行ってよいものか迷っている。

［　　］

2章 物語の読解

12 主題

★標準レベル

15分 ／100 答え35ページ

学習日　月　日

ねらい　登場人物の気持ちや考えの変化、成長などから、作者が伝えようとしていることを理解できるようになる。

1 次の文章を読んで、あとの問いに答えなさい。

トラックのまん中にリレーの選手が集まった。①目立って背の低い小野くんが、はしの方にいるのが、遠くからもわかった。

②もし小野くんがあのとき手を上げなかったら、修があそこに立っているはずだった。

男子の部のスタートのピストルが鳴ったとき、ドキンとして息苦しくなった。

（中略）

バトンを受けに立った小野くんは、小さな体にまぶしく秋の日ざしを受けていた。並んで立っている赤組の選手は、すらっと背の高い松井くんだ。

赤組に十メートルも差をつけて、小野くんはバトンを受けた。ものすごい声援がひびいていた。

小野くんが修の目の前を走っていく。口をぎゅっと結んで、体じゅうの力をふりしぼって走っていく。

---

(2) ②もし小野くんが……立っているはずだったとありますが、そこから考えられることを次からえらび、記号で答えなさい。〈20点〉

ア　修がリレーの選手になりそうだったとき、小野くんが自分がやると買って出たこと。

イ　修がリレーの選手になれたはずだったのに、小野くんが横からじゃまをしたこと。

ウ　修は手を上げたかったのに、小野くんもやりたいと言ったのでゆずったこと。

エ　小野くんが手を上げなかったので、修がしかたなくリレー選手になったこと。

［　　］

(3) ③ひざに……息をしたとありますが、これを説明した次の文の□にあてはまる内容を、文章中から十三字でさがし、始めと終わりの四字をぬき出しなさい。〈完答20点〉

・次の走者にバトンをわたした小野くんがこれほどつかれているのは、□走ったからである。

［　　　　］～［　　　　］

松井くんが長い足でぐんぐん迫ってくる。どんどん差をちぢめてくる。

声援がいっそう大きくなる。

「小野くんがんばれーっ」

修はみんなといっしょになって声をはりあげた。

小野くんがぬかれていく。

どんなにがんばっても、小野くんの足は早くない。松井くんは軽がるとぬきさって、二十メートルほども差をつけ、五年生にバトンをわたした。

（中略）

走りぬいた小野くんは、③ひざに両手をついて肩で息をした。そしてスッとあおむいた。その顔がはっきり見えた。

夕日が小野くんの顔をてらしていた。④なんて満足そうなんだろうと、修は思った。堂どうとぬかれて、役目を終えた顔だった。

小野くんはすごいと修は思った。足がおそいのに代わりを申しでて、修を助けてくれた。

（広瀬寿子『うさぎの庭』）

(1) ①目立って背の低い小野くんとありますが、これと対になる表現で表されている人物を文章中から十二字でさがし、始めと終わりの四字をぬき出しなさい。〈完答20点〉

□□□□ ～ □□□□

(4) ④なんて満足そうなんだろうとありますが、修はなぜこう思ったのですか。これを説明した次の文の□にあてはまる内容を、文章中から十五字でさがし、始めと終わりの四字をぬき出しなさい。〈完答20点〉

・小野くんが、□顔つきをしていたから。

□□□□ ～ □□□□

(5) この文章を通して書かれている内容にあてはまるものを次からえらび、記号で答えなさい。〈20点〉

ア 一生けんめい取り組むことで、ふだんの自分以上の実力を出せて、満足している小野くんのすがた。

イ 自分の苦手なことでも、人を助けるために、自分のできることをやりぬこうとする小野くんのすがた。

ウ 全力を出してがんばっても、実力のある人には勝てないとわかり、落ちこむ小野くんのすがた。

エ リレーでぬかれたのに満足そうな顔をしていて、自分の実力のなさを反省しない小野くんのすがた。

［　］

★★ **上級レベル**

15分

/100

答え 35ページ

学習日　月　日

1 次の文章を読んで、あとの問いに答えなさい。

〔児童会長に立候補することになった雷太は、優、良介、仁田とともにあいさつ活動を始めた。〕

結局、オレたちのあいさつに反応したのは、おなじクラスの数人だけだった。

「もうこないね」仁田がいう。

「行こうぜ」ランドセルを良介がつかんだ。

やりとげたという①達成感や満足感はみじんもない。ただズシリとした疲労感と脱力感が残っただけだ。

ランドセルを手にオレたちは、だまって顔を見あわせた。なにもいわないのは、口を開くとよけいに気分がなえてしまうってわかっているからだ。

これを二十日間もつづけるのか？　そんなことしてなんになる。

反応もなく、関心をむけられることもない。ただ一方的に「おはようございます」をくりかえすことになんの意味があるっていうんだ。

教室にむかおうと歩きだすと、校舎から犬山センセーが出てきた。

……

仁田はけんとうちがいなことをいったけど、オレや優には③良介がいわんとすることはちゃんとわかった。

あいさつってのは、人を気持ちよくするものなんだ。

（いとうみく『5年2組横山雷太、児童会長に立候補します！』）

(1) 雷太はもともと何のためにあいさつ活動をしていましたか。それがわかる連続した二文を文章中からさがし、始めと終わりの四字をぬき出しなさい。（句読点も一字と数えます。）〈完答20点〉

□□□□ ～ □□□□

(2) ①達成感や満足感はみじんもないとありますが、なぜですか。次の言葉につなげて三十字以内で書きなさい。〈20点〉

ほとんどの生徒からは、

（中略）

「ひとつだけ、②担任としてアドバイス」

犬山センセーはふりかえると、両手を腰にあててオレを見た。

「顔をあげろ。相手を見ろ。堂々といつもの横山雷太らしく！」

それだけいってきびすを返した。

顔をあげろ……

相手を見ろ……

あ、オレ、あいさつしながらどこを見てた？　頭にうかんだのはくつばっかりだ。一方的に、だれともなしに「おはよう、おはよう」ってがなりたててた。

そんなことされたら、迷惑なだけじゃん。

あいさつひとつできないで、児童会長もなにもあったもんじゃないよな、マジで。

あいさつってなんだ？　なんのためにあいさつ活動をしているんだ？　選挙のため、名前を知ってもらうため。知名度を高めるため。そりゃあそうだ。けど……。

「オレさ、店のお客さんにいわれたことあるんだ。とうちゃんの〝いらっしゃい！〟とか〝またどうぞ〟ってのが、好きで、つい足がむくんだ、って」

「良介んちのラーメンおいしいもんねえ」

(3) ②担任としてアドバイスとありますが、犬山センセーがアドバイスしてくれたのは、雷太がどこを見てあいさつしていたからなのかを書きなさい。〈20点〉

［　　　］

(4) ③良介がいわんとすることとはどういうことですか。あてはまるものを次からえらんで、記号で答えなさい。〈20点〉

ア お客さんは、味がふつうでも、あいさつがよいと店に来てくれるのだということ。

イ 良介のお父さんのつくるラーメンはおいしいので、つい足がむくということ。

ウ あいさつのやり方がよいと、自分たちを気にしてもらえるきっかけになること。

エ 大きな声であいさつしなければ、よいあいさつだとは思ってもらえないこと。

［　　　］

(5) この日のことから学んだ雷太は、次の日からどんなあいさつをしようとするかを前後の言葉につなげて書きなさい。〈20点〉

堂々といつもの自分らしく、［　　　］をする。

★★★ 最高レベル

40分

／100

学習日　月　日

答え37ページ

1 次の文章を読んで、あとの問いに答えなさい。

〈穎明館中学校・改〉

学校にバカらしさを感じた中学生の雄吾は、廃品回収をしている「源ジイ」の仕事を手伝うようになる。ある日脳溢血でたおれ、車椅子から立ちあがることもむずかしくなった源ジイは入院しており、「病室を出て便所までの二十メートルを自分の足で歩けたらおれの勝ち」という賭けを提案する。

「ちゃんと見てろ。ほんの何メートルか歩くだけで、おれはもうふらふらだ。みっともなくて、だらしないだろ。いつも兄ちゃんがいってた『バカらしい』って、こういうやつだ。だがな、人間、どんなにバカらしくても、やらなきゃならねえこともあるんだ」

老人は手すりを伝うように、身体をななめにしてじりじりと前進を始めた。夕日は半分ほど東京のぎざぎざの地平線に沈んでいる。目に痛いほどの赤さだった。手を伸ばせばトイレの扉に届くところまできて、老人は背中越しにいった。

「雄吾、約束覚えてるな」

車椅子を押しながら、はいと雄吾は返事をした。涙で声が不自由なのに①

「だいじょうぶだ。こっちはなんとでもなる。雄吾がいってたバカらしさな、あれは大人だってみんな同じように思ってるんだ。でも、そのバカらしさに正面から反対するのも、バカらしい。みんな、どこかで無理して、まわりに調子をあわせてるんだぞ。兄ちゃんもちょっとは大人のふりをしてみな」

全身にあたる夕日は穏やかなあたたかさを残してくれた。

②窓の外に広がるひとつひとつの建物に、それぞれの暮らしがあるのが不思議だった。

（石田衣良「夕日へ続く道」『約束』所収）

(1) 傍線部①「泣きながら……車椅子に座らせる」とありますが、この時の雄吾の気持ちを理由も含めて説明しなさい。〈25点〉

揺れないようにするのが精いっぱいだった。源ジイはいった。

「おれが兄ちゃんにやってもらいたいのは、ただひとつだ。おれの看病でも廃品回収でもなく、そろそろ中学校にもどってくれ。兄ちゃんの親御さんはインテリで、なにか理屈があるのかもしれねえが、やっぱり学校は大切だ。兄ちゃんは頭だっていいし、やさしいところもある。きちんと中学にいって勉強しろ。おれみたいになっちゃだめだ。ちゃんと勉強して、おれよりえらくなってくれ。世間を広く見て、おれやうちの息子より、立派な人間になってくれ」

　源ジイはそういって、最後の一歩を足をひきずりながらすすんだ。男子便所の青い扉に指先がふれると、その場にへたりこんでしまう。雄吾はもうなにをしているのか、自分でもわからなくなっていた。①泣きながら、老人を抱き起こし、車椅子に座らせる。

　夕日が沈む窓のまえの長いすまで老人を押すと、雄吾は長いすに腰をおろした。ふたりは同じ夕焼けにむかって座った。源ジイはいう。

「来週から中学にちゃんといくんだぞ。きつかったら、休んでもいいけど、またちゃんと学校にもどるんだ。約束だからな」

　雄吾は涙をぬぐっていった。

「でも、そうしたら源ジイはまたひとり切りになる。身体だっ

(2) 傍線部②「窓の外に……暮らしがあるのが不思議だった」とありますが、この描写を説明したものとしてもっとも適当なものを次の中から選んで、記号で答えなさい。〈25点〉

ア 雄吾が他の人もそれぞれに無理をしながら生きていることに思いをはせていることを示している。

イ 雄吾が源ジイの大人になれという言葉を受け止めきれずに途方にくれていることを示している。

ウ 雄吾が大人になるために無理をすることの苦労を痛感して嫌悪感を抱いていることを示している。

エ 雄吾が自分の子供じみた行動を反省して大人としての振る舞いを身につけたことを示している。

オ 雄吾が親のありがたさに気づいた後に見えた風景の違和感にとまどっていることを示している。

［　　］

2 次の文章を読んで、あとの問いに答えなさい。

〈昭和女子大学附属昭和中学校・改〉

忠市さんは日記帳をぱらぱらとめくった。

「コーチは、頑張れ、っていつも励ましてくれたよ。学校の先生とは違って、年齢も近いから、みんな懐いていてね。コーチに褒められると嬉しかった。ときどきみかんをくれたりしてね。みんなコーチのことが大好きだったよ」

「……祖父は、①不義理をしてしまった、って言ってたんです。みなさんに対して申し訳なく思っているみたいで」

「そう……。大人からすると、そう思ったのかもしれないね。でも我々には感謝しかないよ」

一九五九年、三月の日記を、忠市さんは開いた。

「これが卒業式の日。三月二十二日、僕らはタイムカプセルを埋めたんだ。その後……、これは三月三十一日。僕らはコーチにお礼を伝えに行ったんだ。花束と一緒に、根本さんが手紙を渡した」

――もしもオリンピックが東京に決まったら、この封筒を開けてください。

そのとき渡されたのが、祖父が持っていた封筒なのだろう。

「コーチは笑って受け取ってくれたと思うよ。でも、四月以降、コーチは中大グラウンドに姿を見せなかった。僕は下級生の練習を見に、何度か、グラウンドをのぞいたんだけど」

祖父は多分けじめとして、三月いっぱいまでは指導を続けたのだろう、ということだった。

「コーチは我々には行き先を告げずに、消えてしまったんだ。不義理ってのはそのことなのかな」

忠市さんは何ページか日記帳をめくった。

「その後……五月二十六日だ。オリンピックの東京開催が決まった。僕はコーチのことを真っ先に思いだしたけど、コーチがどこにいるのかは、わからなかった。きっとどこかで競技を続けているんじゃないかって、思っていたけど……」

忠市さんは静かに息を吐いた。

「東京オリンピックってのは……僕らの希望だった。僕はこのころ、本気で東京オリンピックを目指そうと思ってね。でも高校一年の夏が終わると、全く記録が伸びなくなってしまったんだ。三メートル八〇がどうしても跳べなくてね。結局、ここから二年間、記録は一センチも伸びなかった。ここから……ここまでだよ」

二年ぶんの日記が、ぱらぱらとめくられた。

「この二年間、コーチのことをよく思いだしたよ。コーチとは比べものにならないかもしれないけれど……、人間が挫折したとき、どうしたら立ち直ることができるんだろうって。コーチには聞けないから、いろんな本を読んだりした。本気で取り組んで、でもそれが破れてしまったとき、人間はどうしたら立ち直ることができるんだろうって」

忠市さんの日記帳が静かに閉じられた。

「そのときはわからなかったけれど、②後になってみて、わかったことがあってね。それは、きっとコーチも一緒なんじゃないかな」

忠市さんは目を閉じた。大きく息を吸い、静かに吐きだす。

「新しい物語をもてたとき、人間は立ち直るんじゃないかな。新しい物語や、新しい約束をもてたとき、人間ってのは復興する。どんな過去だって、新しい物語の始まりになるから。バーを越えられなくたってね、その先には行けるんだ」

人生の偉大な先輩は、静かに息を吐いた。


（中村 航『世界中の青空をあつめて』）

---

(1) ――線部①「不義理をしてしまった」とありますが、それはどのようなことですか。本文中の言葉を用いて二十五字以内で説明しなさい。〈25点〉

(2) ――線部②「後になってみて、わかったこと」とありますが、それはどのようなことですか。ふさわしいものを次のア～エの中から一つ選び、記号で答えなさい。〈25点〉

ア 夢中で打ちこめるものや新たな目標を見つけられたとき、人間は挫折した地点から再出発ができるということ。
イ 誰かに新しい目標を宣言して応援してもらえたとき、人間は一人ではないと実感し心を強く持てるということ。
ウ 自分が理想とする人生を日記に書きつけることで、人間は心が満たされて前向きな気持ちになれるということ。
エ 支えとしていた人を失ってしまったとしても、人間は読書をとおして傷ついた心を復興させられるということ。

［　　］

復習テスト④

15分 　／100 　答え38ページ

学習日　月　日

1 次の文章を読んで、あとの問いに答えなさい。

休み時間にのり子が言う。

「聡子、図書室に行くよ」

「私は、パソコン教室に行きたい」

どっちの希望を通すかは、やっぱりジャンケンで決めた。

口を開けば、意見は違うし、お互いにむっとすることばかりで、にらみあったり、そっぽをむいたりするのに、いつもいっしょにいた。だって、ふたりでいるしかなかったから。

もちろん、ストレスがたまった。聡子はそのストレスを、土曜日にプールでお父さんをビシビシしごくことで、発散していた。

だけど、とうとうある日。聡子はいちいち意見がぶつかることに疲れて、

「今日は私、どこでもいいよ。のり子の行きたいところでいいよ」

と言った。

「じゃあ、飼育室に行く」

満足そうなのり子を見て、聡子は、意見がぶつからないいっ

(1) ①のり子の……思ったとありますが、なぜですか。あてはまるものを次の中からえらんで、記号を書きなさい。〈15点〉

ア お互いの意見がちがって、ぶつかることに疲れて、のり子にゆずるほうが楽だと感じたから。

イ 聡子のしたいことを言っても、どうせ聡子の希望が通ることはなく、ストレスがたまるから。

ウ 行きたいところをのり子にゆずったら、のり子が満足そうにしたのでうれしくなったから。

エ 聡子が意見を言っても、最後にはのり子の希望が通ることが多いので、あきらめたから。

［　　］

(2) ②聡子の顔を見ようとしないとありますが、その理由を説明した次の文にあてはまる内容を、a と c は五字以内、b は十五字以内で書きなさい。〈15点×3〉

・昨日飼育室につきあってくれた聡子への a のつもりで言ったものの、のり子が聡子に b なので、 c 気持ちになったから。

a

いやって思った。

次の日の休み時間。

「今日は、私、どこでもいいよ」

のり子がぼそりと言った。

「昨日は飼育室につきあってもらったから」

のり子が、こんなふうに聡子の意見をきいてくれたのは、初めてだった。

「まあ、行きたいところがなければ、私が決めてもいいけどね」
②聡子の顔を見ようとしないのり子は、ちょっと照れてるみたいだった。
「じゃあ、教室にいる。で、ストーリーゲームしたい」

聡子はせっかくなので、自分のやりたいことを言ってみた。

（中略）

聡子は、辞典から単語を選びながら思った。

正直だと、ぶつかってばかりで疲れる。嘘ばっかりだと、つまらなくてイライラする。でも、ときどき意見をゆずると、逆にゆずってもらえたりする。③ビート板なしで泳ぐのって、むずかしい……。

「選んだ？」

のり子が辞典から顔をあげた。

「うん」


（草野たき『ハッピーノート』）

b

c

(3) ③ビート板なしで泳ぐとありますが、これはのり子と聡子の関係において、何を使わずにどうすることのたとえかを書きなさい。〈20点〉

［　　　　］

(4) この文章を通して作者がつたえたいこととしてあてはまるものを次の中からえらんで、記号を書きなさい。〈20点〉
ア 何かを決めるときは、なっとくできるまで話し合うことが大切である。
イ けんかしないように、なんでも相手に決めてもらうことが大切である。
ウ 嘘はいけないので、自分のやりたいことをおし通すことが大切である。
エ ときどきは意見をゆずりあい、おたがいに歩みよることが大切である。

［　　］

過去問題にチャレンジ②

30分　／100　答え39ページ

学習日　月　日

1 次の文章を読んで、あとの問いに答えなさい。

〈森村学園中等部・改〉

小学5年生の「ぼく」は転校を機にこども将棋教室に通うようになる。連勝を続け、初段へ昇級するのだが、ある日、小学2年生の山沢君に大きく負けてしまう。山沢君に勝つために、ぼくは対策を練り、研究を重ねる。4週間後、ふたたび対戦する機会がやってきた。

序盤から大駒を切り合う激しい展開で、80手を越えると双方の玉が露出して、どこからでも王手がかかるようになった。しかし、どちらにも決め手がない。ぼくも山沢君もとっくに持ち時間はつかいきり、ますます難しくなっていく局面を一手30秒以内で指し続ける。壁の時計に目をやる暇などないが、たぶん40分くらい経っているのではないだろうか。持ち時間が10分の将棋は30分あれば終わるから、ぼくはこんなに長い将棋を指したことはなかった。これでは有賀先生との2局目を指す時間がなくなってしまう。

「そのまま、最後まで指しなさい」

有賀先生が言って、そうこなくちゃと、ぼくは気合いが入った。かなり疲れていたが、絶対に負けるわけにはいかない。山沢君だって、そう思っているはずだ。

（勝ちをあせるな。相手玉を詰ますことよりも、自玉が詰まされないようにすることを第一に考えろ）

細心の注意を払って指していくうちに、形勢がぼくに傾いてきた。ただし、頭が疲れすぎていて、目がチカチカする。指がふるえて、駒をまっすぐにおけない。

「残念だけど、今日はここまでにしよう」

ぼくに手番がまわってきたところで、有賀先生が対局時計を止めた。

「もうすぐ3時だからね」

そう言われて壁の時計を見ると、短針は「3」を指し、長針が「12」にかかっている。

40分どころか、1時間半も対局していたのだ。

ぼくは盤面に視線を戻した。ぼくの玉はすでに相手陣に入っていて、詰ませられることはない。山沢君も入玉をねらっているが、10手あれば詰ませられそうな気がする。ただし手順がはっきり見えているわけではなかった。

「すごい勝負だったね。ぼくが将棋教室を始めてから一番の熱戦だった」

プロ五段の有賀先生から最高の賛辞をもらったが、ぼくは*詰み筋を懸命に探し続けた。

「*馬引きからの7手詰めだよ」

山沢君が［　　］に言って、ぼくの馬を動かした。

「えっ？」

まさか山沢君が話しかけてくるとは思わなかったので、ぼくはうまく返事ができなかった。

「こうして、こうなって」

詰め将棋をするように、山沢君が盤上の駒を動かしていく。

「ほら、これで詰みだよ」

（なるほど、そのとおりだ）

頭のなかで答えながら、ぼくはあらためて①メガネをかけた小学2年生の実力に感心していた。

〈中略〉

103号室に戻り、カバンを持って出入り口にむかうと、山沢君が立っていた。ぼくより20センチは小さくて、腕も脚もまるきり細いのに、負けん気の強そうな顔でこっちを見ている。


「つぎの対局は負けないよ。絶対に勝ってやる」

「うん、また指そう。そして、一緒に強くなろうよ」

ぼくが言うと、山沢君がメガネの奥の目をつりあげた。

「なに言ってんだよ。将棋では、自分以外はみんな敵なんだ」

小学2年生らしいムキになった態度がおかしかったし、「自分以外はみんな敵だ」と、ぼくだって思っていた。

「たしかに対局中は敵だけど、盤を離れたら、同じ将棋教室に通うライバルでいいんじゃないかな。ぼくは初段になったばかりだから、三段になろうとしているきみをライバルっていうのは、おこがましいけど」
②ぼくの心ははずんでいた。個人競技である将棋にチームメイトはいないが、ライバルはきっといくらでもあらわれる。勝ったり負けたりをくりかえしながら、一緒に強くなっていけばいい。
「そういえば、有賀先生のおとうさんが教えた大辻弓彦さんっていうひとが、関西の*奨励会でがんばっているんだってね。大辻さんが先にプロになって、きみとぼくもプロになって、いつかプロ同士で対局できたら、すごいよね」

奨励会試験に合格するにはアマ四段の実力が必要とされる。それに試験では奨励会員との対局で五分以上の星をあげなければならない。合格して奨励会に入っても、四段＝プロになれるのは20パーセント以下だという。

それがどれほど困難なことか、正直なところ、ぼくにはよくわかっていなかった。でも、どれほど苦しい道でも、絶対にやりぬいてみせる。

「このあと、となりの図書館で*棋譜をつけるんだ。今日の、引き分けだった対局の」

ぼくが言うと、③山沢君の表情がほんの少しやわらかくなった。

「それじゃあ、またね」

三つも年下のライバルに言うと、ぼくはかけ足で図書館にむかった。

（佐川光晴「初めてのライバル」『駒音高く』所収）

（注）○詰み筋…将棋で、「詰み」にいたるまでの手順のこと。
○馬引きからの7手詰め…あと7手で「詰み」になる、その手順のこと。
○奨励会…プロ棋士を目指す者が所属する研修機関。年一回の入会試験は難関で、合格するには、最低でもアマチュア四段の実力が必要といわれる。
○棋譜…将棋で、互いの対局者が行った手を順番に記入した記録。

---

(1) ——①「メガネをかけた小学2年生」とは山沢君のことですが、ここでは、なぜ、このように表現したのですか。その説明として最も適当なものを次から選び、記号で答えなさい。〈25点〉

ア 自分と白熱した勝負をした相手が、小学2年生の幼い子供に過ぎなかったと改めて印象づけることで、その天才ぶりに「ぼく」がたじろいでいる様子を効果的に示すため。

イ あと少しで勝つことのできた相手が、改めて見れば幼さの残る年下の少年にすぎなかったと印象づけることで、「ぼく」の悔しさを効果的に示すため。

ウ 自分が読めなかった詰み筋をすでに読んでいた相手が、三つも年下であったことを明らかにすることで、「ぼく」が劣等感にかられている様子を効果的に示すため。

エ 対局が終わってからも実力の差を見せつけてくれた相手が、自分よりも年下の少年であったことを改めて印象づけることで、「ぼく」の驚きと賞賛を効果的に示すため。

〔　〕

(2) ――②「ぼくの心ははずんでいた」とありますが、このときの「ぼく」の心情の説明として、最も適当なものを次から選び、記号で答えなさい。〈25点〉

ア「自分以外はみんな敵なんだ」と、ムキになっている山沢君の態度は、まるで以前の自分の姿を見るようで、改めて思えば、そんなに深刻に考え込まずに、将棋を心から楽しめばいいのだと自分に言い聞かせている。

イ「自分以外はみんな敵だ」と、以前は自分もムキになっていたが、山沢君にあと少しで勝てるところまで成長した自分を確信し、これからはお互いに対等につきあっていけるだろうと、気持ちの余裕が生まれている。

ウ「自分以外はみんな敵だ」と思うとさびしかったが、山沢君との熱戦を経て、自分以外の相手をすべて敵と思うのではなく、ともに高め合うライバルだと思えばさびしくはないのだと気づいて、明るい気持ちになっている。

エ「自分以外はみんな敵だ」と思い、一度は将棋が怖くなっていたが、山沢君の悔しがる姿を見て、怖いのは自分だけじゃないんだと気づき、ともに将棋の怖さを克服して、プロを目指す仲間としてがんばろうと思っている。

〔　　〕

(3) ――③「山沢君の表情がほんの少しやわらかくなった。」とありますが、これに対応する山沢君の態度について述べた三十字以内の一文を、これ以前の本文中に求め、最初と最後の五字をぬき出しなさい。(句読点も一字と数えます。)〈完答25点〉

□□□□□～□□□□□

(4) □に入る言葉として、最も適当なものを次から選び、記号で答えなさい。〈25点〉

ア うれしそう
イ つまらなそう
ウ 悲しそう
エ 恥ずかしそう
オ 悔しそう
カ 気の毒そう
キ 申し訳なさそう
ク 誇らしそう

〔　　〕

3章

説明文の読解

13 指示語

★ 標準レベル

15分

/100

答え 40ページ

学習日　月　日

ねらい　指示語の指している内容を正しく読み取れるようになる。

1 次の文章を読んで、あとの問いに答えなさい。

石油はどのようにしてできたのだろう？　そのふしぎをとく「かぎ」は海にある。

海にはたくさんの生き物がくらしている。①その深さはへいきん4000メートルくらいある。その中でも、海面から水深200メートルくらいまで太陽の光がとどいて、②そこには、太陽の光を利用して育つ植物プランクトンがたくさんくらしている。「プランクトン」とは、水の浅いところでぷかぷか浮かんでいる小さな生き物のことだ。

植物プランクトンは、太陽の光を体いっぱいに受け止めて光合成をすることで、自分たちの体や、生きるためのエネルギーをつくりだしている。太陽エネルギーを体の中にたくさんためこんでいるわけだ。

しかし生き物だから、いずれ寿命がやってきて死んでしまう。植物プランクトンの死がいは、海の中をしずんでいくが、

(1) ①その が指す言葉としてあてはまるものを次からえらび、記号で答えなさい。〈10点〉

ア 石油　イ たくさんの生き物　ウ 海　エ 太陽の光

〔　　〕

(2) ②そこ が指す内容を「～のところ。」につづくように文章中から二十字以内でぬき出しなさい。〈20点〉

□□□□□□□□□□□□□□□□□□□□のところ。

(3) ③その が指す言葉を文章中から十二字でぬき出しなさい。〈20点〉

□□□□□□□□□□□□

③そのほとんどは、微生物によって食べられてしまう。植物プランクトンは、微生物にとってエネルギーの豊富なおいしいえさなのだ。④そのため、植物プランクトンの死がいは、ほとんど海底にはとどかない。

ところが、この植物プランクトンの死がいがたいりょうに海底にたまる事態がおきた。

（中略）

海の深いところには、世界の海をめぐるゆったりとした流れがあり、海の中に新鮮な空気を運びつづけている。だが、地球の気候が変わってしまったことで、⑤その流れが弱まり、海がよどんで、海の中にとけている酸素がなくなってしまった。⑥その結果、植物プランクトンを食べる微生物が呼吸できなくなり、ほとんどいなくなってしまう。おかげで植物プランクトンの死がいはあまり食べられることなく、海底にまでとうちゃくする。

植物プランクトンは小さな生き物だけど、ちりもつもれば山となる。数十万年あまりもの間、たくさんの死がいが、たくさんの太陽エネルギーを体にたくわえたまま海底にたまりつづけた。

（大河内直彦『石油のものがたり』）

(4) ④そのため、植物プランクトンの……海底にはとどかないとありますが、その理由としてあてはまるものを次からえらび、記号で答えなさい。〈15点〉

ア 海底には太陽の光がとどかないから。
イ 太陽エネルギーが豊富な死がいだから。
ウ 微生物にほとんど食べられてしまうから。
エ 植物プランクトンは小さな生き物だから。

［　　］

(5) ⑤そのが指す言葉を文章中から十五字でぬき出しなさい。〈20点〉

(6) ⑥そのを言いかえたものとして、あてはまるものを次からえらび、記号で答えなさい。〈15点〉

ア 海の中にゆったりとした流れがある
イ 海の中に新鮮な空気を運びつづけている
ウ 海の中にとけている酸素がなくなってしまった
エ 海の中の微生物がすべていなくなってしまった

［　　］

★★ 上級レベル

15分

/100

答え 41ページ

学習日　月　日

1 次の文章を読んで、あとの問いに答えなさい。

これからするのは大昔、まだお金というものが、世の中になかったころのお話です。お金がないので、お店でお買い物をすることもできません。海では魚を、山ではシカやイノシシをつかまえて、みんな暮らしていたんです。

でも魚をつかまえるのが上手な漁師さんも、たまにはお肉や野菜が食べたくなりますよね。そういうとき、きみならどうする？　山に出かけて狩りをする？　でも「自分は魚をとるのがとくいなんだ」といって山にいくのをイヤがる人もいるかもしれません。①そういうとき、昔の漁師さんは、肉や野菜を持っている人のところにいき、自分がとってきた魚と交換してもらいました。②こんなふうに、モノとモノを交換することを、物々交換といいます。

でも魚を持っている漁師さんが、いつも「魚と肉を交換してほしい人」を見つけられるとはかぎりません。そこで昔の人は③「みんなが一か所に集まる」というアイデアをひらめきました。肉が欲しい人も、魚が欲しい人も、みんなが同じところに集まれば、「自分が欲しいと思っているものを持っている人」と出会うチャンスが大きくなります。市場のはじま

---

(1) ①そういうときとありますが、どのようなときのことを指していますか。あてはまるものを次からえらび、記号で答えなさい。〈10点〉

ア　毎日山に出かけて狩りをするのがイヤになったとき。

イ　お金というものが、世の中にまだなかったとき。

ウ　魚だけではなく、お肉や野菜も食べたくなったとき。

エ　魚と肉を交換してほしい人をさがしているとき。

〔　　〕

(2) ②こんなふうにとありますが、具体的にはどんなふうにするのですか。それを説明した次の文にあてはまるように、文章中から a は四字、b は九字でぬき出しなさい。〈10点×2〉

・ a と b を交換してもらう。

a [　　　　]

b [　　　　　　　　　]

りです。

それでも物々交換できる相手を見つけられないときは、どうしましょうか。一つ、すばらしい方法がありました。その日、お魚とお肉を交換できなければ、お魚を「みんなが欲しがるもの」と交換しておくんです。④こうしておけば、次の市場ではその「みんなが欲しがるもの」とお肉を交換できるかもしれません。

じゃあ、みんなが欲しがるものといったら何だろう？　日本人なら何といっても「お米」です。魚や肉とちがい、稲は刈りとってから［　］ところがいいですね。だからとりあえず、魚を稲と交換しておいてから、自分が欲しいものを探すことができるというわけです。そのころ、稲のことは「ネ」と呼ばれていました。「この魚はどれぐらいのネと交換できるかな」。そんな話をするうちに、モノの値段や値打ちのことを「ネ（値）」と呼ぶようになったんです。

着るものがつくれる「布」も、稲と同じように、物々交換のあいだを取りもつものとして使われました。


（池上彰『池上彰のはじめてのお金の教科書』）

(3) ③「みんなが一か所に集まる」というアイデアとありますが、そのアイデアからはじまったことは何ですか。漢字二字でぬき出しなさい。〈20点〉

［　　］

(4) ④こうしておけばとありますが、どのようにしておくことを指していますか。次の文の［　］にあてはまる内容を書きなさい。〈20点〉

・物々交換できないときは、［　］交換しておくこと。

［　　　　　　］

(5) ［　］にあてはまる言葉を次からえらび、記号で答えなさい。〈10点〉

ア 保存がきく　　イ すぐに食べられる
ウ 交換できる　　エ 持ち運びが便利な

［　　］

(6) お金の代わりとして使われた二しゅるいのものは何ですか。文章中から二字と一字でぬき出しなさい。〈10点×2〉

［　　］
［　］

★★★ 最高レベル

40分

/100

学習日　月　日

答え 42ページ

1 次の文章を読んで、あとの問いに答えなさい。〈昭和学院秀英中学校・改〉

昆虫には不思議な感覚がある。それは、接触化学感覚と呼ばれているものである。

昆虫は歩きながら触角でものに触れる。触ったとき、昆虫は触った場所の匂いというか味というか、その場所の科学的な性質を感知するのである。多くの昆虫は触角以外に、たとえば、前肢の先にもそのような接触化学感覚がある。

［A］、ハエは何か食物を探してテーブルの上をちょこちょこと歩き回っている。その時、当然、前肢の先をテーブルにつけている。そうやって歩き回っていると、そのテーブルにしみこんだものの匂いというか、味が前肢でわかる。それがたとえば砂糖の味であれば、ハエは反射的に、＊口吻が伸びてそれをなめる。

人間にはそういう感覚器はないのでこのようなことはできない。いくら指先で触っても味や匂いはわからない。そして鼻でかいでわかることは、それが空気中に漂う匂いになっていなければならない。ところが、ハエやその他の昆虫は、空気中に漂う匂いを遠くから触角全体で感じとるばかりでなく、

ところが、よく知られているとおり、コウモリは㋑それをちゃんとキャッチすることができるし、それを発することもできる。自分で超音波を発射して、㋒それが周りのものに反射して返ってくる時間をはかることによって、相手との距離を知り、相手が動いている様子をとらえることができるのである。これがコウモリたちの有名なエコー・ロケーション（反響定位）である。

人間は自分の体では㋓それができない。人間はその原理をコウモリで発見して、同じ原理を使う機械を発明した。それがレーダーである。レーダーというものを通せば、人間は超音波というものが存在していることはわかる。しかし、㋔それを耳でじかに感じることは絶対にできない。［B］、コウモリたちが、夜、暗闇のなかで、自分たちの周りにどのような世界を構築しているのか、われわれにはまったく実感できない。

（日高敏隆『動物と人間の世界認識　イリュージョンなしに世界は見えない』）

（注）○口吻＝くちさき、くちもと。

ものにしみこんだ匂いというか、味というか、科学的な性質そのものを、触角の先端や前肢の先で触れることによって感知できるのである。

人間はそれができないので、必ず鼻を近づけてみなくてはならない。食堂では、醤油とソースが容器に入っている。このごろはたいてい醤油、ソースと書いてあるが、昔は書いてなかった。どちらが醤油でどちらがソースかわからない。そのようなときはビンを手にとり、鼻に近づけて、くんくんと匂いをかいでみる。そうするとかすかな匂いがする。これはまさに匂いとしてわかっているのであって、これで醤油とソースの区別がつく。昆虫は触角の先で触るか、前肢で触るかすれば、くんくんと匂いをかがなくてもわかるのである。

(中略)

このほかにも、たとえば、超音波というものがある。超音波は、超という字がついているように、人間が聞いている音波よりももっと振動数が高くて、人間に聞こえない音をいう。

人間の耳に聞こえるものを「音」と定義するとすれば、超音波はもはや音ではなく、まさに超音波である。音よりももっと振動数の高い空気の振動である。人間の耳は㋐それをキャッチできない。いかに超音波が発せられていても人間の耳はそれを感じない。感じる場合には、何か衝撃的なものとして感じるだけで、音として感じることはない。

---

(1) 傍線部「昆虫には不思議な感覚がある。それは、接触化学感覚と呼ばれているものである」とあるが、どのようなことが「不思議」なのか。40字以内で答えなさい。〈20点〉

(2) [A]・[B]に入る言葉として最も適切なものを、次のア～カからそれぞれ選び、記号で答えなさい。〈5点×2〉

ア いわゆる　イ そして　ウ たとえば
エ しかし　オ あるいは　カ だから

A〔　　〕　B〔　　〕

(3) 二重傍線部㋐～㋔の「それ」のうち、異なる内容を指すものを一つ選び、記号で答えなさい。〈20点〉

〔　　〕

2 次の文章を読んで、あとの問いに答えなさい。

〈横浜共立学園中学校・改〉

猿から人間に進化してきた七〇〇万年ほどの間で、いろいろな哺乳類が途中で絶滅しています。（中略）生態系が大きく変わったために、ほかの動物や、多くのホモ属が絶滅した。唯一、その状況を切り抜けたのが、*ホモ・サピエンスだったという説です。

生き残った理由として考えられているのが、彼らは、「そこはダメだ、あっちへ行ったほうがいい」などと、お互いの利益のために、水が出るところや暖かい住みかを得られるところなどを、教え合ったのではないかということです。そのようなホモ・サピエンスの生息の*痕跡が世界のさまざまな場所に拡散しているからです。恐らく、お互いに助け合うことで生命を救い合ったのでしょう。

また、ヒト属は、小さくてか弱いから、大きな動物とケンカをしても勝つことができません。それを殺して食べることができたのは、共同する知恵があったからです。役割を分担し、共同で動物に立ち向かう。耳のいいやつが「あっちにいる！」と発見して仲間に伝えると、*俊敏なやつが前から攻めて牛を追い込み、腕力の強いやつが捕獲する。そうすれば、大きな獲物でも仕留めることができます。やがて言語が生み喜び合う。困っている子がいたら、みんなで助ける。そうしているうちに、一緒に危機を乗り越える、共同的な危機管理能力が培われていきます。

（汐見稔幸『人生を豊かにする学び方』）

（注）○ホモ・サピエンス＝今いる人類のこと。後に出てくるホモ属（ヒト属）の一種。なお、ホモ属（ヒト属）は、哺乳類のうち、直立二足歩行をし、よく発達した脳を持つもののこと。
○痕跡＝前に、ある物やできごとがあったことを示すあと。
○俊敏＝頭の働きがするどく、行動がすばやいこと。

出され、それを使ってコミュニケーションをし、共同性を高めていった。そうして、上手に危機を切り抜けることにつながったのです。

共同・協力する力、一緒に困難を乗り切る力というのは、人間が人間として生き延びてきた原動力なのです。これは別の見方をすると、一緒に喜び合える力であり、この力があるからこそ、生きていて楽しいと思えるのです。①これがやがては恋愛感情にもつながります。

たとえば、子どものころにやった、鬼ごっこやかくれんぼは、みんなで一緒にするからこそ楽しい遊びです。みんなで知恵を出し合って、新しい自分たちのルールを考えたら、遊びがもっと面白くなります。ときには、年齢の小さい子が交じっていて、「この子はおみそ」などと言ってその子だけ鬼にならないように配慮して、小さな子たちも一緒に遊べるように工夫したかもしれません。②遊びは共同しないと楽しく遊べませんから、そういう力をたくさん学ぶことができます。

皆さんのような年齢になれば、友達同士でキャンプに行こうと、計画を立てることもあるでしょう。少し険しい道のりも、友達と一緒なら、頑張って歩き通すことができたりするから不思議です。わずかな水や食料しか持たないで、山で道に迷ってしまったとき、それを乗り切るのに大切なのは、まさに共同力です。みんなで一緒に何かに取り組んで、互いに

---

(1) ①これが指している言葉を、文中からぬき出しなさい。〈25点〉

［　　　　］

(2) ②遊びは共同しないと楽しく遊べませんとありますが、次の例のうち、筆者の述べる遊び方にあてはまるものをすべて選び、記号で答えなさい。〈完答25点〉

ア それぞれの子どもが平等に遊べるように、年齢別に鬼ごっこをする。

イ ドッジボールで、小さい子は二回当たるまで外野に出なくてよいルールを作る。

ウ キャンプに行くときの荷物は、必ず全員が同じ量を分担して持っていく。

エ かくれんぼで小さい子が鬼になったときには、かくれる範囲をせまくする。

オ 小さい子にはルールが難しすぎてわからないだろうとあきらめて、野球はしない。

カ ハイキングでみんなが楽しめるように、リーダーが一人で計画を立てる。

［　　　　］

3章

説明文の読解

14 接続語・文と文の関係

ねらい 接続語のはたらきを意識して、文や段落同士の関係をつかめるようになる。

学習日　月　日

★標準レベル

15分

/100

答え43ページ

1 次の文章を読んで、あとの問いに答えなさい。

何千年もの大昔の中国に、カイコのまゆから糸がとれないものかと考えた人がいました。はじめはなかなかうまくいかなかったにちがいありません。それから何年も何十年も、あるいはもっと長い間、考えたり実験をしたりしたことでしょう。糸をつむぐ道具や布を織る機械も研究したにちがいありません。りっぱな織物ができるまでには、長い年月がかかりました。

木綿や木のせんいでつくった布とちがって、絹の織物はすばらしいものでした。絹は、色つやがすばらしく、肌ざわりもすてきです。そして、汗をよく吸いとりますし、保温性もすぐれています。いろいろな色に染めやすいことも、ほかの布よりまさっています。中国では、何千年も昔の古墳から古い絹織物が発見されていますが、織りかたや*紋様もすばらしいものなので、学者も驚くほどだそうです。

(1) 絹織物のよいところを次の中から五つえらんで、記号で答えなさい。〈5点×5〉

ア いろいろな色に染めやすい
イ 肌ざわりがよい
ウ 形がくずれない
エ 汗をよく吸う
オ 色つやがすばらしい
カ 保温性にすぐれている
キ あらっても色が落ちない

□ □ □ □ □

(2) A・B にあてはまる言葉を次からえらび、記号で答えなさい。〈10点×2〉

ア つまり　イ なぜなら　ウ さて
エ そして　オ あるいは

A〔　　〕　B〔　　〕

（中略）

日本に、中国から*養蚕の技術が入ってきたのは、今から2，000年ちかく前のことです。日本の人たちは、一生けんめいに研究を続けました。 A 、昭和のはじめころには、世界一の生糸と絹織物の生産国、輸出国となりました。

①しかし、今ではナイロンなどの化学せんいが大量に生産されるようになって、マユの生産量は一番多い時の半分ほどに落ちてきています。

 B 、今日でもなお、たくさんの人に愛されている絹やすばらしい絹製品も、大昔、カイコのまゆを見て糸や織物にできないかと考えた人がいなかったとしたら、うまれなかったかもしれません。100年ほど前、フランスでクモの糸から洋服やくつ下をつくった人がいます。②この話を聞いてわらう人がいますが、この洋服はじょうぶではありませんでしたが、着ることはできたのです。思いつく、考える、やってみるということは、たいせつなことなのです。

（佐々木崑『カイコの一生』）

（注）○紋様＝もよう。
○養蚕＝まゆを生産する目的でカイコを飼育すること。

---

(3) ①しかしとありますが、この言葉はどのようなはたらきをする言葉ですか。その説明としてあてはまるものを次からえらび、記号で答えなさい。〈15点〉

ア 前の事がらについてのけっかをのべるはたらき。
イ 前の事がらと同じ事がらをのべるはたらき。
ウ 前の事がらとはべつの話題へとかえるはたらき。
エ 前の事がらとは反対の内容をのべるはたらき。

［　　］

(4) ②この話とは、どのような話ですか。「～の話。」につづくように、文章中から二十字以内でぬき出しなさい。〈20点〉

□□□□□□□□□□□□□□□□□□□□ の話。

(5) 筆者がこの文章でもっとも言いたいことが書かれている一文を文章中からさがし、始めと終わりの四字をぬき出しなさい。（句読点も一字と数えます。）〈完答20点〉

□□□□ ～ □□□□

15分 ／100 答え44ページ

学習日　月　日

1 次の文章を読んで、あとの問いに答えなさい。

人のからだのなかにインフルエンザウイルスが入りこむと、からだを守るシステムである「免疫」が動きだし、ウイルスを攻撃し追いだすようにはたらきます。

免疫は、一度感染した病原体（ウイルスや細菌など）をしっかりおぼえます。①これを、「免疫記憶」といいます。人のからだは、免疫記憶をもつと、２回目に同じ病原体が入ってきても、すばやく対応し、病気になるまえに病原体を排除することができるようになっています。

［A］、麻疹（はしか）という病気は、麻疹ウイルスの感染によって起こる病気です。この麻疹は、一度感染すると二度とかかることはありません。一生に［B］しかかからない感染症です。感染したときの麻疹ウイルスに対する免疫が、その後はずっと、麻疹ウイルスからその人を守るのですね。

［C］、インフルエンザはどうでしょうか？

人は一度感染したウイルスには免疫をもちますから、前の年に流行したインフルエンザウイルスには、ほとんどの人が免疫をもっていることになります。②ですから、このウイル

---

(1) ①これとありますが、何を指していますか。あてはまるものを次からえらび、記号で答えなさい。〈10点〉

ア ウイルスが、からだからの排除を記憶していること。
イ 免疫が、一度感染した病原体を記憶していること。
ウ 感染症が、次の年まで変身能力を記憶していること。

［　　］

(2) ［A］・［C］にあてはまる言葉を次からえらび、記号で答えなさい。〈10点×2〉

ア たとえば　イ なぜなら　ウ しかも
エ では　オ つまり

A［　　］　C［　　］

(3) ［B］にあてはまる言葉を文章中から漢字二字でぬき出しなさい。〈10点〉

［　　］

(4) ②ですからと同じはたらきをする言葉を次からえらび、記号で答えなさい。〈10点〉

ア さて　イ だから　ウ ところで

［　　］

スはつぎの年には流行しにくくなります。ということは、インフルエンザは毎年流行することがむずかしくなるはずなのですが、③そうはなりません。毎年、インフルエンザの流行があります。

いったいどうして、インフルエンザは何度も人に感染して病気を引きおこすのでしょうか？

そこでは、インフルエンザウイルスのものすごい能力が発揮されていました。

インフルエンザウイルスは、変身してしまうのです。

インフルエンザウイルスは、毎年、前の年とは微妙にちがったすがたであらわれます。④すると人の免疫は「似ているけど、去年のとはちがうぞ？」と、攻撃をはじめるまでに時間がかかってしまいます。それに乗じて、インフルエンザウイルスは、あっというまにふえて、わたしたちを病気にするのです。

毎年インフルエンザが流行するのは、インフルエンザウイルスの、⑤この変身能力によるものだったのです。

（岡田晴恵『おしえて！　インフルエンザのひ・み・つ』）

---

(5) ③そうはなりませんとありますが、「そう」の指す内容を二十字以内で書きなさい。〈20点〉

(6) ④するとは、どのようなときに使われる言葉ですか。あとの言葉につなげて書きなさい。〈10点〉

［　　　　　　　　］のべるとき。

(7) ⑤この変身能力とありますが、インフルエンザウイルスのどのような能力のことですか。□に入る言葉を文章中から十八字でさがし、始めの五字をぬき出しなさい。（句読点も一字と数えます。）〈20点〉

・□であらわれる能力。

★★★ 最高レベル

40分

/100

答え45ページ

学習日　月　日

1 次の文章を読んで、あとの問いに答えなさい。

〈横浜中学校・改〉

おもしろいことに、惑星と小惑星の境目というのはかなり曖昧なんです。

　惑星の定義は、こんな具合になります。

「太陽のまわりを回っていて、その軌道上にあるいちばん大きくて支配的な天体」

だから、たとえば地球のそばには、地球よりも大きい天体は存在しないんですよ。その地域で、いちばん大きくて支配的な天体だから、地球は惑星ということになっています。

　ところが、同じ軌道上に、同じような大きさの星がたくさんある場合には、それはすべて小惑星なんです。

（中略）

　惑星か小惑星かの境目は、その付近で唯一＊突出しているかどうか、ということだけなんですね。突出していれば惑星、何個も同じようなものがあれば小惑星です。

　もちろん、最初からすごく小さければ、突出もなにもないので、そもそも①問題にされませんが。

　一〇番目の惑星の話に戻ります。想像がつくと思いますが、星が同じ軌道上にみつかる可能性は非常に高くなっているように思います。そうすると、ケレスと同じように、またもや小惑星に格下げしないといけなくなってしまう。

　どうやら、海王星の外には、カイパー・ベルトと呼ばれる小惑星帯が広がっているのではないか、というのが現在の天文学の常識です。

　［C］、$2003UB_{313}$もその小惑星帯のひとつにすぎないという考え方が、天文学者たちのあいだでは一般的になっています。実際私もそう思います。

（竹内薫『９９・９％は仮説　思いこみで判断しないための考え方』）

（注）○突出＝他よりきわだっていること。
○そっけない＝ものの様子や雰囲気などに飾り気がない。
○轍を踏む＝前の人がおちいった失敗をくり返す。

この星も、惑星なんかではなくただの小惑星にすぎないのではないか、という議論になっているわけなんです。

この星は現在2003UB313という*そっけない名前なんですが、カリフォルニア工科大学のマイケル・ブラウン、チャドウィック・トルヒージョ、デイビット・ラビノウィッツの三人の天文学者が発見しました。発見日は、二〇〇三年の一〇月二一日です。

三人がこの星を一〇番目の惑星だとする根拠は、「冥王星よりも大きい」ということなんです。大きいから「支配的」という基準をクリアするかもしれない、というのです。

[A]、これに反論を唱える人々は、「これを惑星にするとたいへんまずいことになるゾ」と心配しているわけです。ケレスの*轍を踏んで、今後同じような星が同軌道上にどんどんみつかるかもしれない、ということをいっているんです。

というより、実はすでに少しみつかっているんです。(二〇〇五年末の時点で)冥王星よりも大きいものはまだこの星だけですが、冥王星に近いような大きさのものはけっこう発見されているんです。

[B]、②クアオアーとかセドナとかいった名前のものが2003UB313よりまえに実はみつかっています。

というわけで、今後、2003UB313と同じかもっと大きい

---

(1) [A]~[C]にあてはまる接続詞を次の中から選んで、それぞれ記号で答えなさい。〈5点×3〉

ア しかし　イ たとえば　ウ だから
エ または　オ なぜなら

A〔　　〕　B〔　　〕　C〔　　〕

(2) ①問題とありますが、どんな問題ですか。本文中の言葉を使って十五字以内で説明しなさい。〈15点〉

(3) ②クアオアーとかセドナとかいった名前のものとありますが、これらはどういうものですか。本文中から十五字で抜き出して答えなさい。〈15点〉

2 次の文章を読んで、あとの問いに答えなさい。〈桜美林中学校・改〉

　コンビニでお金を払ってチョコレートを買うことは、まぎれもなく経済活動のように思える。では、そのチョコレートをバレンタインの日に好きな人に贈ることは、経済活動に入るだろうか？

　この行為は、ふつう「経済」とは異なる領域にあると考えられている。「チョコレート」というモノが、同じように人から人へと動いていても、一方には「経済らしさ」があり、他方には「経済らしさ」がない。その「経済」のリアリティをつくりだしているのは、なんなのか？

（中略）

　店で商品を購入するとき、金銭との交換が行われる。でも、バレンタインデーにチョコレートを贈るときには、その*対価が支払われることはない。

（中略）

　贈り物をもらう側も、その場では対価を払わずに受けとることが求められる。このチョコレートを「渡す／受けとる」という行為は贈与であって、売買のような商品交換ではない。だから「経済」とは考えられない。

　［A］、ホワイトデーにクッキーのお返しがあるとき、

たりして、「贈り物らしさ」を演出するにちがいない。

　店の棚にある値札のついたチョコレートは、それが客への「贈り物」でも、店内の「装飾品」でもなく、お金を払って購入すべき「商品」だと、誰も疑わない。

　なぜ、そんなことが必要になるのか？

　ひとつには、ぼくらが「商品／経済」と「贈り物／非経済」をきちんと区別すべきだという「きまり」にとても忠実だからだ。この区別をとおして、世界のリアリティの一端がかたちづくられているとさえいえる。

　［B］、それはチョコレートを購入することと、プレゼントとして贈ることが、なんらかの外的な表示（時間差、値札、リボン、包装）でしか区別できないことを示してもいる。

（松村圭一郎『うしろめたさの人類学』）

（注）○対価＝労力・財物などを人に提供した報酬として受けとる財産上の利益。

それは「交換」になるのだろうか。この行為も、ふつうは贈与への「返礼」として、商品交換から区別される。たとえほとんど等価のものがやりとりされていても、それは売買とは違う。そう考えられている。

商品交換と贈与を区別しているものはなにか？

フランスの社会学者ピエール・ブルデュは、その区別をつくりだしているのは、モノのやりとりのあいだに差しはさまれた「時間」だと指摘した。

1　このとき、やりとりされるモノの「等価性」は伏せられ、「交換」らしさが消える。

2　ところが、そのチョコレートの代金に相当するクッキーを一ヶ月後に渡したとしても、それは商品交換ではない。

3　たとえば、チョコレートをもらって、すぐに相手にクッキーを返したとしたら、これは等価なものを取引する経済的な「交換」となる。

4　返礼という「贈与」の一部とみなされる。

商品交換と贈与を分けているものは時間だけではない。お店でチョコレートを購入したあと、そのチョコレートに値札がついていたら、かならずその値札をはずすだろう。さらに、チョコレートの箱にリボンをつけたり、それらしい包装をし

---

(1)　A・B に入ることばとして適切なものを次の中からそれぞれ選び、記号で答えなさい。（ただし、同じものは使えない。）〈5点×2〉

ア　そのうえ　イ　そして　ウ　でも
エ　だから　オ　では

A［　　］　B［　　］

(2)　線で囲まれた部分の1〜4を正しい順序に並べ替え、番号で答えなさい。〈完答25点〉

［　　→　　→　　→　　］

(3)　本文には次の一文がぬけている。どこに入れたらよいか、この直前にくる五字をぬき出しなさい。（句読点も一字と数えます。）〈20点〉

でもだからこそ、その商品を購入して、贈り物として人に渡すときには、その「商品らしさ」をきれいにそぎ落として、「贈り物」に仕立てあげなければならない。

3章 説明文の読解

15 段落の関係

ねらい　接続語や指示語に注意し、段落同士の関係を正確につかめるようになる。

学習日　　月　　日

★標準レベル　15分　／100　答え46ページ

1 次の文章を読んで、あとの問いに答えなさい。1～10は段落番号です。

1スズメは、4月から8月まで、年2～3回、多いときには9月ごろまでなんと4回も子育てをします。ふつうの鳥は、子育ては年に1度するだけです。①どうしてスズメは、こんなに何度も子育てをするのでしょう。

2それは、スズメという生きものが、自然界で多くの生きものの食べものになっているからです。

3スズメは肉食の生きものたちに次々と食べられて、数がへっていきます。

4スズメは天敵から身を守るために、群れていないと生きていけません。［A］子育ての回数を多くして、たくさんの子どもを育て、なかまの数をふやしているのです。

5スズメが年に何度も子育てをできるのには、②秘密があります。それは、ヒナがひとり立ちするのがとても早いという

(1) ①どうしてスズメは……子育てをするのでしょうとありますが、その理由を文章中から二十字でぬき出しなさい。〈20点〉

(2) 2～4段落の役割としてあてはまるものを次からえらび、記号で答えなさい。〈10点〉

ア　1段落の疑問に対する答えを説明する役割。
イ　1段落の内容について疑問点をあげて説明する役割。
ウ　1段落の内容のれいをあげてわかりやすくする役割。
エ　1段落の内容とはべつの話題を取り上げる役割。

［　　］

ことです。

（中略）

6スズメが年に何度も子育てをできる秘密が、もうひとつあります。それは、おなじ巣をくり返し使うことです。

7ふつう、鳥の巣は使いすてで、1回しか使えません。巣がよごれてしまうからです。

8鳥の巣は、子育て中にヒナのフンなどでよごれていきます。虫も発生します。［B］ダニは鳥たちにとって恐ろしい虫です。

9子育て中の多くの鳥の巣には、生き血をすうダニがいます。不衛生なうえに、卵をかえすために温かくできている巣では、ダニは大発生し、ときにはヒナや親鳥の命さえもうばうのです。ダニまみれの巣は、二度と使うことはできません。

10③そのため、スズメはダニの発生をできるだけおさえる工夫をしています。それは砂浴びです。水浴びをする鳥はたくさんいますが、スズメは水浴びと砂浴びの両方を行い、とくに砂浴びをひんぱんに行います。これは体についたダニを熱い砂で殺しているのです。おかげでスズメの体はいつも清潔で、巣のなかにもほとんどダニがいません。

（平野伸明『スズメのくらし』）

---

(3) ［A］・［B］にあてはまる言葉を次からえらび、記号で答えなさい。〈10点×2〉
ア なかでも　**イ** また　**ウ** しかし
エ たとえば　**オ** そこで　A［　］B［　］

(4) ②秘密とありますが、どのような秘密ですか。「〜こと。」につづくように十五字程度で文章中から二つさがし、それぞれ始めと終わりの四字をぬき出しなさい。〈完答10点×2〉
［　］〜［　］こと。
［　］〜［　］こと。

(5) ③そのための指す内容としてあてはまるものを次からえらび、記号で答えなさい。〈10点〉
ア 鳥の巣は、ヒナのフンでよごれているため。
イ 鳥の巣は、ヒナの身を天敵から守るため。
ウ ダニまみれの巣は、二度と使えないため。
エ ダニまみれの巣は、何度も子育てできるため。
［　］

(6) スズメは体や巣の中を、何をして清潔にしようとしていますか。文章中から七字でぬき出しなさい。〈20点〉
［　　　　　　　］

★★ 上級レベル

15分　／100　答え46ページ　学習日　月　日

1 次の文章を読んで、あとの問いに答えなさい。1〜6は段落番号です。

1インターネットが発達して、何かを調べるときにはインターネットを見ることがふえました。なかでも動画は、画面を見ながら確認できるので、便利に使う人が多いよね。

2ただし、動画の中にはあまり信頼できないもの、まちがったものもあります。情報がたしかだとはかぎらないことを覚えておいてほしい。動画はだれでもインターネットにアップできます。それは、まちがったことでも発信できてしまうということなんだ。

3では、たしかな情報はどこにあるんだろう。本になっているものは、信用できることが多いと思います。辞書や事典もそうだね。本は、「これは世の中に出してもいい、正しい情報だな」ということを出版社が調べて作られます。それに、本を書いている人はどこかの学校の先生だったり、会社の社長さんだったり、ゆうめいな作家だったりします。いいかげんなことを書くと、その人は信用されなくなって、仕事ができなくなるかもしれない。本は情報の中身がいろいろな段階でチェックされているから、信頼できるんだ。たくさんある

(1) 何かを調べるとき、動画がよく使われるのはなぜですか。あとの言葉につなげて、文章中の言葉を使って十五字以内で書きなさい。〈25点〉

□□□□□□□□□□□□□□□ だから。

(2) 2段落では動画についてどのようなことが書かれていますか。あてはまるものを次からえらび、記号で答えなさい。〈10点〉

ア まちがった情報ばかりが発信されている。
イ 正しい情報だけが発信されていて信頼できる。
ウ 正しい情報もまちがった情報も発信されている。
エ あまり信頼できない情報には注意すべきである。

〔　　〕

(3) 3段落はどのような役割をしていますか。あてはまるものを次からえらび、記号で答えなさい。〈10点〉

ア 1・2段落を受けて、理由をのべてまとめている。
イ 1・2段落を受けて、さらにくわしく説明している。
ウ 1・2段落を受けて、次のことがらをのべている。

〔　　〕

本の中には「あれ？」と思うような内容のものもあるけどね。

4あまり信頼できない動画もあると言ったけれど、ぜんぜん信用できない、ということでもありません。むずかしい言葉では玉石混交というのだけれど、宝石（正しい情報）と石（正しくない情報）がまざり合っているんだ。

5 だから 動画で調べ物をするときには、いろいろな人が発信しているものを見くらべるようにしよう。ひとつの動画で「ああ、そうなのか」と思っても、かならず、べつの動画を見てみる。いくつかの動画を見くらべることが大切なんだ。「この人の言うことは正しいと思ったけれど、べつの動画では『いいかげんな人だ』と言われているぞ」と、わかるようになってきます。

6そして、動画がきっかけで何かにきょうみをもったら、動画ではないインターネットのニュースや新聞、そのことについての本をチェックしてみよう。動画を入り口にして、文字で確認する習慣をつけるといいと思います。

（齋藤孝『頭が良くなるインプット』）

(4) 本になっているものは、信用できることが多いとありますが、その理由を文章中から二十七字でぬき出し、始めと終わりの四字を書きなさい。〈完答20点〉

□□□□～□□□□

(5) だから は、前のことがらを受けてあとにけっかをのべる接続語です。だから が受けている内容を説明しなさい。〈20点〉

［　　　　］

(6) 5段落と6段落はどのような関係にありますか。あてはまるものを次からえらび、記号で答えなさい。〈15点〉

ア それぞれ反対の意見をのべる関係。
イ 疑問点とそれについての答えをのべる関係。
ウ 自分の意見にさらにつけくわえてのべる関係。
エ 事実とそれに対する自分の考えをのべる関係。

［　］

★★★ 最高レベル

1 次の文章を読んで、あとの問いに答えなさい。

〈芝浦工業大学附属中学校・改〉

赤ちゃんを産んだらそのまま親になれる――そんなわけではないことがわかりました。赤ちゃんとのやり取りの中で、親も成長するのです。［ A ］、親の成長は赤ちゃん時代に限られるものではありません。みなさんの親も、今でもみなさんと一緒に、成長を続けていることでしょう。

赤ちゃんの話に戻ると、親子の視線は、コミュニケーションの大切な土台となることがわかっています。これまでみてきた赤ちゃんの視線の読み取りは、単に開いている目やこっちを見ている目に注目するだけで、私たちの視線の読み取りと比べると、幼稚に思えます。[A]

私たち大人にとって、視線にはたくさんの意味が込められています。見つめられてドキッとしたり、なんらかの意図を感じたり、さまざまな感情を伴います。視線に意図を読み取ることは、いつ頃からできるのでしょうか。親子で行き交う視線の巧みなトレーニングが、そこにあるようです。

新生児には意図を読み取る術はありませんが、一歳になるよりも早く、生後一〇か月頃からすでに、相手の意図らしき

とができるのです。ひとつの世界を互いの視線によって共有することは、人間だけが持つ共通の*認識世界を生み出すこととなります。これもさらなる進化の予感を感じさせる行動です。[D]

やがて「視線の先」から「指の先」へと、認識世界の共有は移行します。指さしを通じて、一つひとつの物体を互いに確認しあい、「これがお母さん」「これがマンマ」と、言葉を教えることができるのです。人類だけが持つ「言葉」の獲得へとつながっていくのです。言葉の通じなかった赤ちゃん時代の終わりが近づく*兆候です。

目は自身の器官を通じ、外界に自分を広げる窓のようなものなのかもしれません。赤ちゃんは母親との視線の共有によって、自分だけの閉じられた世界から脱却し、他者と共有した世界に発達していくようです。

（山口真美『自分の顔が好きですか？――「顔」の心理学』）

（注）○認識＝人間が物事を知る働きとその内容。
○兆候＝何かが起こると思わせる前ぶれ。きざし。

40分

/100

答え 47ページ

学習日　月　日

ものを読み取るようです。言葉を話すようになるのが一歳半から二歳頃であるのと比べると、会話をするよりも以前に、相手の意図がわかるのです。それはとても早い発達ともいえましょう。［B］

生後一〇か月の赤ちゃんは抱っこされているお母さんの顔を覗き込み、その顔色をうかがって、自分の行動を決めることが実験からわかっています。ガラス板の下に崖が見える怖い場所に座らせても、お母さんが微笑んでいるとそのまま崖の上に渡されたガラス板の上を進んでいきます。［　B　］お母さんが怖い顔をしていると、進まずにその場に留まったのです。お母さんの表情から、自分の状況を判断することができたのです。［C］

生後六か月になると、注意は視線の先へと進むようです。相手が見ている対象を気にしだすのです。赤ちゃんの興味の対象は、鳥のように目そのものではなくて、目から離れていくのです。①それは動物から人への進化を示すような、劇的な変化ともいえましょう。

目から先の世界には、少しずつ進んでいきます。まずは「共通理解」の場へと進みます。生後九か月頃になると、親と子とで互いにひとつのものを見つめ合うようになるのです。お母さんの視線の先に注目し、そこに新しい玩具があったりお菓子があったりするのに気づき、その対象を確認しあうこ

---

(1) ［　A　］・［　B　］に入る言葉として適切なものを次の中から一つずつ選び、記号で答えなさい。〈5点×2〉

ア ところが　イ では　ウ もちろん
エ だから　オ たとえば

A〔　　〕　B〔　　〕

(2) ①それの指す内容について「こと。」に続く形で二十字以内で答えなさい。〈20点〉

〔　　　　　　　　　　〕こと。

(3) 次の段落は本文の［A］～［D］のどこに入るものか記号で答えなさい。〈20点〉

では、赤ちゃんの注意が、お母さんの目から離れて外界へと移るのは、いつ頃でしょうか。

〔　　〕

2 次の文章を読んで、あとの問いに答えなさい。

〈早稲田中学校・改〉

　あなたのクラスの授業。カメラをどこに置くかで見えるものはまったく違う。先生の立っている場所にカメラを置く場合と、クラスの問題児の席のすぐ傍にカメラを置く場合とで、世界はまったく変わる。世界は無限に多面体だ。

1 ここで場面は変わる。今度は群れから離れてしまったトムソンガゼルのドキュメンタリーだ。干ばつで草がほとんどない。母親と生まれたばかりのトムソンガゼルは、サバンナを長くさまよいながら、必死に草を探し求める。やっと草を見つけた。2匹は無心に草を食べる。その時カメラのレンズが、遠くからじりじりと近づいてくる痩せ細った雌ライオンの姿を捉える。その視線は明らかに、子供のトムソンガゼルを狙っている。

2 このままでは家族全員が餓死してしまう。母ライオンは今日も、弱った足を引きずりながら狩りに出る。もしも今日も獲物を発見できなければ、子供たちはみんな死んでしまうかもしれない。そのとき母ライオンは2匹のトムソンガゼルを発見した。大きなほうは無理でも小さなほうならば、弱った自分の足でも捕まえることができるかもしれない。

3 動物のドキュメンタリーを例に挙げよう。アフリカのサバンナで、子供を3匹産んだばかりの母ライオンがいる。ところがその年のアフリカは記録的な干ばつに襲われていて、ライオンのエサである草食動物がとても少ない。だから母ライオンは満足に狩りをすることができない。飢えている。痩せ細ってお乳も出ない。子ライオンたちもぐったりと衰弱して、もうほとんど動けない。

4 この場面を観ながら、あなたはきっと、早く逃げろと思うはずだ。早く気がついてくれ。今なら間に合う。あの凶暴なライオンから逃げてくれ。

5 母ライオンはじりじりと、2匹のトムソンガゼルににじり寄ってゆく。その場面を観ながらあなたは、何を思うだろう。きっと手に汗握りながら、がんばれと思うはずだ。がんばってあのトムソンガゼルを仕留めて、巣で待つ3匹の子ライオンにお乳を飲ませてやってくれ。命を救ってくれ。

　これが視点だ。どちらも嘘ではない。でも視点をどこに置くかで、世界はこれほどに違って見える。物事にはいろんな側面がある。どこから見るかでまったく変わる。

（中略）

　さまざまな角度の鏡を貼り合わせてできているミラーボールは、複雑な多面体によって構成される事実と喩えることができる。でもこれを正確にありのままに伝えることなどできない。だからメディアは、どれか一点の視点から報道する。それは現場に行った記者やディレクターにしてみれば、事実ではないけれど（自分の）真実なのだ。

視点を変えれば、また違う世界が現れる。視点は人それぞれで違う。だから本当は、もっといろんな角度からの視点をメディアは呈示するべきなのだ。いや、提示されるはずなのだ。

でも不思議なことに、ある事件や現象に対して、メディアの論調は横並びにとても似てしまう。なぜならその視点が、最も視聴者や読者に支持されるからだ。

だからあなたに覚えてほしい。事実は限りない多面体であること。メディアが提供する断面は、あくまでもそのひとつでしかないということ。もしも自分が現場に行ったなら、全然違う世界が現れる可能性はとても高いということ。

自分が現場で感じた視点に対して、記者やディレクターは、絶対に誠実であるべきだ。なぜならそれが、彼が知ることができる唯一の真実なのだから。①でも現実はそうじゃない。

（森達也『たったひとつの「真実」なんてない
―メディアは何を伝えているのか？』）

---

(1) 本文中の段落1から5を、正しい順番に並べ替えなさい。〈完答25点〉

［　　→　　→　　→　　→　　］

(2) ①でも現実はそうじゃないとありますが、記者やディレクターが「そうじゃない」態度を取った結果、メディア全体はどのような傾向になっていますか。それが書かれている一文を探し、その最初の三字を書き抜きなさい。〈25点〉

復習テスト⑤

15分 ／100 答え49ページ

学習日　月　日

1 次の文章を読んで、あとの問いに答えなさい。1〜9は段落番号です。

1 このところ電力節約のために、さかんに行われているのが、ゴーヤーなどによるグリーンカーテンです。グリーンカーテンに向くやさいや植物はいろいろありますが、やはり、ゴーヤーが一番あつかいやすくかんたんです。

2 そのゴーヤーですが、なんといっても、あのどくとくの苦みにはびっくりです。苦みの成分は、モモルデシンというククルビタシン（ウリ科の苦みの成分）の一種です。でも［A］、苦いのでしょうか？

3 それは、「果実がわかいときだけ苦みが強くなり、完熟するとあまくなる」ということと関係しています。

4 では、「①果実がわかいときだけ苦い」とはどういうことなのでしょう？

5 それは、果実がわかいうちは種子が熟していないということです。なぜ、種子が関係するのか、考えてみてください。

6 もし、種子が熟していないうちに動物が食べてしまったら、

(1) 2段落はどのような役割をしていますか。あてはまるものを次からえらび、記号で答えなさい。〈10点〉

ア 1段落に書かれていることについて、自分の意見をのべる役割。
イ 1段落に書かれていることについて、くわしく説明する役割。
ウ 1段落に書かれていることとはべつの話題を取り上げて、本題に入る役割。
エ 1段落に書かれていることと反対の話題を取り上げて、まとめをのべる役割。

［　　］

(2) ［A］・［B］にあてはまる言葉を次からえらび、記号で答えなさい。〈5点×2〉

ア もし　イ では　ウ なぜ
エ そして　オ たとえば

A［　　］　B［　　］

種子が熟せませんよね。種子が熟せないとゴーヤーはどうなるのでしょう？　子孫を残すことができずに絶滅してしまいますね。ですからわかいうちに食べられないように、果実を苦くしておくのです。

7ところが、②果実が熟してくるとあまくなってきます。

B　反対に、あまくなるのにはどんな意味があるのでしょうか？

8今度は、動物などに食べてもらうためです。動物に熟した種子ごと食べてもらって、ふんにまざって、できるだけ遠くに種子を運んでもらうのです。③そうすることで足のない植物は、自分の生育のはんいを広げています。

9ゴーヤーの苦みは、開花後二〇～二五日ごろまでのわかい果実に、かなり強めにあります。三五日ごろの種子が熟してくる時期になると、果実は黄色くなってきます。黄色くなった果実の中の種子を見てみると、真っ赤に着色しています。④そうなると、あの苦みのことなどわすれてしまったかのように、あまくなるのです。

（藤田智『どうしてトウモロコシにはひげがあるの？』）

---

(3) ①果実がわかいときだけ苦いとありますが、その理由がくわしく書かれている段落をさがし、その番号を答えなさい。〈10点〉

［　　］

(4) ②果実が熟してくるとあまくなってきますとありますが、それはいつごろですか。文章中の言葉を使って二十字以内で書きなさい。〈20点〉

(5) ③そうの指す内容をふくむ一文を文章中からさがし、始めと終わりの四字をぬき出しなさい。〈完答20点〉

□□□□～□□□□

(6) ④そうなるととありますが、何がどうなることですか。書きなさい。〈20点〉

［　　］

(7) 2～9段落を二つに分けると、二つ目はどこから始まりますか。段落番号を答えなさい。〈10点〉

［　　］

3章 説明文の読解

16 話題と要点

★標準レベル

15分　/100　答え50ページ

ねらい　説明文の話題と、要点（段落ごとの大切なところ）を理解して、文章を読めるようになる。

学習日　月　日

1 次の文章を読んで、あとの問いに答えなさい。

コンクリートは人工の石です。コンクリートの長所は、どんな形のものでもつくれることです。

★コンクリートの中を見てみましょう。大小さまざまな石の粒が埋まっています。これらの石の粒は、骨材といって、コンクリートを内側で支えています。灰色の部分は、セメントと水を練り混ぜたセメントペーストというものです。骨材をくっつける「のり」の働きをしています。

骨材を、地上で最も安い「のり」であるセメントペーストでくっつけたコンクリートは、世界中で使われている建設材料です。地球上ではさまざまな物質が商品になりますが、売り買いされる量で最も多いものが水、その次に多いのがコンクリートです。

（中略）

コンクリートには弱点もあります。コンクリートは押され

（細田暁『コンクリートってなに？』）

(1) この文章は何について説明したものですか。文章中から一語でぬき出しなさい。〈10点〉

[　　　　]

(2) ★の段落の要点を説明した次の文の a ・ b にあてはまる言葉を文章中からそれぞれ二字でぬき出しなさい。〈15点×2〉

・コンクリートの中は、 a というコンクリートを中から支えるものと、セメントペーストという b の役割をするものでできています。

a [　　]

b [　　]

る力にはとても強いですが、引っ張られる力には弱くて、ひび割れが発生します。だから、コンクリートの中には引っ張られる力に強い鉄筋が入っています。これを鉄筋コンクリートと呼びます。

鉄筋はむき出しだとさびやすいですが、コンクリートに守られていると長持ちします。鉄とコンクリートが協力しているのです。

さらに、20世紀半ばには、引っ張られても大丈夫なコンクリートも発明されました。あらかじめコンクリートを強い力で押しておき、少しくらい引っ張られてもひび割れることのないようにするのです。

今は、道路や鉄道の長い橋はほとんどこの強いコンクリートでできています。この発明で、コンクリートの建物や橋などの形はさらに自由になりました。大空間の建築や、長い橋などがつくれるようになりました。

コンクリートは、現場の職人さんたちがしっかりと締め固めることで、見た目がきれいで、長持ちする丈夫なものになります。しかし、鉄筋が密になっているところにコンクリートをすきまなく入れ、締め固めるのはとても大変です。

そこで、人の手を借りなくても、たくさんの鉄筋の間を通って型枠のすみずみまできれいに行き渡るコンクリートが、日本で開発されました。自己充てんコンクリートと言います。

---

(3) 弱点について、次の問いに答えなさい。

1 コンクリートの弱点はどのようなものですか。次からえらび、記号で答えなさい。〈15点〉

ア 押される力に弱い　イ 引っ張られる力に弱い

ウ むき出しだとさびやすい　エ 締め固めるのが大変

［　　］

2 弱点とは反対に、コンクリートのよいところを、ここより前の文章中から十五字でぬき出しなさい。〈20点〉

(4) この文章で説明されている内容として**あてはまらないもの**を次からえらび、記号で答えなさい。〈25点〉

ア 建設材料であるコンクリートは、世界中の商品のうち二番目に多く売り買いされている。

イ 20世紀半ばに発明されたコンクリートによって、それまではつくれなかったものもつくれるようになった。

ウ 鉄筋は押される力に強いので、コンクリートの弱点をおぎなって、鉄筋コンクリートとして働いている。

エ 自己充てんコンクリートができるまでは、コンクリートを型枠のすみずみに行き渡らせるのは大変だった。

［　　］

★★ 上級レベル

学習日　月　日

15分

/100

答え50ページ

1 次の文章を読んで、あとの問いに答えなさい。

コケがほかの植物の生えにくいすきまで生きていくことができるのは、体のつくりに①秘密があります。

まず何より体が小さいこと。②ほかの大きな植物にはとても無理な、狭い狭い場所でも生活することができます。根っこのないコケがどこから水分や養分を取り込んでいるのかというと、なんと茎や葉など体の表面全体から。ただ、草や木のように体の中に長い時間水分を貯めておくことはできないので、あっという間に乾いてしまいます。

とはいえコケはそれくらいで枯れてしまうことはありません。体の中の水分がなくなったカラカラの状態のまま、呼吸をすることや太陽の光を使って生きるために必要な養分をつくることも止めて、次の雨が降るまで、じっと待っていることができるのです。湿った場所に生えているイメージがあるので意外かもしれませんが、じつはコケは乾燥に強い種類も多いのです。

いまわたしの机の上の*シャーレの中に、2か月ほど前に採取してきたエゾスナゴケがあります。もちろんカラカラの状態です。□水をかけてしばらく待っていると、ほぼ元通りの姿になります。

---

(1) この文章の話題をまとめた次の文に入る言葉を、[a]は二字、[b]は五字、[c]は七字で文章中からぬき出しなさい。〈10点×3〉

・文章全体を通して[a]についての話になっている。さらに前半では[b]の秘密について、後半では[c]の繰り返しについて書かれている。

a [　　]

b [　　　　　]

c [　　　　　　　]

(2) ①秘密について説明した次の文に入る言葉を、[a]は文章中から一字でぬき出し、[b]はあとのア～エからえらび、記号で答えなさい。〈10点×2〉

・コケはほかの植物にくらべて、小さな[a]をしていることと、[b]に強いこと。

ア ほかの植物　**イ** 雨

ウ 乾燥　**エ** 古い岩

a [　]

b 〔　〕

（中略）

★ヒジキゴケとミヤマハイゴケ。どちらも古い岩や石垣に生える種類です。いつも変わらないように見えるこの岩のコケも、ずっと観察しているうちに、数年おきに生えかわっていることに気がつきました。よく見てみると、いろんな「年齢」のコケが生えていたのです。

小さなコケもほかの動物や植物と同じで、はじめは赤ちゃんのように、もっともっと小さいのです。そしてさらによく見てみると、そんな赤ちゃんや幼稚園児、これは小学生くらいかな、というふうなものから、だいぶ大きくなってきて、「ああ、やっぱりあなただったのね」とでも言いたくなるような、それぞれの特徴があらわれはじめたものも見つかります。すっかり大人の姿に生長したコケでも、若々しいものから、深い緑色のどっしりとした貫録が感じられるものまでさまざま。地面に落ちているひとかたまりは老年に達し、生命を終えようとしているものでしょう。岩からはがれてしまったのです。そしてそのはがれたあとには、まもなく小さな小さな赤ちゃんのコケが顔をのぞかせます。古い神社の古い岩。こうしてはるか昔から生命の*サイクルが繰り返されているのだと思います。

（田中美穂『コケのすきまぐらし』）

（注）○シャーレ＝底のあさい、ガラスのいれ物。
○サイクル＝ひとまわりして、それをくり返すもの。

---

(3) ②ほかの大きな植物にはとても無理な、狭い狭い場所とありますが、これを言いかえた言葉を文章中から十四字でさがし、始めと終わりの四字をぬき出しなさい。〈完答20点〉

□□□□ ～ □□□□

(4) □にあてはまる言葉を次からえらび、記号で答えなさい。〈10点〉

ア でも　イ または　ウ たとえば　エ つまり

［　　］

(5) ★の段落の要点を、あとの言葉につなげて書きなさい。〈20点〉

［　　　　　　］に生えかわり、いろんな「年齢」のコケが生えている。

★★★ 最高レベル

40分

/100

答え51ページ

学習日　月　日

1 次の文章を読んで、あとの問いに答えなさい。

〈和洋九段女子中学校・改〉

どんな地域でもそこで人間の暮らしが成り立っているからには、健康な肉体を維持するために必要なカロリーと栄養のバランスが得られる食料を、そこで①継続的に調達することができる、ということです。逆にいえば、そのような場所を選んでヒトは定着し、子孫を増やし、生活文化を築いていったのでした。

　世界のいくつかの食文化はそうして生まれましたが、②それらはたがいに孤立していたわけではありません。

　人間は、長い距離を移動しながら自分たちが棲む場所を探していったように、ある場所に定着してからも、たがいの交流は途絶えませんでした。もちろん現代のようにわずかな時間で遠いところまで飛んでいくようなことはできませんでしたが、ラクダに乗って、馬に乗って、船を漕いで、なにも手段がなければただひたすら歩いて、途方もない昔から、途方もない距離を、気の遠くなるような時間をかけて移動する者がいたのです。

　ある地域の食文化は、こうした移動者の存在を介して、遠

島々に伝播したタロイモ（サトイモ）を除けば、④ヨーロッパを「征服」したジャガイモや、アジアやアフリカで重要な役割を果たしているサツマイモやキャッサバなどのイモ類は、すべて南アメリカ大陸から伝えられたものばかりなのです。

（玉村豊男『食卓は学校である』）

(1) □にあてはまる言葉を次のア～オの中から選び、記号で答えなさい。〈10点〉

ア しかし　イ だから　ウ さらに

エ たとえば　オ つまり

〔　　〕

(2) ――線部①とありますが、そうするために具体的にどのような工夫をしましたか。文中から十字以内でぬき出しなさい。〈10点〉

く離れたほかの地域に伝わります。

□、いま世界中で食べられているさまざまな野菜は、ユーラシア大陸の場合は中央アジアないしインド北部から中国西域にいたる一帯か地中海沿岸部を、アメリカ大陸の場合は南米アンデス山地から中米メキシコ付近を、もとの植物の原産地としているケースが大半を占めています。

もちろんそれぞれの土地には固有の植物があり、野生の状態で採取して食べることは当然あったでしょうが、その中で、耕地で栽培することに適応でき、可食部の質と量が十分にあって安定した収穫が可能な、人間の食料として利用できるものは限られていました。私たちの祖先は、おそらく無数の植物について実験を繰り返したに違いありませんが、ある地域である植物が選ばれ、野生植物から人間が食用にできる野菜として改良されると、③その種や実は、栽培法や利用法に関する情報とともに他の地域に伝えられたのです。

主食となる穀類に関してはさらに範囲が限られ、ユーラシア大陸では中央アジアから西アジアの一帯を原産とする小麦、大麦などのムギ類と、中国南部を原産とするコメが、他のほとんどの地域に伝播して利用されています。

穀類と並んでイモ類も、古くから人間の生命を支えてきた重要な植物ですが、世界中で日常の食用として利用されているものは種類が限られ、熱帯アジアから日本を含む太平洋の

---

(3) ――線部②が指しているものを文中からぬき出しなさい。〈10点〉

［　　　　］

(4) ――線部③とありますが、何によって他の地域に伝えられたのですか。文中から三字でぬき出しなさい。〈10点〉

(5) ――線部④とありますが、具体的にはどのようなことですか。文中の言葉を使って二十五字以内で答えなさい。〈20点〉

2 次の文章を読んで、あとの問いに答えなさい。

〈桜美林中学校・改〉

「友達ができない」という悩みを抱えている人が多い。その種の相談を受けることも実際に頻繁である。そういう人には、「どうして、友達がほしいの？」と尋ねることにしている。「友達がいないと寂しいから」と答える人がほとんどであるが、「では、どうして寂しい状態がいけないの？」と問うと、これにちゃんと答えられる人はまずいない。不満そうに黙ってしまうのだ。

彼らは、「寂しいことは悪い状態だ」と考えていて、「友達がいれば寂しくない」と勝手に信じている。なんの根拠もなく、そう思い込んでいるのである。だから僕は、「寂しくても悪くない」こと、そして「友達がいても寂しいかもしれない」ことを説明するようにしている。そんなことは信じられない、と反発する人もいるが、つまり自分の思い込みが①悩みの原因だということに気づいてない（気づけない）状態といえる。

（中略）

とにかく「友達が欲しい」という言葉に支配されているように見受けられるのだ。そういう人は、「僕たちは友達だよね」とか、「友達はいいなあ」とか、ことあるごとに口にするの

いよりは考えた方が良い。この法則は例外が少ない。特に、抽象的に考えると、つぎつぎと連想されることがあって、頭の中に沢山の副産物も生まれる。自分の中で幾つもの「型」や「様式」が*ストックされ、それらは将来きっと役に立つだろう。

「人間関係が上手くいかない」と悩んでいる人は、②それだけでも、人間関係というものを見つめられる能力を持っている証拠である。そういうものに悩まない人の方が鈍感で、また周囲からは困った人だと思われている場合が多い。悩む人は優しいし、割り切れる人は冷たい、という傾向もあるはずだ。思う存分、悩めば良いと思う。

（森博嗣『人間はいろいろな問題についてどう考えていけば良いのか』）

（注）○ストック＝ものをためておくこと。

だろう。僕は、自分の友達と話すとき、「友達」なんて単語を使った覚えがない。そんな言葉で関係を確認し合うなんてもの凄く不自然だ。意識さえしないから、「友達っていえば、いったい誰が友達といえるかな」と考え込まないと出てこない。「友達を大事にしよう」なんて考えたこともないし、行動の判断に「友達なんだから」という理由を思い浮かべたことさえ一度もない。たとえば、「Aさんだったら、このくらいは我慢しよう」とか、「Bさんにはできるかぎりのことをしてあげたい」とか、個々の人に対して考えることはあっても、それらは、「友達なんだから」という発想とはまったく無関係だ。「友達であればこうするものだ」という具体的な規定がある方が、明らかにおかしいと感じる。

ここまで読んできた人は、僕が「友達ができないなんて馬鹿なことで悩むな」と言っているように受け取ったかもしれない。

それは違う。そうは言っていない。友達とは何なのか、寂しいとは何か、どうして自分は悩んでしまうのか、今の自分の状況はどうなのか、といろいろ考えて、もっと悩むのが良いと思う。

（中略）

悩むことはけっして悪いことではない。とにかく、考えな

---

(1) ——線部①「悩みの原因だということに気づいてない（気づけない）状態」とありますが、どういうことですか。その説明として適切なものを次の中から一つ選び、記号で答えなさい。〈10点〉

ア 友達がいないのは悪いことではないと気づいている状態。
イ 友達がいても寂しいこともあると思い込んでいる状態。
ウ 友達がいてもいなくても寂しいと理解している状態。
エ 友達がいれば寂しくないと勝手に信じている状態。

［　　］

(2) 筆者が考える「友達」について適切なものを次の中から一つ選び、記号で答えなさい。〈10点〉

ア 自分の寂しさを消せる力をもつ相手である。
イ 当事者間の意思表示の合致によって成り立つ。
ウ 定義もあいまいで、あえて意識する存在ではない。
エ どうふるまうかにはお互いに暗黙の了解がある。

［　　］

(3) ——線部②「それ」とは何を指していますか。文中のことばを用いて二十字以内で答えなさい。〈20点〉

3章

説明文の読解

17 要旨・要約(1)

★ 標準レベル

15分

/100

答え 53ページ

学習日　月　日

ねらい　各段落における大切なところと、筆者が最も主張したいことを理解できるようになる。

1 次の文章を読んで、あとの問いに答えなさい。

　サンゴ礁には、魚をはじめ、たくさんの生き物が集まってきます。あたたかい海は、水温の低い海にくらべて栄養分が少なく、生き物も少ないのがふつうですが、サンゴ礁はちがいます。いろいろな生き物でにぎわう、いきいきとした美しい場所です。

　日本のまわりの海にも、サンゴはいます。九州や沖縄などのあたたかい海はもちろん、千葉県や新潟県などでもみつかっています。日本は熱帯の国ではありませんが、そのわりにはサンゴの多いところです。サンゴの種類が多いフィリピンやインドネシアなどの近くから*黒潮が流れてきていることなどが、その理由です。

　サンゴはあたたかい海の生き物ですが、水温が高すぎると死んでしまいます。夏の水温が30℃をこえるところでは、生きていけません。

　地球温暖化が進むと、九州や四国の海は夏の水温が高くなりすぎて、2070年代にはサンゴがすめなくなるという予

(1) 次の文は、本文の内容をまとめたものです。これを読んであとの問いに答えなさい。

A 地球温暖化が進むと、水温の変化と、[a]によって、日本のまわりの海にかつてのサンゴ礁はなくなってしまう。

B 日本のまわりの海にもサンゴがいる。

C サンゴは水温が[b]と死んでしまう。

D サンゴ礁はたくさんの生き物が集まる、美しい場所だ。

E サンゴは、海が[a]すると生きていけない。

1 [a]にあてはまる言葉をあとからえらび、記号で答えなさい。また、[b]にあてはまる言葉を文章中から四字以内でぬき出しなさい。〈15点×2〉

ア 活発化　**イ** 黒潮化　**ウ** 酸性化　**エ** 高度化

a〔　　〕

b [　　　　]

測もあります。
　地球温暖化で日本のサンゴが南の海にすめなくなれば、もう少し北の海にうつればよいと思うかもしれませんが、そうはならない可能性があります。海の酸性化が進むからです。
　サンゴがつくる石のようなかたい土台は、炭酸カルシウムでできています。＊二酸化炭素がたくさん海にとけると、炭酸カルシウムはできにくくなってしまうのです。これでは、サンゴ礁をつくるサンゴは生きていけません。

（中略）

　将来、日本のサンゴは、南の海では水温が高くてすめなくなり、北の海では酸性化のためにすめなくなる可能性があります。サンゴのすめない環境が、南からも北からもやってきます。水温の変化と酸性化の影響を両方とも考えると、2030年代には、サンゴが育つ海は日本のまわりからなくなってしまうという研究結果もあります。
　サンゴ礁は、サンゴをふくむいろいろな生き物が助けあって生きている場所です。サンゴが死んで石のような土台だけのこっても、たくさんの生き物が集まるサンゴ礁ではなくなってしまいます。

（保坂直紀『やさしく解説 地球温暖化 ②温暖化の今・未来』）

（注）○黒潮＝日本の南の海の、北向きの流れ。黒潮に近い海は、水温が高い。
○二酸化炭素＝地球温暖化の原因で、多くなると温暖化が進むとされている。

2　A～Eを本文の順にならべかえなさい。〈完答25点〉

〔　〕→〔　〕→〔　〕→〔　〕→〔　〕

(2)　二酸化炭素とサンゴにどんな関係があるかを説明した次の文の a ・ b に、それぞれア「二酸化炭素」・イ「炭酸カルシウム」のどちらかをあてはめて、記号で答えなさい。〈10点×2〉

・地球温暖化が進んで a がふえると、サンゴの土台をつくる b ができにくくなり、サンゴが生きていけなくなる。

a〔　〕　b〔　〕

(3)　本文を通して筆者がもっとものべたいことにあてはまるものを次からえらび、記号で答えなさい。〈25点〉

ア　サンゴが日本のどこにいるか知ってほしい。
イ　地球温暖化がサンゴにおよぼす影響を知ってほしい。
ウ　水温の高い海と低い海のちがいを知ってほしい。
エ　海の中の生き物について知ってほしい。

〔　〕

★★ 上級レベル

15分

/100

答え54ページ

学習日　月　日

1 次の文章を読んで、あとの問いに答えなさい。

　ゴリラは人間のような話しことばを持っていません。①20種類ほどの音声を出しますが、それは音声を発する個体の気分や感情を表していて、音を組みあわせて意味を作るわけではありません。

　例えば、「グッグウウム」と喉をふるわせて低くうなるのはあいさつです。自分の位置を知らせ、平静な状態でいることを表しています。人間のげっぷに音が似ているので、げっぷ音とよばれています。

　「コホッ、コホッ」と咳のように息をはきだす音声は、相手の行動を非難したり、相手の動きを止めようとするときに発せられます。近くでけんかが起こったときや、相手が不意に自分に近づいたとき、食べ物を横取りされたときなどによく聞かれます。

　ときどきゴリラはしゃっくりのような声を出すことがあります。これは相手の姿が見えないときに、軽い威嚇を含んで「君はだれ？　何をしているの？」と問いかける音声です。問いかけられたゴリラは「グッグウウム」とげっぷ音を発するか、姿を現し、自分が危険な存在ではないことを示します。

(1) ①20種類ほどの音声とありますが、その音声について説明した次の文の空欄にあてはまる言葉をあとからえらび、記号で答えなさい。〈10点×4〉

・[a]を意味する喉をふるわせて低くうなる音声や、「コホッ、コホッ」という、[b]をしたり、相手の動きを止めたりする目的で発せられる音声がある。また、[c]を意味するしゃっくりのような音声に対して、「グッグウウム」という、[d]を示す音声もある。

ア 相手の行動の非難　**イ** 軽い威嚇

ウ 自分が危険な存在ではないこと　**エ** あいさつ

a［　］ b［　］ c［　］ d［　］

(2) ②「コッコッコッ」という音声とありますが、これはどのようなときに発せられるのですか。具体的に書きなさい。〈20点〉

［　　　　］

黙ったままだと、危険なものと受けとられて攻撃されることがあるからです。

（中略）

ゴリラは身振りやしぐさ、顔の表情を用いて会話をします。毎日顔を合わせる仲間のようすはちょっとした動作によってわかるのでしょう。その中にはわたしたちでもわかる表現があります。たとえば、口をぎゅっと結ぶのは緊張するような状況で、どう行動したらいいか迷っているときに現れる表情です。口を三角形にして尖らせるのは強い不満を示します。お母さんにかまってもらえない子どもがよく示します。②「コッコッコッ」という音声を伴うこともあります。また、この表情はオスがメスに求愛するときにも現れます。でもこの際に発せられる音声は「ウルウルウルウル」という高いピッチの音声なので、明らかに不満の表明とは異なっています。

（中略）

また、③ゴリラたちはよく顔をのぞきこみます。ゴリラの目には人間のような白目がないので、目の動きがわかりにくいのがその原因かもしれません。目の動きは内なる感情を表現します。ゴリラは目ではなく、鼻や口などの部分も使って感情を表しているのかもしれません。まだよくわからないゴリラの表情がたくさんあるのです。

（山極寿一『ゴリラ図鑑』）

---

(3) 本文を通して筆者がもっとものべたいことをまとめた次の文の空欄にあてはまる言葉をそれぞれあとからえらび、記号で答えなさい。〈10点×2〉

・ゴリラは a を表す20種類ほどの音声を出したり、身振りや b を用いたりして、会話をする。

ア 気分や感情　イ 話しことば
ウ しぐさ、顔の表情　エ 不満

a［　　］ b［　　］

(4) ③ゴリラたちはよく顔をのぞきこみますとありますが、その理由を、「目の動き」「鼻や口」という言葉を使ってあとの言葉につなげて書きなさい。〈20点〉

［　　　　　　　　］

ことによって感情を表していることが原因として考えられる。

★★★ 最高レベル

40分

／100

学習日　月　日

答え 54ページ

1 次の文章を読んで、あとの問いに答えなさい。

〈成城学園中学校・改〉

生態学者ガウゼが、二種類のゾウリムシを一つの水槽でかう実験を行うと、争いに勝った種類だけが生き残りました。ここから、自然界では「ナンバー1しか生きられない」ということがわかりました。

しかし、不思議なことがあります。

自然界には、たくさんの生き物がいます。

もし、ナンバー1の生き物しか生き残れないとすれば、この世の中には、ナンバー1である一種類の生き物しか生き残れないことになります。それなのに、どうして自然界には、たくさんの種類の生き物がいるのでしょうか。

ゾウリムシだけを見ても、自然界にはたくさんの種類のゾウリムシがいます。

もし、ガウゼの実験のようにナンバー1しか生きられないとすれば、水槽の中と同じように、自然界でも一種類のゾウリムシだけが生き残り、他のゾウリムシは滅んでしまうはずです。［ A ］、自然界にはたくさんの種類のゾウリムシがいます。

これは、間違いなく自然界の鉄則です。

しかし、ゾウリムシもミドリゾウリムシも、どちらもナンバー1の存在として生き残りました。

［ C ］、ゾウリムシは水槽の上の方でナンバー1、ミドリゾウリムシは水槽の底の方のナンバー1だったのです。

このように、同じ水槽の中でも、ナンバー1を分け合うことができれば、競い合うこともなく共存することができます。

生物学では、これを「棲み分け」と呼んでいます。

自然界には、たくさんの生き物が暮らしています。

つまり、すべての生き物は棲み分けをしながら、ナンバー1を分け合っています。

（中略）

ナンバー1しか生きられない。これが自然界の鉄則です。

自然界に暮らす生き物は、すべてがナンバー1です。どんなに弱そうに見える生き物も、どんなにつまらなく見える生き物も、②必ずどこかでナンバー1なのです。

（稲垣栄洋『はずれ者が進化をつくる　生き物をめぐる個性の秘密』）

います。

これは、どうしてなのでしょうか？

じつは、ガウゼが行った実験には、続きがあります。そして、①この実験が大きなヒントとなるのです。

続きの実験では、ガウゼはゾウリムシの一種類を変えて、ゾウリムシとミドリゾウリムシという二種類で実験をしてみました。

［B］、どうでしょう。

驚くことに、どちらのゾウリムシも滅ぶことなく、二種類のゾウリムシは、一つの水槽の中で共存をしたのです。

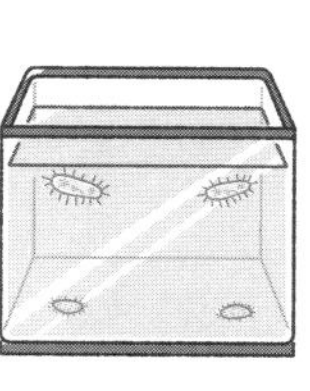

これは、どういうことなのでしょうか。

じつは、ゾウリムシとミドリゾウリムシとは、違う生き方をしていました。

ゾウリムシは、水槽の上の方にいて、浮いている大腸菌をエサにしています。これに対して、ミドリゾウリムシは水槽の底の方にいて、酵母菌をエサにしているのです。

そのため、ゾウリムシとヒメゾウリムシのときのような争いは起きなかったのです。

「ナンバー1しか生きられない」

---

(1) 空らん［A］、［B］、［C］に入る最もふさわしい言葉を次のア～カの中から選び、それぞれ記号で答えなさい。ただし、同じ記号をくり返すことはできません。〈10点×3〉

ア つまり　**イ** あるいは　**ウ** すると

エ もし　**オ** さて　**カ** しかし

A［　　］　B［　　］　C［　　］

(2) ――線①「この実験が大きなヒント」とありますが、どのような疑問を解く「ヒント」ですか。「～のに、～のはなぜか」という形にまとめて答えなさい。〈20点〉

［　　　　　　　　　　］

(3) ――線②「必ずどこかでナンバー1なのです」とはどういうことか説明しなさい。ただし、次の二つの条件を満たして答えなさい。〈20点〉

1 「すべての生物は」という言葉に続くように説明しなさい。

2 「特徴」「生き残る」という言葉を用いなさい。

すべての生物は、

［　　　　　　　　　　］。

2 次の文章を読んで、あとの問いに答えなさい。

〈栄東中学校・改〉

読書の利点は、小学生ほどの知識があれば、著者である一流の学者と議論できるレベルにまでなれることです。スーパー小学生がニュースになったりしますが、そのレベルの知識を持っている子どもたちは少なくないように思うのです。実際、私の周りにもいます。

①問題は、それをうまくアウトプットできないことです。これは大人にも言えることですが、本を読む人のほとんどが娯楽として楽しむか、知識を得るためか、教養を身につけることを目的にしています。これらは、いずれもインプットのための読書であって、アウトプットはあまり意識されていません。

そうすると、せっかく読んだものが外に出てきません。知識も教養も体のなかに吸収されてしまって、見えなくなってしまうのです。吸収と言うと聞こえはいいのですが、それは消えてしまうということでもあります。

確かに、ある人と話していて、ふとした瞬間に「この人は知識があるな」「教養人だな」と感じることはあります。ただ、それではもったいない。*AIに負けない思考をするためには、常に知識や教養が意識的に引き出せる状態にしておかなければなりません。昔読んだ記憶があるというだけでは、最終目的地は頭なのですから、*データベースを作ることを目的化してはいけません。

これだけやっておけば、忙しい時に簡単に復習ができます。いくらインプットしても、人間は忘れる動物です。その際、ページを折った箇所だけ見直すことで、記憶がよみがえります。メモしたところだけ見直すのでもいいでしょう。これを何度か行なえば、その部分は長期記憶として定着します。

（小川仁志『AIに勝てるのは哲学だけだ——最強の勉強法12＋思考法10』）

（注）○AI＝人工知能。コンピューターがさまざまなことを自動で考えるシステム。
○データベース＝情報を保管しておく場所。

(1) ——線部①「問題は、それをうまくアウトプットできないことです」とありますが、なぜ「アウトプット」ができないのですか。最も適切なものを次から選び、記号で答えなさい。〈15点〉

ア たいていの人の読書は読むことを目的にしており、読書を通じて得たものを残したり伝えたりしようとしないから。

イ 小学生の知識があれば読書は可能なので、大人になるにしたがって読書によって知識を得ようと思わなくなるから。

いに等しいのです。

　思考は、読書を含めた経験がベースになっていることがほとんどです。とするならば、いかに使える知識があるかが、思考の幅に影響を与えます。このような人のことを「引き出しが多い」と形容したりしますが、まさにさっと引き出せる武器が手元に準備してあることが理想です。そのためには、楽しむのでも、知識や教養のためでもない、新たな読書法が必要となります。

　これが、②「娯楽でも知識でも教養でもない読書術」です。「使うための読書」と言ってもいいでしょう。何に使うのか？もちろん思考です。

（中略）

　まず、最初のページから順番に読むことはしません。必要な道具を探す時に、最初から見ていく人はあまりいません。欲しい道具を目指してざあっと漁る感じになります。本も同じです。もちろん、この本にはどんな使えるアイテムがあるか、ひとつひとつ吟味するのもいいでしょう。ただ、その場合も道具を探すという視点を忘れないことです。

　次に、本を加工します。いい考え方だなと思ったところに線を引く。さらに、なぜいいと思ったのか、どう使えるのかを簡単にメモする。1〜2行で十分です。最後にそのページを折り曲げてください。ノートを作ってもいいですが、その

ウ　読書を通じて知識や経験を得ることの重要性は多くの人が訴えているが、それを伝えることの必要性を誰も教えないから。

エ　読書を通じて得られる知識や経験はそれを読んだ人にのみ与えられるもので、他者に伝えられるものではないから。

［　　］

(2)　――線部②『娯楽でも知識でも教養でもない読書術』とは、どのようなものですか。最も適切なものを次から選び、記号で答えなさい。〈15点〉

ア　自分の読んだことのないジャンルの本を読むことで、引き出しの中にたくさんの知識を入れていくというもの。

イ　知識や経験を得るために読書をするのではなく、それをいかに活用するかを考えながら読書をするというもの。

ウ　本を最初から読むことをせず途中から読むことで、知識や経験だけでなく想像力も身につけるというもの。

エ　本を加工しながら読むことで、内容を忘れたときにすぐに思い出せるようにデータベースを作るというもの。

［　　］

3章

説明文の読解

18 要旨・要約(2)

★標準レベル

15分

/100

答え56ページ

ねらい 説明文を要約して読み、筆者が最も主張したい部分をつかむ力をつける。

学習日 月 日

1 次の文章を読んで、あとの問いに答えなさい。

観覧車のもととなる乗り物は四、五百年前にはすでにあったようですが、人の力で回すものでした。人力の観覧車が乗り続けられてきた一方で、時代を経るにつれて、①動力を使った大型の観覧車が誕生しました。大型化のきっかけは、ある建物の存在でした。

フランスの首都パリにある、エッフェル塔です。エッフェル塔は、1889年に開催されたパリ万国博覧会の「目玉」としてたてられました。

「②万国博覧会」とは、その時代の最新の技術や発明を国ごとに発表する、大展覧会です。19世紀には、多くの万国博覧会が開催されました。電話やミシン、自動車やエジソンの蓄音機が発表されたのも、この時期の万国博覧会でのことです。新しい技術や発明によって、それぞれの国の評価が決まったのです。

そのエッフェル塔に対抗してつくられたフェリスホイールだったのです。

（福井優子『観覧車をたずねて』）

(1) ①動力を使った大型の観覧車が誕生しましたとありますが、何がきっかけで大型の観覧車ができたのですか。次からえらび、記号で答えなさい。〈30点〉

ア エッフェル塔　イ 蓄音機

ウ 蒸気機関　エ フェリスホイール

〔　　〕

エッフェル塔は高さ300メートルを超す鉄製の塔で、当時としては世界一の高さを誇る建物でした。エッフェル塔はすぐに大評判となり、「万博に行って、エッフェル塔にのぼろう」が、パリ市民の合い言葉になるほどでした。その評判はパリだけでなく、すぐに世界中に広まりました。

パリ万博から4年後の1893年、アメリカのシカゴでも、万国博覧会がひらかれることになりました。コロンブスの新大陸発見から400年を記念した博覧会で、「コロンビア博覧会」と呼ばれました。

博覧会の役員たちは、「エッフェル塔に負けないような博覧会の目玉になるものをつくろう」とアイディアを募集しました。しかし、寄せられた案はどれもエッフェル塔によく似た高い塔ばかり。役員たちはがっかりしました。

そんなとき、「鉄製の大きな輪が回転する乗り物」を提案する人物が現れました。橋づくりの技師、ジョージ・フェリスです。けれど、その提案を聞いた役員たちは、「そんなものをつくっても、重みで輪がたわんでしまう」とか、「こわがって、だれも乗らないだろう」と言って大反対しました。しかしフェリスはめげることなく、一生懸命に説得しました。そしてついに、フェリスの提案は受け入れられ、「鉄製の大きな輪が回転する乗り物」が建設されたのです。

結果は大成功でした。蒸気機関を使ってゆったりと回転す

---

(2) ②万国博覧会の説明として**あてはまらないもの**を次から一つえらび、記号で答えなさい。〈30点〉

ア 万国博覧会では、国ごとに最新の技術や発明が発表された。

イ 万国博覧会では、発表するものによってその国が評価された。

ウ パリ万博では、電話・ミシン・自動車・蓄音機などが発表された。

エ コロンビア博覧会は、コロンブスの新大陸発見から400年後に行われた。

［　　］

(3) この文章の内容として**あてはまらないもの**を次から一つえらび、記号で答えなさい。〈40点〉

ア コロンビア博覧会の目玉となるアイディアを募集すると、エッフェル塔に似た高い塔の案ばかりが寄せられた。

イ エッフェル塔は、つくられた当時は世界一の高さを誇る建物で、パリだけでなく世界中に評判が広まった。

ウ ジョージ・フェリスは、反対する博覧会の役員たちを説得して、鉄製の大きな輪が回転する乗り物を建設した。

エ フェリスホイールに乗ろうという言葉が市民の合い言葉になるほど、フェリスが提案した乗り物は流行した。

［　　］

★★ 上級レベル

15分

/100

答え56ページ

学習日　月　日

1 次の文章を読んで、あとの問いに答えなさい。

少しずつだと思いますが、黄土高原に緑が増えていって欲しいと思います。その緑化に貢献してくれた雑草のことも忘れてはいけません。

私たちのもっと身近なところでも、雑草は役に立ってくれています。地球上に人間が誕生してから、身の回りに生える雑草や雑木を選んで役立ててきました。まずは食料です。イネやトウモロコシの*原種は元々、熱帯地方に生えていた雑草です。その雑草の中から選ばれて、品種改良が行われて、現在の米やトウモロコシが生まれました。

（中略）

★食用油を採るアブラナ、ヒマワリ、ゴマも雑草から生まれました。砂糖の原料になるサトウダイコン、サトウキビも雑草から品種改良されたものです。香料に使われるジャスミンもそうです。アジアやアフリカの熱帯地方原産のモクセイ科の雑草です。

果物も野菜も人間によって変えられてきました。どんどん新しい品種が出ていますよね。

雑草から思い起こす言葉に「雑草魂」という言葉がありますが、私たちの生活に、「雑草」はなくてはならないものでした。そのことをもう一度考えなければなりません。

（高橋秀雄『黄砂にいどむ──緑の高原をめざして』）

（注）○原種＝改良を加える前の、もとになる動植物の種。
○したたか＝強いさま。

(1) ★の段落であげられているれいは、どのようなことをしめすためのものですか。前の段落の言葉を使って、前後の言葉につなげて書きなさい。〈20点〉

私たちの［　　　　　　　　　　］

品種改良を行ってきたれいをあげ、雑草が役に立ってきたことをしめすためのもの。

ます。名もない人が、踏みつけられながらも、めげずに頑張って世に出て行く、その根性を「雑草魂」と呼ぶのです。

野球選手で今アメリカの大リーグで活躍している、元巨人軍の上原浩治選手の野球人生がそう呼ばれていました。

上原選手は、子どものころ、少年野球のチームに入っていたのに、中学校に行ったら野球部がなくて、陸上部に入ります。高校に行ってまた野球部に入りますが、バッティング投手や控えの投手にしかなれませんでした。

仲間がプロ野球から勧誘されているのを横目で見て、大学を出たら体育の教師になろうと考えて大学を受験しますが、不合格でした。翌年の大学受験までの浪人時代は、家計を助けるために道路工事のアルバイトもして、ジムでトレーニングに励んでいたそうです。

マスコミやファンの人たちが、そんな上原選手の生き方を指していった言葉が「雑草魂」でした。不運な時期も*したたかに生き、実を結ぶ雑草の生き方と同じだと考えたのかもしれません。

上原選手は今、「雑草魂」という言葉を「座右の銘」にしているそうです。「座右の銘」とは、いつも自分のそばにおいて、自分を励ましたり、反省したりするための言葉です。

黄土高原の砂漠化を抑えることに役立ってくれる「雑草」、上原選手の座右の銘になった「雑草」だけではありません。

(2) ［　］の内容を要約した次の文にあてはまる言葉を文章中から［a］は三十二字、［b］は十八字でさがし、始めと終わりの四字をぬき出しなさい。〈完答15点×2〉

・［a］という根性のことを「雑草魂」と呼ぶが、上原選手の生き方と、［b］雑草の生き方を結びつけて、上原選手の生き方が「雑草魂」だといわれた。

a ［　　　　］～［　　　　］

b ［　　　　］～［　　　　］

(3) 上原選手の座右の銘になったとありますが、「座右の銘」とはどのようなものですか。次の文の［　］にあてはまる言葉を文章中から十六字でさがし、始めと終わりの三字をぬき出しなさい。〈20点・完答〉

・つねに心にとどめておいて、［　］ときに役立つ言葉。

［　　　］～［　　　］

(4) この文章において筆者がもっともつたえたいことを書きなさい。〈30点〉

［　　　　　　　　］

40分 ／100 答え57ページ 学習日 月 日

1 次の文章を読んで、あとの問いに答えなさい。

〈自修館中等教育学校・改〉

「あらかじめこうだと言われていると、本当にそのように行動してしまうこと」を、筆者は「予言の自己実現」とよんでいます。

こうした「思い込み」は血液型についてだけじゃなくて、差別や偏見のもとになっている*ステレオタイプについても言えることで、日本人は何とかだとか、アメリカ人にはこういう傾向があるとか、黒人はなんとかだというたぐいのステレオタイプも、そう思っている本人にとっては、自分の個人的な経験からあたっていると思い込んでるんだよ。そういう人たちに、科学的な手続きを使って調べた結果を見せても、「だって自分の知ってる人は、みんなそうなんだから」といって、考えを変えようとしないんだ。

さて、ここで言いたかったことは、血液型性格判断に根拠がないのに、たくさんの人たちが信じてしまうってことじゃなくて、血液型性格判断を信じている人の性格が、ほんとうに血液型性格判断の通りになる場合もあるってことなんだ。このことについては、山崎賢治さんと坂元章さんという社会

イプが予言の自己実現を生み出してしまうってことには十分に気をつけておかないといけないんだよ。

（山岸俊男『「しがらみ」を科学する――高校生からの社会心理学入門』）

（注）○ステレオタイプ＝単純化され、型にはまった考え。

(1) ――線部①「血液型と性格特性との関係が強くなってきている」とはどういうことですか。書き出しを「より多くの人が」として、六十字以内で説明しなさい。〈40点〉

より多くの人が

心理学者が研究してるんだよ（日本社会心理学会大会論文集、一九九一年、一九九二年）。

　山崎さんと坂元さんは、一九七八年から八八年までの間に、①血液型と性格特性との関係が強くなってきているという調査データの分析をしています。たとえばA型の人がA型の人に当てはまるとされている性格特性を持っていると自分で思っている程度、つまり血液型性格判断が「あたっている」程度が、一九七八年よりも一九八八年のほうが強くなっているということ。同じことは、別の血液型についても言えるんだよ。

　ということは、みんなが血液型判断をあたっていると思い込むことで、ほんとうにそうした性格特性を知らず知らずのうちに身につけるようになってきたということなんだと考えられます。自分は何とか型だからこういうときにはこういった行動を取るんだよねと思い込んで、ほんとうにそうした行動を取るようになってしまう。また、〇〇ちゃんは何型だから、やっぱりこういう性格なんだねって言われ続けてると、そういう性格を身につけてしまう、ってこと。

　こうしたことは血液型性格判断だけだとあんまり害はないけど、まわりからの偏見にさらされていると、ほんとうにそうした偏見に応じた考え方をしたり、行動をするようになってしまう可能性があるってことだから、②偏見やステレオタ

(2) ――線部②「偏見やステレオタイプ」についての筆者の考えとして最も適当なものを次の中から一つ選び、記号で答えなさい。〈20点〉

ア 偏見やステレオタイプの考えを持つ政治家が近年増えているが、そうした言動には十分注意しないといけない。

イ 偏見やステレオタイプの考えを持っていると、その考えの通りに行動してしまう危険性があるので注意しないといけない。

ウ 偏見やステレオタイプの考えは誰もが持つ可能性があることを自覚し、周囲にもその事実を伝えていかないといけない。

エ 偏見やステレオタイプの考えを持つ人に対しては、統計データを示すことでその考えの誤りを指摘しないといけない。

［　　］

2 次の文章を読んで、あとの問いに答えなさい。

〈神奈川学園中学校・改〉

友達の*SNSの写真を見て、どう思いますか？

「ああ、素敵だな」と思いますか？ それより、「なんて楽しそうなんだ。それにひきかえ、自分の生活はみじめだ」「みんなはどうしてこんなに幸せそうなんだ。なのに自分は……」「友達の派手なSNSの写真は見たくない」と思ったりしませんか？

インターネットでつながることが、かつては希望でした。でも、今はつながることが、重荷とか苦痛になっていると僕は思っています。

多くの人とスマホでつながることで、ますます孤独を感じるようになっているのです。

考えてみれば、変な話です。多くの人とつながればつながるほど、楽しくなったり、安心したりするのではなく、孤独や不安になるのです。

①スマホは不幸なことに、「世間」を「見える化」しました。

自分がどんな「世間」にいるか、どれぐらい「世間」からハジキ飛ばされているか、「世間」は今どうなっているのか、を目に見える形で示すのです。

……

いうことです。毎日、コロコロと変わる、不安定な評価です。

「空気」を生きる目標にしてしまうと、安定しない、不安な毎日を送ることになってしまうのです。

（鴻上尚史『「空気」を読んでも従わない――生き苦しさからラクになる――』）

（注）○SNS＝インターネットを通じて会員同士が交流をするサービス。

(1) ――線部①「スマホは不幸なことに、『世間』を『見える化』しました。」とありますが、これはどういうことですか。その説明として**ふさわしくないもの**を次の**ア**～**エ**から一つ選び、その記号で答えなさい。〈20点〉

ア 自分が孤独や不安を感じている時に、周囲にそれを隠せなくなったということ。

イ 自分が関わりを持つ人が、周囲からどんな評価をされているかがわかるということ。

ウ 仲良しグループの中であっても、親しさの度合いが異なることが明らかになるということ。

エ 関係ない他の人にも自分がどういう人と付き合っているかが分かってしまうということ。

［　　］

同時に、スマホはあなたの自意識をどんどん増大させます。

自意識というのは、「周りに自分のことがどう思われているんだろうと思う意識」のことです。

スマホはあなたの評価を数字で表します。

何人のフォロワーがいて、いくつの「いいね」がついて、どれくらい見られているのか。

それが、リアルタイムで表示されるのです。

これで、自意識とうまくつきあえるというのは、ものすごく難しいことです。

僕の十代は、もちろん、スマホなんかありませんでした。テレビや新聞・雑誌しかなかったので、注目されるにはかなりのことをしないとダメでした。

（中略）

けれど、スマホの時代には、簡単なことで発信できて、何人かのフォロワーがついて、反応が返ってきます。

どれぐらい自分は注目されているのか、昨日より今日の注目は増えたのか減ったのかをスマホはいちいち教えてくれるのです。

②<u>これは、麻薬です。</u>うまくつきあわないと、自分の評価だけが気になります。自意識がどんどん大きくなって、「人からどう思われているか」だけを気にするようになってしまうのです。

でも、「人からどう思われているか」というのは、「空気」と

---

(2) ――線部②「これは、麻薬です」とありますが、ここで筆者は何を心配しているのですか。その説明として**ふさわしくないもの**を次の**ア**〜**エ**から一つ選び、その記号で答えなさい。〈20点〉

ア 自分への注目度が数字というわかりやすい形で示され、他との比較も容易にできるため、有名になりたい、もっと評価されたいという願いが限りなく刺激されてしまうこと。

イ 自分の発信をきっかけに世界の色々な人とつながりを持つことができるが、自分に害となる情報に対しても無防備であるため、間違った評価を信じ込んでしまうこと。

ウ 自分の発信したことの価値は「いいね」やフォロワーの数でわかると考えることで、良い反応が得られそうなことは何かを考えて発信するようになってしまうこと。

エ 本来、評価は変化しやすいものなのに、「いいね」の数が自分の価値だと考え、「いいね」の増減で自分の価値も増減したかのように感じてしまうこと。

［　　］

復習テスト⑥

15分　／100　答え59ページ

学習日　月　日

1 次の文章を読んで、あとの問いに答えなさい。

　たまごから、子どもになるまでの変化を、いろいろな動物で、くらべてみましょう。
　①メダカは、水中生活をする魚です。②カエルは、水と陸の両ほうで生活します。③ニワトリは、陸だけで生活します。
　このように、メダカもカエルもニワトリも、生活する場所はちがうし、親になったときの大きさ、形もたいへんちがっています。

　ところが、ふしぎなことに、たまごの中で育つようすをくらべてみますと、よくにたところがあるのに、おどろかされます。

　まずはじめは、細ぼうがこまかくわれて、数がふえます。そして神経や目ができます。このころのメダカもニワトリも細長く、魚のようで、よくにています。

　つづいて、*はいのからだはまがり、目や尾やせきずいが、だんだんつくられていきます。

　また、はいは水中生活をしています。ニワトリは、羊水という水の中にういています。

　ところに巣をつくり、赤子がいちにんまえになって、とべるようになるまで、巣の中で親にやしなわれます。

　このように、うまれてすぐ歩く鳥は地上に、赤子の鳥は高いところに巣をつくるようです。

　同じ鳥でも、種類によってずいぶん育ちかたがちがいますね。


（清水清『たまごのひみつ』）

（注）○はい＝たまごや親から生まれる前の動物の体。

(1) この文章の話題を説明した次の文にあてはまる言葉を、[a]は九字、[b]は四字で文章中からぬき出しなさい。〈15点×2〉

・いろいろな動物における[a]になるまでの変化と、種類による[b]のちがいについて。

a

b

おもしろいことに、ニワトリにもヒトにも、魚のようなえらをもつ時期があるということです。魚でもない鳥やヒトが、どうしてえらなどあるのかふしぎですね。

このようにして、はいの育ちはじめは、魚も、鳥も、ヒトもよくにていて、区別しにくいくらいです。

このことは、これらの動物の祖先が、きっと同じだったのではないかという考えのしょうこになっています。

ニワトリは、うまれるとすぐ歩きだします。ですから、たまごの中で、羽毛のはえたひなにまで成長してうまれるのです。ひなは、地上を歩きまわることはできますが、空をとぶことはできません。なぜかというと、うまれたてのひなは羽毛だけで、空をとぶための羽がないからです。

羽がはえるまでには、数か月かかります。しかしニワトリは、ほかの野鳥のように、空高くまいあがることができません。

ニワトリと同じなかまのキジやヤマドリやライチョウも、うまれるとすぐに歩きまわって、えさをひろいます。キジやヤマドリは野鳥ですから、ニワトリとちがって、空をとおくまでとびます。これらの鳥は、地上に巣をつくるのがとくちょうです。

ツバメは、家ののきなどにどろをこねて巣をつくります。うまれたひなは赤子で、目もひらいていません。もし、ツバメがニワトリと同じように、うまれてすぐ歩きだしたら、のきからおちて死んでしまいます。ツバメやモズなどは、高い

(2) ①メダカ、②カエル、③ニワトリについてまとめた次の文にあてはまる言葉を a は六字、b は七字で文章中からぬき出しなさい。〈20点×2〉

・ a や親の大きさや形には大きなちがいがあるが、たまごの中で育つようすには b がある。

a

b

(3) 鳥の種類による、うまれてすぐのときのようすと巣のとくちょうにおいて、どのようなことがわかるか説明しなさい。〈30点〉

過去問題にチャレンジ③

30分

/100

答え60ページ

学習日　月　日

1 次の文章を読んで、あとの問いに答えなさい。

〈鎌倉学園中学校・改〉

このごろは、テストでおどされることが多いので、わかること、解けることを急ぐ傾向にある。たしかに、テストなどでは、時間がかぎられているので、急ぐのも多少は仕方がない。しかしながら、時間を制限されたときに急いでできるためには、時間の制限されていないときに、時間を気にしないでやっておいたほうがよい。①テストで急ぐためには、テスト以外では急がないほうがよいのである。

どんなやり方でも、わかって、問題が解けるようになる、という結果は同じかもしれない。しかし、ゆったりとやると、そのわかり方にコクが出てくるものだ。そして、その結果に達するまでの道筋を楽しむことで、力がつく。

勉強を楽しむなんて、と思うかもしれないが、それは目的ばかり見てあせるからで、楽しむ気になれば、なんだって楽しめるものだ。

ぼくは大学にいるので、まわりには、数学やら文学やらをやってる連中が多い。ところが、②そうした連中は、あまり規則的に勉強しているように見えない。もちろん、人いろいろで、毎日きまって勉強するのもあるが、どちらかというと少数派ではないだろうか。

たいていは、いったん熱中しはじめると、三日間ぐらい寝なかったりして、没頭している。もちろん、そんなことで体が持つわけはなく、しばらくすると、ボケーとして山ばかり眺めていたりする。あんなに夢中になっていたのが、嘘みたいだ。

こういうと辛抱がたりないようだが、またしばらくすると、すっかり見かぎったはずのその問題に、また挑戦していたりする。どうも、あまり規則的に勉強していると思えない。

中学生あたりだって、ときには、夢中になって徹夜するぐらいのことも、あってよいのではないだろうか。そんなに興味がわくことはいつもはないかもしれないが、たまにはそんな気分になることだってあるだろう。数学でなくって小説あたりだと、よくあることだ。そうしたとき、思いきって徹夜してしまったほうが、たぶん本好きになれると思う。

毎日を規則的に勉強することを、言いすぎるために、ものごとに熱中する機会を奪っているのではないか、と思う。たしかに、毎日規則的のほうが、健康にはよいだろうが、勉強はジョギングではない。五十を過ぎた老人どもが、不健康な徹夜をするくらいだから、若者ならどうということもあるまい。

身体的なものは、毎日やることで、身につく面もあろう。しかし、精神労働というのは、規則的にやるのに、あまりなじまない。それでは、ただの「鍛練」のようになりやすく、一定時間を過ごすだけの苦行になってしまう。きまった時間を机の前ですごす、といった、「勤務時間」を消化するサラリーマンみたいだ。

勉強というものは、時間でははかれない。机の前にいるかどうかでは、はかれない。山をボケーと眺めていようが、そのときに、頭を働かせているかどうかだけが、問題になる。たとえば、数学者が数学を考えるのに、机に向かってというタイプの人もあるが、歩きながらとか、草原に寝ころがってとかいった、タイプの人も多い。

ただ、机の前でいくらか過ごしたりすると、自分にとって、勉強したという安心感が持てる。安心感を持ちすぎるのも問題だが、だいたいは、自分の気持ちを安定させるのはよいことだ。規則的な勉強のよさは、むしろそっちではないだろうか。

それが裏目に出て、できそうもないような予定表を作って、それが実行できないといって、わが身のふがいなさを責めてはいらいらする、そんなバカバカしいことはない。③規則的な勉強というのは、自己満足のためにあるのであって、アセリのためではない。

人によって、効率はさまざまだが、本当に集中して頭を使うのは、一日に二時間ぐらいが限度ではないか、とぼくは考えている。少なくとも、ぼくの経験では、一日に二時間ぐらいを一週間続けたら、幻聴が出たりして、神経症ぎみになった。これは、ぼくの頭が弱いのかもしれない。

もっとも、一日に三十分が限度という奴もいて、そいつは数学者仲間で一番さえてる男だから、きっと集中がぼくなんかより、強いのだと思う。ただし、山をボケーと眺めたりしているときも、なにかの考えを準備したりすることもあるから、集中だけではかることもできまい。徹夜しているときだって、本当に考えているのは、そのうちの一時間ぐらいのものだ。

④結局は、時間よりは密度だと思う。一日に六時間なんてのは、その時間を三本立ての映画を見たり、マージャンをしたりすると、ずいぶん疲れるから、たぶん、映画やマージャンほども、集中はしていないのだと思う。

　じつは、受験のことを考えても、長い時間勉強をするよりは、テストの時間に集中できるほうが、有利だと思う。受験のためには、たとえば夏休みの一日でも、朝からミュージックなど聞いていて、目ざましが鳴った瞬間に問題集に切りかえ、それから二時間ほどは猛然と問題にとりくみ、時間が来たらまたミュージック、なんてのも悪くない。急発進・猛スピード・急停車といった、勉強暴走族の訓練は、受験に役だつ。朝から晩まで、時間だけダラダラと、机の前にいるよりは、ずっと役だつ。

　こうしたことは、多少は個人の性格による。しかし、少なくとも若いときには、いろいろなやり方を試みてみるものだ。

（中略）

　勉強というものを、固定して考えないほうがよい。どうしてもイヤというのなら、いっそ二月か三月ほど、目にふれないようにする手もある。人によっては、それでそのあと、また気が向いてくることもある。もちろん、これは人によることで、だれにでもすすめられることではないが。しかし、三か月の空白は不安だろうが、それぐらい、いつでもとりもどせる。そうした気分のほうがよいと思う。

　□、そう考えているとしたら、勉強を定期バスのように思っているのではないか。勉強というのは本来、森かげの散歩道のようなものだ。暑いので木かげで昼寝する人間もあるかもしれないが、目がさめてから歩きだしたってかまわない。

　若さには、バネがある。いまちぢんでいても、このあとのびればいいんだ。

（森毅『まちがったっていいじゃないか』）

(1) ——線部①「テストで急ぐためには、テスト以外では急がないほうがよいのである」とありますが、この理由を説明したものとして最も適切なものを次の中から選び、記号で答えなさい。〈10点〉

ア たっぷり時間を使った方が効率的に勉強の成果を上げることができるから。

イ じっくりと問題に取り組むことによって本当の実力をつけることができるから。

ウ 安定した気持ちで取り組んだ方がテストで実力を発揮することができるから。

エ テスト以外のときに急いでしまうと勉強の目的を見失ってしまうから。

〔　　〕

(2) ——線部②「そうした連中は、あまり規則的に勉強しているように見えない」とありますが、「そうした連中」の勉強のしかたを説明したものとして最も適切なものを次の中から選び、記号で答えなさい。〈10点〉

ア 手を抜いて勉強しているように見えるが、じつは集中して勉強している。

イ 全く勉強しないときもあるが、一度はじめると時間を忘れて勉強する。

ウ ふだんはあまり勉強しないが、する時は時間を決めて集中して勉強する。

エ 規則的に勉強しているわけではないが、本人なりに計算して勉強している。

〔　　〕

(3) ——線部③「規則的な勉強というのは、自己満足のためにある」とありますが、筆者がこのように述べる理由を五十字以内で説明しなさい。〈30点〉

(4) ——線部④「結局は、時間よりは密度だと思う」とありますが、「密度」の内容を具体的に述べたものとして最も適切な部分をこれより前の文章中より十二字で抜き出しなさい。〈20点〉

(5) □に当てはまる内容を考えて十五字以上二十五字以内で書きなさい。〈30点〉

韻文の読解

19 詩の読解・表現技法

ねらい 詩の内容や表現を理解できるようになる。

学習日 月 日

★標準レベル

15分

/100

答え61ページ

1 次の詩を読んで、あとの問いに答えなさい。

ゆうがた屋根をふむあしおとを
だれもきかなかったであろう

それはかすかな□だったから
病んでねていたわたしのほかには

あしおとは夜明けとともにまた
屋根をふんでかえっていったが

A{だれも知らなかったであろう
ひとりさめていたわたしのほかには

（大木実「あしおと」）

(1) Aの部分に見られる表現技法を次からえらび、記号で答えなさい。〈10点〉

ア とうち（言葉の順番を入れかえること）
イ 反復（同じ言葉やにた言葉をくり返すこと）
ウ ひゆ（あるものをべつのものにたとえること）
エ 擬人法（人ではないものを人にたとえること）

［　　］

(2) □にあてはまる言葉を詩の中から四字でぬき出しなさい。〈20点〉

(3) この詩から読み取れる作者の気持ちとしてあてはまるものを次からえらび、記号で答えなさい。〈20点〉

ア 自分だけが知っていることを自慢に思う気持ち。
イ あしおとを聞くことをわくわくと楽しむ気持ち。
ウ ささいなできごとを不思議に思う気持ち。
エ 病気の自分をうらめしく思う気持ち。

［　　］

2 次の詩を読んで、あとの問いに答えなさい。

地球がまわり
俺は力ずくで坐っている

めまいよ　こい
いきていることはすばらしい

風よ　こい
ふかい空とつりあうために
錘のような心がある

地球がまわり
俺は力ずくで坐っている

（山本太郎「めまいよ　こい」）

(1) 錘のような心の説明としてあてはまるものを次からえらび、記号で答えなさい。〈15点〉

ア ほかのものに負けないしっかりとした心。
イ ほかのものとつりあうやわらかな心。
ウ ふかい空へとび立つかろやかな心。
エ ふかい空を見て不安になる重たい心。

［　　］

(2) この詩の中で使われている表現技法としてあてはまるものを次から二つえらび、記号で答えなさい。〈完答15点〉

ア ひゆ（あるものをべつのものにたとえること）
イ とうち（言葉の順番を入れかえること）
ウ 反復（同じ言葉やにた言葉をくり返すこと）
エ しょうりゃく（文を最後まで書かずに途中で切ること）
オ 体言止め（ものや人の名前などで文を終えること）

［　・　］

(3) この詩の説明としてあてはまるものを次からえらび、記号で答えなさい。〈20点〉

ア まわりからどんなはたらきかけを受けても軽くかわすことができる、落ち着いた様子がつたわってくる。
イ まわりからどんなはたらきかけを受けても負けずにけんめいに生きようとする、力強さがつたわってくる。
ウ まわりからのはたらきかけによって自分はかわることができるという、明るいきぼうがつたわってくる。
エ まわりからのはたらきかけによって人生が好転していくことを、うれしがる様子がつたわってくる。

［　　］

15分

／100

答え61ページ

学習日　　月　　日

1 次の詩を読んで、あとの問いに答えなさい。

今年も夏が来たら
また　母の里のいなかへ行こう
大きい麦わらぼうしを*かむり
ヒグラシの鳴く森かげを通って
あの川へ
あの魚をとりに行こう

Ａ
なんという魚なのか
その名は知らない
はらも　ひれも　きれいなにじ色
わたしの思い出の中を
いつも　ゆらゆら泳いでいた魚

Ｂ
今年も夏が来たら
また　一人でとりに行こう
あの川へ
あのにじ色のゆめの魚を

（村野四郎「にじ色の魚」）

（注）○かむり＝「かぶり」と同じ。

(1) Ａ・Ｂに見られる表現技法をそれぞれ次からえらび、記号で答えなさい。〈10点×2〉

ア 直喩（「ような」などを使い、直接的にたとえること）
イ とうち（言葉の順番を入れかえること）
ウ 擬人法（人ではないものを人にたとえること）
エ 体言止め（ものや人の名前などで文を終えること）

Ａ［　　］　Ｂ［　　］

(2) あの魚について次の問いに答えなさい。

1 あの魚とはどのような魚ですか。詩の中から八字でぬき出しなさい。〈15点〉

2 あの魚についての表現から、作者のどのような気持ちが読み取れますか。次から**あてはまらないもの**を一つえらび、記号で答えなさい。〈20点〉

ア きぼう　**イ** 期待　**ウ** 失意　**エ** あこがれ

［　　］

2 次の詩を読んで、あとの問いに答えなさい。

ぼくが　ここに　いるとき
ほかの　どんなものも
ぼくに　かさなって
ここに　いることは　できない

もしも　ゾウが　ここに　いるならば
そのゾウだけ
マメが　いるならば
その一つぶの　マメだけ
□　ここに　いることは　できない

ああ　このちきゅうの　うえでは
こんなに　だいじに
まもられているのだ
どんなものが　どんなところに
いるときにも

その「いること」こそが
なにものにも　まして
すばらしいこと　として

（まど・みちお「ぼくが　ここに」）

(1) この詩の第四連にはしょうりゃく（文を最後まで書かずに途中で切る表現技法）があります。最後の行のあとにつづく言葉を、一行でぬき出しなさい。〈15点〉

［　　　　］

(2) □にあてはまる言葉を次からえらび、記号で答えなさい。〈10点〉

ア も　**イ** は　**ウ** しか　**エ** さえ　［　　］

(3) 四人の小学生が、この詩を読んだ感想を話し合いました。次の感想のうち、この詩を**あやまって**とらえている人が一人います。それはだれか、名前を答えなさい。〈20点〉

さやか　どんなものも、ほかに代わるものがないものだとわかったよ。

みなと　そうだね。だからみんなそれぞれに大切なものなんだね。

ひなた　わたしたちは、生きているだけでかちがあるんだって。

まさき　人間として生きているぼくたちは、マメよりもかちがあるんだね。

［　　］

★★★ 最高レベル

1 次の三好達治の詩と、その詩についての鑑賞文を読んで、あとの問いに答えなさい。〈横浜雙葉中学校・改〉

「かよわい花」

かよわい花です
もろげな花です
はかない花の命です
朝さく花の朝がほは
昼にはしぼんでしまひます
昼さく花の昼がほは
夕方しぼんでしまひます
夕方に咲く夕がほは
朝にはしぼんでしまひます

A
みんな短い命です
けれども時間を守ります
さうしてさつさと帰ります
どこかへ帰つてしまひます

たった一三行しかない、短い作品だが、*散文だけを読む人には、わかりづらいかもしれない。「みんな短い命です」までは、意味の上では散文で書いても同じだから、そのまま受けとめるはず。ところが「けれども」以降が、B となる。花たちが、それぞれ自分の時間を守って「帰つて」行くとなると、これは問題である。「帰る」というが、いったい「どこへ」帰るのか、それが書かれていないからだ。説明してほしいと思う人は多いだろう。もし散文なら、その場所を書き忘れることはないからだ。

（荒川洋治「文章という文明」『ひらく第4号』〈エイアンドエフ〉二〇二〇年十一月所収）

（注）○散文＝詩や短歌とは異なり、型にとらわれない通常の文章。

(1) 詩のAの部分に使われている表現の特徴について、最も適切なものを次の中から選んで、記号で答えなさい。〈10点〉

ア 倒置法　イ 呼びかけ　ウ 省略
エ 擬人法　オ 体言止め

［　　　］

(2) B にあてはまる語として、最も適切なものを次の中から選んで、記号で答えなさい。〈15点〉

ア 道　イ 障子　ウ 床　エ 窓　オ 壁

［　　　］

30分

/100

答え62ページ

学習日　月　日

2 次の詩を読んで、あとの問いに答えなさい。〈東京都市大学付属中学校〉

【A】

幼年時

私の上に降る雪は
真綿のようでありました

少年時

私の上に降る雪は
霙のようでありました

十七―十九

私の上に降る雪は
霰のように散りました

二十―二十二

私の上に降る雪は
雹であるかと思われた

二十三

私の上に降る雪は
ひどい吹雪とみえました

二十四

私の上に降る雪は
*いとしめやかに
なりました……

（中原中也『生い立ちの歌　Ⅰ』）

（注）○いと＝とても。

【B】

太郎を眠らせ、太郎の屋根に雪ふりつむ。
次郎を眠らせ、次郎の屋根に雪ふりつむ。

（三好達治「雪」）

---

(1) 【A】のような詩の形式を何といいますか。次から一つ選び、記号で答えなさい。ただし、「幼年時」のような小見出しは考えに入れないものとします。〈10点〉

ア 文語定型詩　イ 文語自由詩
ウ 口語定型詩　エ 口語自由詩

［　　］

(2) 【A】について、「私」の身の上の変化を説明したものとして最もふさわしいものを次から一つ選び、記号で答えなさい。〈15点〉

ア 「私」は幼年時からどの年代でも幸福とはいえない身の上であった。
イ 「私」は成長するにしたがってしだいに不幸になりつづけていった。
ウ 「私」は少年時から困難を背負ったが二十代半ばでやや落ち着いた。
エ 「私」は幸福な時期と不幸な時期を何度もくりかえす生活を送った。

［　　］

(3) 【B】で使われている表現技法として最もふさわしいものを次から一つ選び、記号で答えなさい。〈10点〉

ア 体言止め　イ 倒置法
ウ 擬人法　エ 対句法

［　　］

3 次の詩を読んで、あとの問いに答えなさい。
〈共立女子中学校〉

ぼくら　このごろ　すこしばかり
やさしい気持を　なくしてしまったような気がする
ごくたまに　きれいな青い冬の空が
みえることがある
それを　しみじみと　美しいとおもって
みることをしなくなった
はだかの電線が　ひゅうひゅうと鳴っている
その音に　もう　かすかな春の気配を
きこうとしなくなった
早春の　道ばたに　名もしらぬ雑草が
ちいさな　青い芽を出している
それを　しんじつ
いとおしいとおもって　みることをしなくなった
まいにち　じぶんの使う道具を
まるで　他人の目で　みている
みがいてもやらない
ふきこんでもやらない
つくろってもやらない
こわれたら　すぐ捨ててしまう

でも　まだ　間に合いそうだ
みなさん　物をたいせつに

亡びゆくものは、みな美しい。
その美しさを*愛惜するあまり、
それを、暮しのなかに、
つなぎとめておきたいとおもうのは人情であろう。
しかし、そうした人情におぼれていては、
②「暮しの美しさ」の方が、亡びてしまう。
（花森安治「みなさんものを大切に」『灯をともす言葉』所収）

（注）○いささか＝少し、いくらか。
○愛惜する＝おしんで大切にすること。

(1) ——線①「ぼくらよ」とありますが、筆者は「ぼくら」にどのようなことを伝えようとしていると読みとれますか。その説明としてふさわしいものを次の中から一つ選び、記号で書きなさい。〈20点〉

ア 虫けらのようなひ弱なぼくらでも生きる権利があるということ

イ 今からでも自分の身近にある物をいとおしむのがよいということ

古くなったら　さっさと捨ててしまう
見あきたら　新しいのに買いかえる
掃除機を買ってから　なんだか
掃除が　おろそかになった
冷蔵庫を買ってから　どうやら
食べものを　よく捨てるようになった
物を大切にする　ということは
やさしいこころがないと　できないことだった
①ぼくらよ
*いささか　おっちょこちょいで
虫けらのごとき　ぼくらよ
ぼくらのこころの中から
急速に失われていったものを
いまやっと　ぼくらは知った
それは　物をいとおしむこころだ
物のいのちを　大切にするこころだ
ぼくら　ついうかうかと　言いなりになって
買っては　捨てていたのだ
捨てていたのは　物のつもりだった
危いところだった
捨てていたのは　捨てさせられようとしていたのは
じつは　こころだった

ウ　慎重に行動することが物を大切にすることにつながるということ

エ　自分の判断だけを信じて行動すると危ない目にあうということ

オ　誰かに指示される人生なんておもしろみがないものだということ

［　　］

(2)　——線②「『暮しの美しさ』」とありますが、これはどのようなものですか。その説明としてふさわしいものを次の中から一つ選び、記号で書きなさい。〈20点〉

ア　季節の移り変わりをのがすことなく、自然の持つ豊かさを味わいながら、のびやかに日々を送る心地よさ

イ　亡びゆくすべてのものに愛着を持って、新しい物を買わないで生活することで得られる充足感

ウ　人間が手に入れた効率の良さを捨てることで、身近な生き物に対してやさしくなれるという人間としての成長

エ　過ぎゆく季節やものに執着しすぎず、その一つ一つをいのちある存在として丁寧に向き合うことで生まれる心の豊かさ

オ　孤独の中では決して得られない他人との親密なつながりを持つことで感じられる、にぎやかな日常の楽しさ

［　　］

復習テスト⑦

15分　　/100　　答え62ページ

学習日　月　日

1 次の詩を読んで、あとの問いに答えなさい。

じょろ、という字はね、
如雨露　と書くんだよ、
雨降る如く、
露おく如く……
ね、
水をまくのじゃなく、
①雨を降らすように、
②やわらかく、やわらかく……
③ヨシコも　アやってごらん。
イそう、そう、
④しゃわ　しゃわ　しゃわ
しゃわ　しゃわ　しゃわ
ほら、
葉っぱが　声をあげているだろう。
草が　からだをくねらせて　いるだろう、

---

(1) この詩の種類としてあてはまるものを次からえらび、記号で答えなさい。〈10点〉

ア 口語定型詩　**イ** 口語自由詩　**ウ** 文語自由詩

［　　］

(2) ——線①・②・⑤に見られる表現技法を次からえらび、それぞれ記号で答えなさい。〈10点×3〉

ア ついく　**イ** とうち　**ウ** 直喩
エ しょうりゃく　**オ** 体言止め

①［　　］　②［　　］　⑤［　　］

(3) ③ヨシコの発言をくり返している言葉を——線**ア**～**エ**からえらび、記号で答えなさい。〈10点〉

［　　］

(4) ④しゃわ　しゃわ　しゃわは、擬音語ですが、何の音を表していますか。「……を使って、……音。」の形で答えなさい。〈10点〉

［　　　　］

花びらが　輝やきだしたろう、
うれしいのさ、喜んでいるのさ。

じょろで　雨を降らせているとき、
人は
天の神さまになる……
え、ウ天使のほうが　いい？
そう、子どもだったら　天使になる……
⑤やさしい　気持ちになって、
やさしい　顔になって……。

エおぼえておおき、
じょろは　如雨露
［　　］んじゃないんだよ、
雨を　そそぐんだよ、
露を　うるおすんだよ。
しゃわ　しゃわ　しゃわ
しゃわ　しゃわ　しゃわ
やわらかく、やわらかく。

（小林純一「じょろ」）

---

(5) 次の第二連の表現のなかで擬人法に**あてはまらないもの**を一つえらび、記号で答えなさい。〈10点〉

ア 葉っぱが　声をあげているだろう
イ 草が　からだをくねらせて　いるだろう
ウ 花びらが　輝きだしたろう
エ うれしいのさ、喜んでいるのさ

〔　　〕

(6) ［　　］にあてはまる言葉を詩の中から四字でぬき出しなさい。〈10点〉

(7) この詩について説明した次の文の［a］・［b］にあてはまる言葉を、それぞれ五字以内で答えなさい。〈10点×2〉

・子どもに、じょろはどんなふうに使うのかを［a］場面で、子どもに対する［b］気持ちがつたわってきます。

a

b

過去問題にチャレンジ④

30分　/100　答え63ページ

学習日　月　日

1 次の詩を読んで、あとの問いに答えなさい。〈共立女子中学校〉

落ち葉の道

さわだ　さちこ

落ち葉のつもった　道をあるいている
落ち葉の　一枚一枚は
しかられて　ないたこと　だったり
とおくへいった　だれかのこと　だったり

ときどき　たちどまって
①落ち葉を一枚　ひろいあげてみる
うれしかったことも
さみしかったことも
みんな今は　□の色をしている

②落ち葉がふえていくのは　いい
土がゆたかになるから　いい

(3) ――線②「落ち葉がふえていくのは　いい」とありますが、なぜですか。その理由を説明したものとしてふさわしいものを次の中から一つ選び、記号で書きなさい。〈10点〉

ア 経験や感情が積み重ねられていき、人生が味わい深くなるから
イ 美しい思い出が多く積もることで、自分の成長を感じるから
ウ 大切な時を重ねていけば、世界がより美しくなるから
エ 葉がくさり、土の栄養となることが、木々には必要なことだから
オ 落ち葉の一枚一枚は、木々が懸命に生きた印であるから

〔　　〕

だれもしらない
わたしのなかの　落ち葉の道

（『ねこたちの夜』所収）

(1) ――線①「落ち葉を一枚　ひろいあげてみる」とありますが、どういうことですか。その説明としてふさわしいものを次の中から一つ選び、記号で書きなさい。〈10点〉

ア 葉一枚一枚の美しさを味わうということ
イ 秋の深まっていく様子を楽しむということ
ウ 自分自身の今を見つめ直してみるということ
エ 時の流れのはやさをかみしめるということ
オ 過去をなつかしく振り返るということ

〔　　〕

(2) □に入ることばとしてふさわしいものを次の中から一つ選び、記号で書きなさい。〈10点〉

ア 雨　イ 朝日
ウ 雲　エ 夕焼け
オ 影

〔　　〕

(4) 最後の連についての説明としてふさわしいものを次の中から一つ選び、記号で書きなさい。〈10点〉

ア ひらがなを多く使うことで、「道」を歩む作者の幼さを強調している。
イ 韻を踏むことで、「道」がだんだんとできあがる過程の楽しさを表現している。
ウ 体言止めを用いて、読み手それぞれの「落ち葉の道」を想像できる余白を残している。
エ 倒置法により、「落ち葉の道」という言葉のひびきの美しさを目立たせている。
オ 反復法を最後だけ使わないことで、詩の終わりだけではなく、「道」の終わりをも連想させている。

〔　　〕

(5) この詩における「落ち葉」の例として**ふさわしくないもの**を次の中から一つ選び、記号で書きなさい。〈10点〉

ア 試合に負けて涙を流したこと
イ どんな困難の中でも希望を忘れないこと
ウ 勉強せずに後悔したこと
エ 雨を見て、言いようのない悲しさを覚えたこと
オ 友だちとくだらない話で盛り上がったこと

〔　　〕

2 次の詩を読んで、あとの問いに答えなさい。〈芝浦工業大学附属中学校〉

何んにもしたくない日　久保克児

片づけなければならないことは山ほどある
何をする気も起こらない
ご飯を食べるのも*億劫な日
作文なんてとてものことに書けない
もう一度ベッドにひっくり返る
やがて脳から指令が届く
外に出よ歩け
そうだった
一時間目は体育の時間だったたっけ
指令にしたがい外に出る
やっぱり外は気持ちがいい
腕をぐるぐるまわしながら
深呼吸をしながら
いつもの道をいつものように歩きはじめる
そうかそうか
もう花菖蒲の季節なのだ
水際に初ういしく立つ黄の花ばなが
これだこれだこれが書きたかったんだ実は
何んにもしたくない日をどうしのぐ
こいつは何度でもやってくる
ばんざい
やっと国語の時間だ
*テンションは一気に上昇
わあい作文だ作文だ
目に入るものみんなに挨拶をしたくなるのを
ぐっとこらえて
さてまずは
家に帰ってベッドで寝ましょうか

（久保克児『こころ菌』）

（注）○億劫＝気乗りがせず、めんどうくさいこと。
○唱歌＝学校教育用の歌。
○とつおいつ＝考えが定まらず、あれこれと思いまようさま。
○テンション＝気分や気持ち。

(1) ——線①「体育の時間が自然観察の時間に」とはどういう状況を説明しているか、簡潔に説明しなさい。〈15点〉

[　　　　]

目にやさしい
チチッチチッと啼いて遊ぶ番のセキレイの
せわしく動く足に目が釘付に
ひときわ濃くなった緑に映えて
紋白蝶が舞う
あら

いつの間にか
①体育の時間が自然観察の時間に
うっすら身体が汗ばんでくる
あれあれ

今度は頭の中が考えるモードになってきたみたい
大きな荷物を足元に置き
青い空をじっと見つめる若者がいる
大声で*唱歌を歌いながら歩く人と
橋の上ですれ違う
世の中は②考える材料でいっぱいだ

*とつおいつとりとめもなく考えながらなお歩く
とそのときだ
なんと
だしぬけに言葉が降ってきた
何んにもしたくない日
やった

---

(2) ——線②「考える材料」として具体的に挙げられているものを詩中から二つ、過不足なく書きぬきなさい。〈10点×2〉

[　　　　]　[　　　　]

(3) この詩に関する説明としてふさわしいものを次の中から一つ選び、記号で答えなさい。〈15点〉

ア「体育の時間」「国語の時間」など作者の状態を学校の授業にたとえることで、表情からは読み取れない裏に隠れている思いを伝わりやすくしている。

イ「あら」「なんと」「やった」「ばんざい」など感情を表す短い語を詩の間にはさむことで、作者の心の動きがはっきり伝わる。

ウ「黄の花ばな」「濃くなった緑」「紋白蝶」「青い空」など色に関わる表現を対比的に用いることで、詩全体に明るい雰囲気をもたらしている。

エ「そうかそうか」「これだこれだ」「作文だ作文だ」など同じ言葉を反復することで、作者が冷静に状況を判断していることが感じられる。

[　　]